Heinrich Preschers

Schwäbisches Museum

Zweiter Band

Heinrich Preschers

Schwäbisches Museum
Zweiter Band

ISBN/EAN: 9783743437678

Hergestellt in Europa, USA, Kanada, Australien, Japan

Cover: Foto ©ninafisch / pixelio.de

Weitere Bücher finden Sie auf **www.hansebooks.com**

Schwäbisches Museum.

Herausgegeben

von

Johann Michael Armbruster.

Zweyter Band.

Kempten,
Gedruckt und verlegt von der typographischen Gesellschaft.
1786.

Der
Christliche Seeräuber.

Eine Erzählung.

Der
Chriſtliche Seeräuber.

Antonio de Faria ſtammt' aus einem edlen portu-
gieſiſchen Geſchlechte. Einer ſeiner Voreltern hatte
mit Vaſco Gama die portugieſiſche Beſitzungen in
Oſtindien gründen helfen, und war bey der für Portugal ſo wichtigen Entdeckung Braſiliens in einem Ge-
fecht mit den Einwohnern geblieben, die unglücklicher
Weiſe ſeinen edelmänniſchen Einfall, ein junges Mädchen vom Arm ihrer Mutter wegzureiſſen, um ſie als
Seltenheit nach Portugall zu führen, mißverſtanden
hatten. Sein Großvater war mit dem unglücklichen
Sebaſtian nach Afrika gezogen, und fiel an der Seite
ſeines Königs. Sein Vater, Gonzalo de Faria,
hatte zwar nicht den kriegeriſchen Geiſt ſeiner Ahnen;

A 2

denn er blieb ruhig in Lißabon: aber hätt' er die Unglaubige mit seiner Tapferkeit, wie mit Verwünschungen und Gelübden bestürmt, so wäre kein Kaiser mehr
in Marokkos, und säße kein Sultan mehr auf dem
constantinoplischen Thron; den Haß gegen sie hatt' er
mit der Muttermilch eingesogen, die Erzählung von
den Schicksalen seines Vaters und Urgroßvaters hatt'
ihn genährt, und unter den Fittichen der Priester war
er vollends groß gewachsen, so daß man nur den Namen eines Ketzers oder Unglaubigen nennen durfte,
um sein Blut, das sonst zimlich träge dahin schlich,
in volle Wallung zu setzen. Er verheurathete sich mit
Donna Mendozia de Leiras, und die erste Frucht
ihrer Verbindung war Antonio.

Indessen behauptete doch ganz Lißabon, Gonzalo
erweise diesem Knaben zu viel Ehre, wenn er ihn für
den Seinigen halte. Ganz Lißabon sagte, daß prie-
sterliches Blut in Antonio's Adern fließe. Donna Mendozia hatte ihren Gemahl nicht aus Liebe, sondern
aus Familienrücksicht geheurathet. Gonzalo war weder
schön noch feurig, Donna Mendozia war beydes, und
der Groß-Inquisitor Vexillos war ihr Beichtvater.
Wer würd' auch thöricht genug seyn, eine so reizende
Sünde nicht zu begehen, wenn man die Verzeihung
so nah hat? Eine von Mendozia's Kammerfrauen, wenigstens die von ihr in einem Anfall von Laune aus dem
Haus gejagt worden war, behauptete die Gewißheit
dieser schon an sich nicht unwahrscheinlichen Sache
zimlich laut und zimlich — unvorsichtig: denn wenige
Tage nachher verschwand sie auf einmal, und man
kennt die Gefängnisse der Inquisition.

Uns kann dis gleichgültig seyn; denn in beyden Fällen könnten wir sagen, er habe schon aus dem Schoos
seiner Mutter die Anlage gebracht, zu werden, was er
geworden ist, strenger Eiferer für die Ehre, und,
wenns auch sein eigner war, für den Vortheil seines
Gottes, und unerbittlicher Verfolger jedes andern Aberglaubens, als des seinigen; kurz die ganze grosse Kunst
seines Erziehers sey blos darinn bestanden, diesen Keim
gehörig zu entwickeln, und durch die sanfte Wärme den
Auto da Fe's und den wolthätigen Regen von Flüchen
und Exekrationen sein Wachstum zu fördern. Dieser
Erzieher war Verillos, welcher, sey's, als Beichtvater der Mutter, sey's, weil er sich einer noch nähern
Verbindung mit dem Kinde wirklich bewußt war, die
Oberaufsicht über die Bildung Antonios übernam, und
ihn aufs beste, d. h. nach seiner Weise erziehen ließ.
Wollen meine Leser wissen, was dis für eine Erziehung
war, so mögen sie, unter tausenden etwa zehen ausgenommen, die wesentliche Züge davon in ihrer eignen
suchen. Man sorgte dafür, ihm die Erbsünde bey
Zeiten ins Herz zu pflanzen, damit er kein Einwurf
gegen die Dogmatick würde : übrigens plappert' er, wie
eine Elster, sein Paternoster und credo und machte
sein Kreuz, troz einem Aesch'en, unverwerfliche An-
sprüche auf einen ehrenvollen Plaz in der Menagerie des
Himmels ; und was die Sorglosigkeit des Vaters, die
Vapeurs der Mutter und die zärtliche Dummheit der
Amme noch gut gelassen hatten, das verdarb die Grau-
samkeit und der Mechanismus des Hofmeisters. Antonio zeigte viel Feuer und Lebhaftigkeit, und der Groß-
Inquisitor hatt' ihn schon zum Streiter der Kirche
bestimmt, aber eine gewisse Betrachtung änderte sei-

nen Plan. Der Knabe äufferte bey seinen kleinen kindischen Angelegenheiten Entschloffenheit und Muth, aber er gieng immer so wenig heimtükisch, so offen und unbefangen zu Werke, daß der Inquisitor, dem mit Pfuschern nicht gedient war, wohl sah, er sey zum Mönche verdorben. Daher beschloß er, ihn auf einer andern Bahn Loorbeere sammeln zu lassen. Er sollte, weil er doch mit den geistlichen überirrdischen Waffen nicht sehr würde zurecht kommen können, irrdische Schwerdter gegen die Unglaubige führen, und so der heiligen Kirche wenigstens in die Hand arbeiten. Indessen war, wie wir aus der Folge sehen werden, seine Besorgnis wirklich ungegründet. Es giebt gewisse Gifte, die nur nach und nach und unmerklich, aber desto sicherer wirken: aus einem Kanal schleichen sie in den andern, bis sie endlich zur Quelle des Lebens und der Empfindung durchdringen; jeder Blutstropfe wird brandig, und jede Gehirnfieber wird zerrüttet und angefressen: so wird allmälig der gesunde kraftvolle Mann zum siechen bleichen Gespenst, und seine vorher helle Vernunft qualifizirt sich fürs Tollhaus. Von dieser Art ist das Gift einer schlimmen Erziehung. Sie erstickt unmerklich die edelste Keime. Was Anlage zur Tugend war, wird nun authorisirter Hang zum Laster, und keine reinere Erkenntnis stellt wieder her, was Gewohnheit unwiederbringlich verderbt hat; keine Heilungsart, auch der erfahrensten Aerzte vermag mehr etwas über die tiefeingewurzelte Krankheit. Indessen sind wirs, die, so konsequent, wie wir immer zu seyn pflegen, in beyden Fällen den ungerechtesten Unterschied machen. Den Unglücklichen, dem ein Verräther Aqua Tofana beygebracht hat, bedauren wir, und wenn er zehnmal durch eigene Schuld

seinen Feind zu dieser Rache gereizt hätte. Aber das
schuldlose Kind, das mit bittendem Lächeln uns um
Schutz fleht, das gegen jeden Schmerz und jede Beleidigung nichts als Thränen hat, und mit dem wehr-
losen Aermchen selbst seinen Mörder freundlich umklam-
mern würde, vergiften wir mit unsern Vorurtheilen,
mit unsrer Dummheit und unserm Eigensinn, und
dann, wenn das Gift seine traurige Wirkung zeigt,
stossen wirs von uns, und strafens für unsere eigene
Verbrechen. Nun weis man wohl, daß keine Klasse
von Menschen diese Giftmischerey besser versteht, als
aberglaubische und unwissende Priester: kein Wunder
auch, denn man besoldet sie drauf. — Wie weit es
besonders Verillos auch in dieser Kunst gebracht haben müsse, beweißt die ehrenvolle Stuffe, die er in
seinem geheiligten Orden erstiegen hatte.

Unter denen, die in Gonzalos Hause den Zutritt
hatten, war auch ein abgedankter Officier, Oiras.
Er war lang in Ostindien, besonders auf Zeilon gewesen, und hatte dies feige, träge, unwissende, immer
unterjochte Volk kennen lernen, dessen natürliche Sanftheit
und Gutherzigkeit durch die traurigste Staats- und Re-
ligionsverfassung beynahe ganz entkräftet, oder auf
falsche Gegenstände geleitet wird. Er hatte die herz-
liche Verachtung der höhern Kasten gegen die nie-
drigere, den tödlichen Haß ihrer Sekten untereinander
über Fabeln oder Benennungen, und die Geringschä-
tzung gegen alles, was fremd und neu war, weil es
sich nicht in ihren heiligen, symbolischen Büchern
fand, aus dem wahren Gesichtspunkt, denn er hatte
Menschenverstand und Mitleiden, denn er hatt

ein edles Herz, beobachtet, und hatte daraus Resultate gezogen, die ihn zu einer ganz andern Denkungsart stimmten, als in seinem Vaterlande die gewöhnliche war. Dieser beschäftigte sich zuweilen eine Stunde lang mit Antonio, und sucht' ihn besonders von der Seite in etwas zu verwahren, wo er, wie er wußte, die meiste Gefahr lief: daher erzählt' er ihm oft Geschichten von frommen Heiden, die er auf seinen Reisen angetroffen, und von den Unmenschlichkeiten, welche die Spanier in Amerika verübt hätten, und suchte die Saiten seines zarten Herzens so zu stimmen, daß sie bey den Leiden aller seiner Nebenmenschen anschlagen möchten. Umsonst! Bey dem Gegendruck, welcher die ganze Fluth auf seine Seite zutrieb, war es unmöglich, seinen Damm nicht immer wieder zerrissen zu sehen, oder ihn auch nur zur Hälfte aufzuführen. Indessen weiß ich nicht, (und ich denke, wer die Macht der ersten Eindrücke kennt, wird kaum mehr zweifeln) ob nicht diese Bemühungen des braven Mannes ein Theil des Saamens waren, aus dem in den letzten Augenblicken seines Lebens in Antonio eine Reue keimte, die dann zu spät war.

Einmal hatte Verillos in hohem Triumph in Farias Hause ein Auto da Fede angekündigt, daß den andern Tag sollte gehalten werden, und seinen achtjährigen Zögling feyerlich dazu eingeladen. Nun kam er, ganz mit dem Selbstgefühl eines Siegers, der sich bewußt ist, die gewonnene Schlacht sey allein sein Werk, vom Richtplatz zurück. Ermüdet warf er sich in einen Lehnstuhl, und holte tief Athem.

Ein heisser Tag! (sagte er)

Oiras. (der nicht dabey gewesen war, holt auch tief Athem für sich) Der dich ewig auf deine Seele brennen wird!

Ver. Ich hatte viel zu thun, diese Ketzer in den Himmel zu beten. Nun, die Hölle hat doch ihre Zehenden gekriegt, will ich hoffen.

Gonzalo. (Antonio's Vater) Ich wollte Sie zum Essen laden, Sennor: aber ich hab heute Fasttag.

Ver. Warum heute?

Gonz. Ich habe die Exequien meines Vaters gefeyert, und ich bin Ihnen Dank schuldig: Sie waren prächtig.

Oiras. (Bitter) Sie sind sparsam Sennor! daß Sie auf diese Beleuchtungen warteten!

Gonz. Eine Lust wars, wie die Flammen gen Himmel wirbelten.

Ver. Und die verzerrten Gesichter dieser Sünder, und ihr Geheul, und wie sie die Arme aus dem Feuer empor streckten!

Oir. (schüttelt sich) Huh u!

Ver. Friert Sie Sennor?

Oir. Nein! mich schaudert! (weggewandt zu Antonio mit mitleidigem Blick und Ton) du hast auch zugesehen, Antonio?

Ver. (der erst Oiras mit zweydeutigem Blicke mißt, auch zu Antonio) Gesiels dir Antonio?

Ant. (weint) Ich konnte nicht hinsehn.

Ver. So? Und warum nicht?

Ant. Sie jammerten mich!

Ver. So? und warum?

Ant. Ich sah immer nur auf einen Mann, der neben mir stand.

Ver. So? Und warum?

Ant. Er biß auf sein Tuch, das er in der Hand hatte, und sah dabei zum Himmel, so betrübt wie Maria am Kreuz in der großen Kirche. — Und dann gieng er und nannte deinen Namen, Verillos! ich weis nicht wie! ich fürchtete mich. Mir ward so bang! und nun konnt' ich auch nimmer hinsehen!

Giras. (im Begriff ihn zu umarmen, hält sich noch.) O Mendozia! Sie haben dir Unrecht gethan! (zu Ver.) das war nur eine glühende Kohle, Sennor!

Ver. Donna!

Donna. Gnädiger Herr!

Ver. Wer stand neben dir und dem Knaben?

Donna. Das weiß ich nicht, Sennor!

Ver. Ist das deine Treue für dis Kind? Das dein Eifer für den christkatholischen Glauben? Du wehrst's nicht, wenn dein Knabe Gift saugt? — Wer war es? Was sprach er? Was that er? Rede!

Donna. Um aller Heiligen willen, Sennor! ich hörte nichts! — Ich sah mit solcher Andacht dem Feuer zu — vermuthlich geschah's, da ich mein Ave betete.

Orlaa. (zu Ant. zärtlich) Also sie jammerten dich?

Ant. (weint wieder.) O noch! — Pathe Verillos! Ich werde nicht mehr hingehen, wenn du wie der Menschen verbrennst. —

Gonz. (schlägt ihn) Knabe, bist du deines Vaters Sohn?

Vex. Wirst du hingehen? (zum Bedienten) Hier nimm diese Ruthe, und gieb ihm Hiebe. — Wirst du hingehen?

Ant. Oh! ja!

Vex. Und werden sie dich noch jammern?

Ant. Nein! — gewiß nicht!

Vex. Warum sollen sie dich nicht kummern? Hab ichs dir nicht gesagt?

Ant. Weil sie das Kreuz nicht küssen und meinen Großvater ermordet haben, und in die Hölle kommen.

Ceras. Lebt wohl! — Armer Knabe! Du wirst ein ärgerer Bösewicht als diese beyde: Ich und alle Wunder helfen da nichts mehr. — So sagt' er im Abgehen, und betrat das Haus nie wieder.

Antonio lernte von Tag zu Tag sich mehr vor der Gefahr hüten, bey solchen Gelegenheiten wieder Schläge zu bekommen. So wie er älter war, kannt' er keine Sünde, wenigstens die von Bedeutung wäre, als abweichen vom katholischen Glauben, oder Gemeinschaft mit Unglauben, und kein Verdienst als Ketzer bekehren, oder wenn dis ein wenig zu unbequem war, sie morden. Kurz, Antonio dachte so konsequent, wie ein jeder ächt-römisch-päbstlich-katholischer Christ nothwendig denken muß, und — auch deukt. Indessen härtete sich sein Körper in ritterlichen Uebungen, und auch sein Geist erhielt dadurch eine gewisse Gewandheit und Geschmeidigkeit, die durch Beyspiel und Zwang bald in Verstellung und

Falschheit übergieng, und der natürlichen Offenheit seines lebhaften Charakters die Wage hielt. Der Inquisitor war nemlich einer von denenjenigen Erziehern,
die ihren Zöglingen niemals aufs erstemal glauben,
und immer irgend eine Lüge oder List im Hinterhalt
fürchten. Sie messen zarte, noch unverdorbne Seelen nach den Tücken ihres eignen Herzens, das sie
freylich von keiner Zeit her als aufrichtig mögen gekannt haben, und indem sie den Mangel an Scharfsinn,
Lüge von Wahrheit auf den ersten Blick zu unterscheiden, durch Mißtrauen ersetzen wollen, so zwingen sie
endlich den Knaben zur Lüge, da er sieht, daß Wahrheit so gar bestraft wird.

Antonio zeigte bald, wie sehr er Beyspiel und Unterricht seines geistlichen Vaters genützt hätte, in der
Geschichte seiner ersten Liebe. Aber ich muß etwas
als Einleitung ins folgende voraussetzen.

Man weiß, daß, da Ferdinands in Spanien un-
selige Religionswuth alle Mohren und Juden aus dem
Königreiche vertrieb, Portugal anfangs klug genug
war, sie aufzunehmen. Indessen vermochte keine Staatsklugheit die Vortheile dieser zu Unwissenheit und Aberglauben verdammten Länder gegen Priesterinteresse und
Despotismus zu schützen, und vermag es vermuthlich noch lange nicht. Jene unglückliche Schlachtopfer mußten bald hernach auch in Portugal entweder fliehen, oder den Scheiterhaufen besteigen,
oder Christen werden. Viele wählten das letzte und
daher kommt es, daß noch gegenwärtig in Portugal
selbst unter den ansehnlichsten Familien, unter Layen

und Priestern sich Juden befinden, die äußerlich alle
Ceremonien, welche dort zum Begriff eines Christen
gehören, mitmachen, aber in ihrem häuslichen Gottesdienst noch fest an dem Gott ihrer Väter und den Vorschriften ihres Moses hangen. Anfangs war die Inquisition äußerst argwöhnisch auf diese Neubekehrte, und
mancher Unglückliche, der nicht vorsichtig genug gewesen war, blutete. Besonders so lange Verillos an
der Spitze dieser heiligen Henker stand, war jeder geringe Verdacht hinreichend zum Sanbenito, und Antonio wußte, wie gern sein Pathe darauf Jagd machte.
Antonio befand sich eines Tages in der Bude eines
Kaufmanns, der Galanteriewaaren feil hatte, und war
eben in einer Ecke mit Betrachtung verschiedner Kleinigkeiten beschäftigt, als Felizia des Kaufmanns Tochter hereintrat. Sie kam aus der Frühmesse, eine
lange Figur vom herrlichsten Wuchs, der durch ihren
leichten passenden Anzug noch gehoben ward. Sie
schlug den Schleyer zurück, und Antonio sah eine
himmlische Schönheit — für einen Augenblick: denn
da sie einen Fremden gewahr ward, zog sie den Schleyer
wieder vor, und verschwand. Lange staunt' ihr der
Jüngling nach, wie einer untergehenden Sonne: ihr
Bild war verschwunden, aber sein ganzes Herz glühte
noch in ihrem goldnen, belebendem Strale. Ist das
Ihre Tochter, fragt er den Kaufmann, handelte
lange, besah eine Parthie Waaren um die andere,
bot jetzt auffallend zu viel und jetzt auffallend zu wenig,
und gieng nach langer vergeblicher Erwartung, das
Mädchen würde zurückkommen, endlich ab. Von nun
an besucht' er den Laden täglich, und nach einigen
fruchtlosen Versuchen glückt' es ihm, endlich mit ihr

ins Gespräch zu kommen. Antonio war damals in den
Jahren, wo der Jüngling allmählich zum Manne
reift: um sein Kinn floß nicht mehr die glatte Wolle
des Knaben, aber starrt' auch noch nicht der rauhere
Bart des Mannes: seine halbvolle Wangen waren
braunroth, sein Auge feurig, und seine gebogene Nase
zeigt, Entschlossenheit und Kraft, auch sein übriges Betragen war einnehmend, sein Gang edel und seine
Mine gefällig. So gebildet war er gewiß fähig, ein
Mädchenherz zu erobern, das ohnehin so leicht ero-
bert ist, sobald nemlich, wie dann freylich fast immer
geschieht, die Eitelkeit oder die Sinne an ihm zu Ver-
räthern werden. Auch wußt' ihm das unschuldige Mädchen nicht lange zu verbergen, welchen Eindruck er auf
sie gemacht hätte, und Antonio stürmte drauf los,
wie der Sieger auf eine Festung, deren schwache Seite
er kennt. Aber er betrog sich: denn Felizia war tugendhaft, seine Leidenschaft ward nun wahre Liebe,
und er fühlte, daß er sie befriedigen müßte, um
welchen Preis es auch seyn möchte. Er hatte jetzt
keinen andern Gedanken mehr, als den Besitz Felizia's: aber er kannte seinen Vater und dessen
unbeugsamen Ahnenstolz: er wußte, daß er ihn eher
zwischen vier Mauern würde vermodern lassen, als
diese Verbindung zugeben. Auch bey Felizia's Vater
fand er Hindernisse, die er nicht vermuthet hatte.
Dieser hatte die Liebeley längst gerochen, und seiner
Tochter bereits allen Umgang mit Antonio untersagt.
Antonio kam, und fand seine Felizia nie mehr: er
fragte, und Truxada sagt ihm, warum? Meine Waaren, sagte er, stehen zu ihrem Befehl, aber
meine Tochter bleibt mein: denn Sie sind Don Gon-

zalo's de Faria, und Donna Mendozia de Peiras Sohn:
Felizia ist die Tochter des Krämers Truxada. —

Und das edelste, liebenswürdigste Mädchen in Lißabon,
sagt Antonio. Guter Alter! Sie liebt mich auch!
Erhören sie uns! Sie eröffnen für zwo Seelen den Himmel.

Trux. (für sich.) Die Hölle will ich öffnen, das ist dein
    Himmel — (laut) Ein Wort, wie tausend,
    Sennor! Meine Tochter — nicht. (will gehen.)

Ant. Das ist alles? (hält ihn.) Nicht so, mein
    Herr! wissen Sie, daß Liebe Felsen und Mee-
    ren trozt? Warum nicht einem eigensinnigen
    Vater?

Trux. Und wissen Sie, daß Sie den Augenblick meine
    Bude verlassen sollen? Und wissen Sie, daß
    noch Recht und Gerechtigkeit ist in Lißabon? —
    Pedro!

Ant. Truxada! Sie ereifern sich! Verzeihen Sie gekränk-
    ter Liebe: Seyn sie christlich.

Trux. Christlich! — Ich will christlich seyn. (Pedro
    kommt) Meine Tochter führ' ins obere Zimmer mit
    den Gittern, und schliesse die Thür und bring mir
    den Schlüssel — oder nein, ich gehe selbst! Leben
    Sie wol, Sennor.

Ant. (will nach, die Thür ist verschlossen) Felizia!
    Felizia! Geh nur, du hartherziger Graukopf —
    O des Unsinn, daß Menschen selbst ihre Vorzüge
    sich zur Quaal machen. Elender! Ich werde
    dir meinen Adelsbrief in den Hals stossen, und
    den Dolch in die Brust! —

Truxada hielt Wort. Seine Tochter ward eingesperrt, und Antonio, so oft er kam, abgewiesen. Dieser hatte nun nichts angelegners zu thun, als auf Wege zu sinnen, wie er seine Geliebte wieder sehn könnte. Auch auf Felizien hatte diese harte Behandlung ihres Vaters den gewöhnlichen Erfolg. Es war ein Wind, der in der Asche blies: Ihre Liebe ward heftiger: Wenn kluge Behandlung und Zerstreuungen sie vorher noch abbringen konnten, so ward Antonio nun ihr einziger Gedanke, und beschäftigte sie Tag und Nacht. Er blieb der Gefährte ihrer Einsamkeit, denn was hatte sie sonst, und sie hielt ihn desto fester, je mehr man ihn ihr zu entreissen strebte. Es ist ein Trieb der menschlichen Seele, jedem Zwang sich entgegen zu setzen, jedem Druck entgegen zu drücken, der mehr für ihre Freyheit als alle Sophismen dagegen beweist. Gleich der Feder, die von jedem Druck nur grössern Kraft zum Widerstand nimmt, und am Ende mit verdoppelter Schnellkraft los springt, oder — bricht, mus sie entweder überwinden oder unterliegen: Ein drittes gibts nicht. Aber wehe dann, wenn sie entzwey bricht. Die Maschine stockt und ist unwiderbringlich verderbt, und flicke man wieder, so gut man kan, es bleibt Flickwerk. Aufs Entzweybrechen versteht man sich treflich in so manchen Erziehungsinstituten, aber leider! nicht einmal aufs Flicken mehr. — Felizia's Seele hielt aus. Das unschuldige, sanfte Mädchen, deren Fantasie ohne diesen Zufall vielleicht nie sich so erhitzt hätte, ward nun zur Roman-Heldin: jedes ihrer Worte ward zum Seufzer und jeder Seufzer war Sehnsucht nach Antonio. Der Starrkopf Truxada besuchte sie. Kalt und trocken sagt' er: Mädchen sey vernünftig und folg deinem Vater, dann wandle wieder, wo du hinwillst! Und entschlossen rief sie: Ich lasse

dich

dich nicht Antonio! — Dann warf sie sich schluch-
zend aufs Bett, drückte den Mund drauf, und ergoß
sich in stillem Schmerz. Truxada lachte laut auf
und gieng.

Indessen benachrichtigte der Kaufmann Antonio's
Vater von den Verirrungen seines Sohns. — Dieser
fuhr auf, wie vom Fieber ergriffen und schwur, solchen Schimpf im Blute des Bösewichts abzuwaschen.
Vexillos rechtfertigte seinen Zorn und Antonio wurde
vorgefordert. Er gestand frey und trotzig seine Liebe,
und mit strömender Beredsamkeit verdammt er ein
sinnloses Vorurtheil, dem er sein ganzes Glück aufopfern müßte: Gonzalo war kein strenger Dialektiker
und der Inquisitor war längst gewohnt, seine Prozesse
von der Exekution anzufangen. Folglich erschöpft
Antonio seine Kunst für taube Ohren. Man gab ihm
Bedenkzeit drey Tage, und dann sollt' er entweder
entsagen oder nach Ostindien.

Antonio war diese 3 Tage nicht müssig: Er gewann
Felizia's Aufwärterin, bestellte durch sie einen Brief
an die arme Gefangene, und bekam Antwort. Den
andern Tag bracht' er ihr Scheidwasser zu, das
Gitter durchfressen zu lassen. Sein Plan war gemacht.

Am dritten Tag sagt' er sich los von Felizia: Nicht,
sagt er, eure Drohungen haben mich umgestimmt,
sondern dis, und zeigt einen Brief vor, der sie als
eine gemeine Kokette schilderte.

Auch macht' er die erste paar Tage durch einen so natürlichen Uebergang von Wuth zum Schmerz, vom Schmerz zur sanften Traurigkeit, von Traurigkeit zur Gleichgültigkeit, daß selbst der schlaue Dominikaner betrogen ward. — Truxada bekam von ihm einen derben, beschimpfenden Brief, voll von Vorwürfen für seine Tochter, und damit eilte der Alte im Triumpf zu Felizien: Aber Felizia war vorbereitet. Sie bestand schlechterdings drauf, dies alles nicht zu glauben, bis Antonio ihr es selbst gesagt hätte.

So ward der Vater sicher, aber das Mädchen blieb im Gefängnis. Antonio wollt' es so, theils weil er würklich auf diese Art sicherer, als auf jede andre mit ihr zusammen kam, denn ihr gewöhnliches Schlafzimmer war nur durch einen Vorhang von ihres Vaters seinem getrennt, und wenn sie ausgieng, begleitete sie ein Bedienter, dessen unbestechbare Treue Truxada kannte. Nach einigen Tagen waren die Stangen los gemacht: Antonio verkleidete sich als Lastträger, schlich sich durch enge Gäßchen zu ihrer Wohnung, klom mit Lebens-Gefahr über die hohe Mauer eines Hofes, kam unter die Fenster ihres Zimmers, fand eine Strickleiter da festgemacht, und war bey ihr. — Es gehört nicht zu meinem Zweck, die Umarmungen, die Thränen, die Schwüre der Liebenden bey dieser Zusammenkunft zu schildern, welcher Geheimnis und Verbot doppelten Reiz gab.

Nur dis: Felizia war tugendhaft, und — sie bliebs. Man verstehe mich recht: Nicht als hätten Nacht und Liebe und ein feuriger Liebhaber ihr Blut

nicht in Wallung gebracht: Denn daß sie sehr reiz-
bare Nerven hatte, beweist diese ganze Geschichte.
Nicht sowol Stärke des Charakters, oder Grundsätze,
wiewol sie in kältern Stunden deren zu haben pflegte,
als die Angst und der Kummer, wovon ihre Kräfte
erschöpft waren, und ein aus religiöser Schwärmerey
von ihr beobachtetes hartnäckiges Fasten, folglich
geschwächte Sinnlichkeit schützte sie vor dem Unterliegen, und Antonio gieng weg, glühend von
Bewunderung und verstärkter Liebe. Seine Neigung
ward nun Tugend, und sein Engel Felizia. So
kam er acht Nächte lang, und so gieng er wieder. In der neunten trafs sich, daß einige Häscher
des heiligen Offiziums auf einen geheimen Fang aus-
giengen, weil durch das letzte Feuergericht einige jener
unterirrdischen Kerker ledig geworden waren, und der
Inquisitor wieder auf ihre Bevölkerung sann. Dazu
hatt' er nun den Vater einer schuldlosen Familie aus-
gespäht, der in der Fasten Fleisch gegessen hatte. Antonio wollt' eben über die Mauer klettern, als er die
Häscher erblickte. In der Bestürzung springt er zurück,
und stürzt ihnen in die Arme. Er reißt sich los und
sie setzen ihm nach und ergreifen ihn. So wird er
mit fortgeschleppt, und wird Zeuge, wie der bleiche
Vater aus den Armen seines Weibes sich losreißt,
wie seine Kinder sich um ihn anklammern, und Ab-
schied nehmen auf ewig, und der Unglückliche sich hin-
führen läßt, gedultig und schweigend wie ein Lamm,
das die Hand noch leckt, die ihm das Messer in den
Hals stößt. —

Auch Antonio, der sich Mühe gab, unerkannt zu bleiben, und es blieb, ward für diese Nacht einge= schlossen, bis der Inquisitor das weitere verfügen würde. Bey diesem verlangt' er gleich den andern Morgen eine besondere Audienz.

Vex. (mit halbgeschloßnen Augen und sanfter Mine) Mein Sohn! Du bist auf einer bösen That ertappt worden. (Ant. räuspert sich) Ant. — Antonio? bist du's, Antonio?

Ant. (lächelnd) Ja Sennor!

Vex. In dieser Kleidung, Antonio?

U. Ja, Sennor.

Vex. Der Abkömmling der edelsten Familie ertappt auf nächtlichem Einbruch?

U. Ertappt, Sennor, aber nicht auf nächtlichem Einbruch.

V. Und mit dieser Stirne, diesem triumphirenden Blick vor mir, seinem Vater, seinem Richter?

U. Ja Sennor!

V. Elender! und wo — Ach so! ich bekomme Licht! In der Augustiner Straße war die nächtliche Expedition?

U. Ja, Sennor.

V. Und in dieser Straße das Haus des Kaufmanns Truxada.

U. Ja, Sennor!

V. Und in diesem Haus eine gewisse Donna Feli= zia? — Ja Sennor! hu nicht? —

A. Ja, Sennor.

V. (äusserst aufgebracht) Ja Sennor — und mit
ihr diese Zusammenkünfte, Nächte verpraßt in
Schwelgerey und Unzucht — und mit uns
diese Gauckeleyen, und belogen dein Vater, deine
Mutter, ich? (die Hände ringend) O das
Gericht wird dich treffen! Der Donner Gottes
wird dich ereilen — (wild) Ja Sennor?
Ja Sennor, noch einmal, Ja Sennor.

A. Sennor! nun hören Sie mich!

V. Ich dich hören? — So höre dich Gott der
Allmächtige, wie ich dich hören will, Betrüger!
Nichtswürdiger!

A. Ich bitte Sie, hören Sie mich. Es betrift
Sie. —

V. (argwöhnisch) Mich?

A. Sie, Sennor, hören Sie, — Sie haben mich
erzogen, und von mir, der aus Ihren Händen
kam, könnten Sie eine niederträchtige Handlung erwarten? Kennen Sie mich so? Daß
ich, wie der Dieb einer gewitterten unverschloß-
nen Waare, nachschleichen würd' einer Hure,
und um eines Paars blauer Augen, und eines
blendenden Busens willen, vergessen, daß diese
Augen mit hundert andern gebuhlt, dieser Busen
sich schon an die keuchende Brust entnervter
Wollüstlinge geschmiegt habe! So kaltes Am-
phibien-Blut, eine solche Insekten-Galle hätt'
Antonio? Das wäre sein hohes Gefühl für Ehre?
Das könnt' ich, meines Vaters Sohn, und Ihr
Zögling?

B 3

V. Und nun hab ich ihm wohl Unrecht gethan, —
haſt du dieſe Beredſamkeit auch von mir?

A. Von Ihnen wenigſtens dieſen Stolz, der ſich nicht
beleidigen, keiner Niederträchtigkeit ſich beſchul-
digen läßt.

V. (ſchlägt im Gefühl ſeiner Unwürdigkeit die Augen
nieder. Pauſe.) Und von was zeugt dann dieſe
Kleidung?

A. Von meiner Rache, Sennor.

V. (erſchrocken) Wie? du hätteſt — —

A. Nichts hab' ich, aber ich will — rächen mich
und Sie, und den allerheiligſten katholiſchen
Glauben.

V. (aufmerkſam, doch mit Mistrauen) Wie der
Glaube mit einer Buhlerin zuſammenhange, das
möcht' ich mir doch gern erklären laſſen.

A. Mit meiner Rache hängt er zuſammen. — Aber
Sie glauben mir nicht — freylich dieſer
äuſſere Schein, dieſe verdächtige Kleidung —
(empfindlich) wie könnt ich auch erwarten,
daß mein Vater dieſem von ihm ſelbſt gebilde-
ten Herzen mehr trauen ſollte, als dieſer Jake
da, (er wirft ſie von ſich.) Sehn Sie, nun
bin ich wieder Antonio!

V. (weich) Mein Sohn, der Schein iſt wider dich.
Er kann trügen: — Wir wollen uns ſetzen,
und nun rede.

A. Nun ſo hören Sie: Ich war auf der Spur,
eine ganze Juden = Verſammlung aufzujagen:
Ihre Diener haben mich verhindert.

V. (die Hände zusammen schlagend) Abscheulich! Antonio, belüge mich nicht.

A. Keinen Verdacht mehr, Sennor, wenn ich reden soll. — Diese Jake gehört dem Kerl, der mirs entdeckt hat. Er könn' es, sagt' er, nicht mehr länger verantworten, wenn er schweige: Er wandle seit langen Zeiten aus und ein in dem Haus, und noch hab' er nie Fleisch von Schweinen auf der Tafel gesehen: Der Bediente bete niemals seinen Rosenkranz, und ziehe selten die Müze vor einem Kruzifix. —

V. Genug! — das sind Gräuel, welche der Herr vertilgt wissen will von der Erde — Sie sind reif. —

A. Noch nicht, Sennor! Sie haben mich gelehrt, man müsse selbst gegen Feinde gerecht seyn, — wenn es Christen sind: Vielleicht sind sie's. — Sehn Sie, so dacht ich gestern: Morgen ist Sonnabend, folglich feyern sie diesen Abend. Rache beseelt mich: Ich kleide mich um: Wenn sie mich ungestraft beleidigen, so sollen sie wenigstens unsre heiligste Religion nicht — Eben will ich drauf losgehn, da kömmt Ihre Wache.

Kurz Verillos ward herum gebracht. Selbst seinen Verdacht gegen Truxada mildert Antonio durch allerhand Nebenumstände, damit der Pfaffe keinen voreiligen Schritt wagte. Er verstand es treflich, ihn auf seiner empfindlichen Seite anzugreifen, und so führt' er ihn endlich dahin, daß er blos noch Verdacht gegen den Bedienten behielt, welchen er, nachdem Vexillos ihn entlaſſen, und ihm Vorſicht empfohleu hatte, zu nützen beſchlos. Indeſſen bereut' ers doch nachher, durch dieſe Liſt ſich gerettet zu haben, theils weil ſie nun doch ihre gefährliche Folgen haben konnte, theils weil ihm ſelbſt die Kombination, Jüdinn und Felizia, ſogar als Erdichtung unerträglich war. Entdecken mußt' ers ihr auf alle Fälle, denn er wußte wohl, daß kein Schurke dem andern traut. Aus dieſer Ur-ſache blieb er auch erſt einige Nächte weg, und da endlich Liebe ihn nicht länger zaudern ließ, traf er ſeine Felizia krank an.

Ant. (kommt.)

Feliz. Wer da? Wer? Oh Antonio! — (fliegt an ſeinen Hals) du haſt mir Kummer gemacht!

U. Da bin ich ja wieder! — Du ſiehſt ſo blas, meine Beſte! und dein Auge iſt ſo trübe!

Fel. Seh' ich? — Ja! Da du fern wareſt, (Sie tritt vor den Spiegel) O ſich' doch, meine Wangen färben ſich ja wie die jungfräuliche Roſe! Daß mein Auge trüb iſt, kommt da-her, weil ich ſo viel geweint habe! Haſt du deine arme Gefangene noch nicht vergeſſen, Antonio?

U. Da bin ich ja.

Fel. Oder iſts Abſchieds - Beſuch? Du haſt Wolken auf deiner Stirne — Nicht doch! Mir iſt ja wieder ganz wohl.

U. Mir auch!

Fel. O so sprich doch! Warum hast du mich einsam
gelassen? — Fünf Nächte läßt er mich ver-
seufzen, und in der sechsten seufzt Er! —
Sage, warum kamst du nicht?

A. (rafft sich auf) Das will ich, und (küßt sie)
dieser Feuerkuß mög' alle Sorgen umschmelzen,
zur Wonne der Liebe! Es war nichts, eine
Kleinigkeit, eine Avantüre, was mich abhielt.

Fel. Nun dann? —

A. (lachend) Das leztemal, da ich dich besuchen
wollte, gieng mirs ein wenig fatal. Ich um-
armte statt deiner — rathe, wen?

Fel. Eine Schöne, die dich für meine tugendhafte
Grillen entschädigte?

A. Freylich! o der lieben Eifersucht — Einen
Häscher des heiligen Offiziums.

Fel. (erschrickt) Nein, Scherze nicht — —

A. Und die Nacht darauf lag ich in den Gefäng-
nissen der Inquisition.

Fel. (ängstlich) Antonio!

A. Und um deinetwillen.

Fel. (noch ängstlicher) Antonio!

A. (küßt sie) Nun, und gesetzt, ich hätte dich zur
Jüdin gemacht?

Fel. Um Gotteswillen, Antonio! (bebt und taumelt)

A. Liebes Mädchen! warum so ängstlich? Es war
eine Nothlüge!

Fel. Was sagteſt du vorher, Antonio? — O mein
Vater! Nein! Du haſt gelogen! — Gelt
es iſt Scherz! — aber wenn dein Scherz
ſchon tödtet, was muß erſt dein Ernſt?

A. Wieder lebendig machen (er erzählt ihr die Bege-
benheit) Konnt' ich anders, um mich zu
retten? —

Fel. (erſchöpft) Nein du täuſcheſt mich vergebens!—
Antonio! Antonio! Du biſt über die Schultern deiner Braut aus der Grube geſprun-
gen! — Unglücklicher! Dachteſt du dann
nicht, wen du aufopferteſt? — Iſt deine
Einbildungskraft ſo erlamt, daß ſie Felizien
nicht ſah' in den Klauen der Inquiſition? —
Oder ſahſt du ſie? —

A. (verlegen) Schwärmerin! Du hörſt ja — —

Fel. (fieberhaft) Komm! ich will ſie dir zeigen —
tief unten in einer ſchwarzen dumpfen Todten-
gruft an eine Wand geſchmiedet, deine Felizia!
und den Peſtgeruch um ſie her, und das Win-
ſeln der Verzweiflung, und das Aechzen, und
das Kettengeklirr und den Fluch ihres Vaters! — Nein! nein! ich hab' ihn nicht
getödtet! — Er nennt mich ſeine Mörderin —
Nein! Antonio! du! du — —

A. Bey allen Heiligen! ſey ruhig! Sagt ich dann
nicht, es ſey bloßer Verdacht, und trug nicht der
Inquiſitor die Sache mir auf? Eine Saifen-
blaſe iſts, die zerplazen muß, ſo bald ich will,
wie ich ſie hab entſtehen laſſen.

Fel. Sie werden uns nachspüren ! Sie werden uns auflauren ! Unter jedem unsrer Tritte wird eine Schlange zischen.

A. Sie werden dich sehen und werden sagen : In einem so himmlischen Körper wohnt keine Juden-Seele ! Dieser Abglanz der Gottheit kann keine Misgeburt der Hölle seyn.

Fel. (sieht ihn starr an) (Pause) Das werden sie sagen ? Haben sie nicht unschuldige Kinder auf ihre Scheiterhaufen geworfen , nicht volle blühende Mädchen , nicht graue zitternde Greise ? Dein Vexillos dürstet nach Blut : Es ist ihm Wohlgeruch, wie dem Gözen Moloch ! Seine Augen waiden sich an den Zuckungen der Geopferten , und seine Ohren am Angstgeschrey ihrer Verzweiflung.

A. Nein ! Nein ! — Der Himmel hat deine Unschuld dir auf die Stirne gezeichnet ! Selbst der frechste der Teufel , der hundertmal des Tages sich in einen Engel des Lichts verwandelt , zittert, an der Aechtheit dieses Siegels zu zweifeln!

Fel. In einer stillen , sorglosen Mitternacht , wenn mein grauer Vater in süssem Schlummer liegt, werden sie kommen und anpochen , und wenn er friedlich ihnen zu öffnen kommt , werden sie über ihn herstürzen — — Rette mich ! Rette mich ! O Antonio.

A. Mädchen ! deine Furcht macht dich zum Kinde ! Sieh ! da schwör' ichs bey dem Allmächtigen: Ehe sie dir ein Haar krümmen , sollen sie mich

in ihren Kerker werfen, mich darstellen als
verruchten Ketzer zum Schauspiel und Scheusaal
des Volks, und wenn in Verzweiflung meine
Seele sich losgerissen hat von ihrem verbrann-
ten Gebein, und aus der wirbelnden Flamme
flieht, so will ich keine Gnade, kein Erbarmen
weder dann, noch am großen Gerichtstag —
Hast du mich doch angesteckt mit deiner Schwärmerey!

Mit Mühe ward sie von Antonio besänftiget. —
Indessen hielt ers nicht für rathsam, länger durch diesen
Weg mit ihr zusammen zu kommen, weil er, so einge-
schläfert auch dieser schien, dem Inquisitor nicht traute.
Felizia sollte nun sich allmählich in den Willen ihres
Vaters fügen, und so wieder ihre Freyheit erlangen.
Mit dieser Verabredung schied er. Nun mußte Vexil-
los beruhigt, und, ohne seinen Verdacht zu erregen,
Truxada für unschuldig erklärt werden. Antonio ließ
allen Argwohn auf des Kaufmanns Bedienten fallen,
und so gewann er doppelt. Felizia ward frey von der
Gefahr, und von einem äusserst beschwerlichen Wächter.

Indessen war Felizia nichs minder als ruhig. Was
Antonio zufällig als Ausflucht ersonnen hatte, war
würkliche Wahrheit: Felizia war eine Jüdinn, und
fast mehr noch als die Gefahr, welche dieser Zufall
über ihr ganzes Haus brachte, kränkte sie die Bemerkung, wie tief Antonio alles haßte, was nicht seinen
Rosenkranz betete, oder einen geopferten Gott ver-
ehrte.

So eifrig sie selbst, wenn schon weniger, als ihr Vater, für die Religion ihrer Voreltern eingenommen war, so wenig hatte sich mehr Gewalt über ihr Herz, das nur der Liebe zu Antonio voll war. In dieser Lage konnte sie's nicht von sich erhalten, die Sache ganz zu überdenken, oder wenn sie's ja that, so beruhigte sich ihre Fantasie mit schönen Hoffnungen. Acht Tage drauf gab ihr Antonio, der auch die Möglichkeit nicht ahndete, daß seine Angebetete eine Jüdinn seyn könnte, Nachricht, sie möchte die folgende Nacht nicht erschrecken, wenn die Inquisition ihren Bedienten fordern würde. Nun brannte das Feuer zunahe: Sie trat vor ihren Vater, bat, weinte, beschwor ihn auf den Knien, den Unglücklichen fliehn zu lassen: Aber der alte Starrkopf hielts für einen Kunstgrif: Pedro blieb, und — hatte zum letztenmal heute die Sonne gesehn.

In dieser Angst, von Pedro verrathen zu werden, und ihren Vater und sich selbst ins unbeschreiblichste Elend zu stürzen, in der Ungewißheit, ob Antonio, wenn er wüßte, daß sie nicht seiner Religion wäre, sie noch lieben, oder ihrer sich nur noch annehmen würde, wagte das unglückliche Mädchen einen Schritt, welcher von einer Entschlossenheit zeugte, die über ihren Charakter war. Sie wollt' ihren Antonio selbst prüfen: könnt' er sie auch als Jüdin lieben, nun dann — mit ihm ans Ende der Welt. Die Macht der Wahrheit und der Liebe, zu einem so schönen Zwecke vereinigt, würden vielleicht, meinte sie, auch ihn einst auf den rechten Weg bringen. Wären seine Vorurtheile mächtiger, als seine Liebe, so wollte sie vom Undankbaren sich losreissen, ihrem Vater alles entdecken und fliehn. Diß wollte sie verkleidet auf einem Maskenball ausführen, der einige Tage drauf sollte gehalten werden: Sie selbst nemlich wolt' ihm ent= decken, daß Felizia eine Jüdin wäre: Möcht' ers aufnehmen, wie er wollte, in beyden Fällen hatte sie sich vorgenommen, unerkannt zu bleiben, und bey der nächsten Zusammenkunft dann zu sehn, wie es indessen gewürkt hätte. Auf den Nothfall sollt' ihr Kam= mermädchen ihr zu Hilfe kommen, und der Plan war schön angelegt! Ach! das gute Mädchen hatt' alles berechnet, nur die Macht der Liebe nicht, die doch Alleinherrscherin ihres ganzen Wesens war!

Der alte Argus war nun aus dem Wege geschaft, und der neue Bediente war bestochen. Auf einem Spaziergang traf sie Antonio'n, und sagte ihm, daß sie auf dem Ball kommen würde, wenn's ihr möglich wäre: An einem grünen Federbusch und einem in ihrer rechten Hand flatternden rothgestreiften Schnupf= tuch würde sie kenntlich seyn. Antonio bestimmt ihr seinen Habit, und sie trennten sich.

Immer sah sich Antonio nach dem grünen Federbusch und dem Schnupftuch mit rothen Streifen um, und immer vergeblich. Er begann eben unruhig zu wer= den, als eine Maske in Mannskleidern zu ihm hintrat, ihn am Arm nahm, und auf die Seite führte.

Ant. Was wollen Sie?

Die Maske (schüchtern) Treten Sie weiter zurück: Was ich Ihnen zu sagen habe, bedarf keiner Zeugen.

A. Nun dann?

M. Wenn mich nicht alles trügt, so sind Sie Antonio de Fária?

A. Und wenn mich nicht alles trügt, so sind Sie — —

M. (einfallend) Eine Person, die Sie vor jetzt noch nicht errathen. Sie lieben eine gewisse Felizia Truxada?

A. (aufmerksam) haben geliebt, wollen Sie sagen? — Aber mein Herr, weil Sie diese Frage machten, erlauben Sie mir auch eine : Wie weit haben Sie Antheil an der Sache? Entweder darauf Antwort, oder die Maske herunter.

M. Antheil hab ich daran, in sofern ich Ihr Freund bin — diese Felizia ist eine Buhlerin.

A. (für sich) Wars nur das! Plump angebracht, Sennor Vexillos! (laut) Ist sie? Man sagt's.

M. Ich muß mehr sagen. Diese Felizia schwelgt jetzt eben in den Armen eines andern. Sie hat den Bitten ihres Vaters nachgegeben, und morgen ist die Verlobung.

A. (auffahrend) Erlogen! (faßt sich) Mein Herr! Die Zeit ist edel! In der nächsten besten Weiber = Visite wird man Ihnen für Ihre Stadt = Märchen mehr Dank wissen.

M. (für sich) Vortreflich (muthiger) Es scheint, Sie glauben mir nicht?

A. (für sich) Wenns so wäre — wenn List und Bitten und Gewalt das zarte Herz endlich in eine andere Form gedrückt hätten! — und sie kommt nicht — Nein! nein! wer sieht da die Falle nicht? — Aber wenn du Spion bist, so giebt dir Antonio Trinkgeld. — (laut) Das kann Ihnen und mir sehr gleichgültig seyn. Indessen bitt' ich Sie! nehmen Sie die Maske ab. Die Rolle des Confident in einem Unbekannten läßt etwas sonderbar.

M. Ich dächte, der Innhalt unsers Gesprächs könnt' Ihnen zeigen, daß kein Unbekannter mit Ihnen spreche. — Nur das noch: Liegt ihnen an dem, was ich sage?

A. Sie sind zudringlich, Maske!

M. Und glauben Sie, was ich sage?

A. Maske! Sie werden beleidigend! —

M. Nein! Sie glaubens nicht — Und könnten Sie's glauben von einem Mädchen (warm und innig) die alles, alles, Reichthum, Blut, Leben, Ehre für Sie hingäbe, nur (stockend) nur ihren Himmel nicht, die wochenlang in einem Gefängnis geseufzt, den Zorn ihres geliebten Vaters getragen, und selbst seinem Fluch sich ausgesetzt hat, nur um Ihret= nur um ihres Antonio willen. — Sie könnens nicht glauben —

A.

A. (gerührt) Nein! ich kanns nicht. — Es ist umsonst, mich Ihnen verbergen zu wollen. Ich seh' es — (mit Ungedult) aber nun lösen Sie mir das Räthsel. —

M. Warum dann mein Gesicht noch zum Gewährsmann meiner Gesinnungen, da Sie schon meine Worte haben? — Und wenn diese Felizia in Todes = Gefahr wäre, würden Sie sie retten, und desto muthiger, je mehr sie Ihnen aufgeopfert hätte?

A. Welche Frage!

M. Und dieser alles duldenden, ewig treuen, ewig nur an Ihnen hangenden Felizia, könnten Sie ihr vergeben, wenn sie — (stockt.)

A. Wenn sie — —

M. (hastig mit äusserster Anstrengung) Eine Jüdin wäre?

A. Hahaha! eine Jüdin! Felizia eine Jüdin? (für sich) und nun läge doch Sennor Vexillos im Hinterhalt — pfui! daß ich mich anführen ließ. —

M. Um Gotteswillen, lachen Sie nicht! Hier haben Sie's, (kalt und langsam mit sichtbarer Angst) Felizia ist eine Jüdin! Ihr Vater ist ein Jude! Ihr Großvater war ein Jude, ihre Väter alle waren Juden! Und selbst Antonio ist ihr nicht theurer, als ihr Glaube!

A. Elender Verläumder! und andere Waffen hatteſt du nicht; als dieſe armſelige Liſt? — Aber mein Herr! Ihre Rolle iſt noch nicht aus: der Knoten löſt ſich diesmal hinter der Szene: Nun iſt das Sprechen an mir: Kommen Sie!

M. (mit natürlich werdender Stimme.) Antonio!

A. Wie? — Wer? — Was? Noch einmal ich bitte Sie, wer iſt Felizia?

M. Felizia, deine Felizia iſt eine Jüdin (ſie läßt die Maske fallen)

A. (ſtarr und ſtumm: endlich) Mädchen! ſo ſcherzen Wahnſinnige. — Um Gotteswillen! Nimm dies Wort zurück.

F. (Schweigt; denn ſie iſt ohnmächtig)

A. (ängſtlich, in ungeſtümmer Bewegung) Um aller Heiligen willen ſtirb nicht, eh' ich's gewiß weis! — Dann fahr' hin in die Hölle, die mit mir ihr Spiel hat. (ſchüttelt ſie, und will eben Hülfe rufen, da ſie ſich erholt.)

F. Oh! Antonio! nur noch eine einzige Gnade! Führe mich fort! Führe mich ſelber in die Kerker deines Vormunds!

A. (ſchweigt im ungeſtümmſten Wechſel der Leidenſchaften) Das iſt mein Engel? meine Heilige? meine Angebetete? — Stirb! oder ich zünde deinen Holzſtos ſelbſt an — Betrogen, ſchänd-

lich, fchröcklich betrogen! — Ha! das war's,
das fie neulich fo zitterte, das? — Und ich
merkt' es nicht, und ein Satan umnebelte mein
Hirn mit fiebenfacher Dummheit — Nein!
nein! armes Mädchen! ich liebe dich doch —
(Er erblickt ihren arbeitenden Bufen, der fich
entblöst hatte, da er ihr Luft machte) Ha!
ein fchöner Bufen, und fei's auch der Bufen
einer Jüdinn — Halt! es dämmert —
teuflifch — — (faßt fich)

F. (Während jenes Kampfs in Antonio) Wilt du mich
erhören? — Nicht — nicht? Diefe letzte Bitte
nicht? — O bey dem Gott, den wir beyde
anbeten, blicke mich nicht fo wild an, nicht fo
ftarr, nicht fo verächtlich — (fchwärmend)
Ich bin doch dein! und wenn ich meine Hand
aus dem Feuer hervorftrecke, fie fegnet noch dich!

A. Nein! Das gewiß nicht — Wie du mich doch
überrafcht haft! Komm, komm! Die Sache
ift zu wichtig. Nimm die Maske vor, und
komm. Felizia's enthüllter Bufen hatte wie einen
Blitzftral den verworfenften Gedanken in feine
Seele gefchleudert: Nur einen Augenblick prallt'
er zurück: dann fiegte Vorurtheil und Sinnlichkeit. Felizia war eine Jüdinn. Sie verdiente nicht Achtung, nicht Schonung mehr.
Sie war ihm eine gemeine Dirne, zu nichts
mehr gut, als eine wilde Flamme zu löfchen,
und fie dann zu vergeffen.

So beschloß er, sich vom Zauber loszumachen, mit dem sie ihn bisher gefesselt hatte, möcht' es auch kosten, was es wollte. —

Es war dem Arglistigen leicht, die Furcht des Unglücklichen, liebevollen, was sie so innig wünschte, so gern glaubenden Mädchens zu beruhigen, sein erstes Betragen der Ueberraschung, dem Mangel an kalter Ueberlegung zuzuschreiben, und selbst aus dieser Treue in seiner Religion sich ein Verdienst zu machen, weil sie davon auf seine Treue in seiner Liebe schließen könnte. Er brachte, ihre Besorgniß einzuschläfern, aus Instinkt gleichsam, alle die Gründe hervor, die ietzt jeder Aufgeklärte so gern und so willig umfaßt, die aber seine Ueberzeugung für bloße Sophistereyen erkannte. Sie schwuren sich aufs neue Liebe bis in den Tod, bestimmten sich die nächste Zusammenkunft, und Antonio nahm seine Maaßregeln.

Es war ein Gasthof vor dem Thor, und im Gasthof ein einsames, entlegenes Zimmer, wo sie sich trafen, am frühen Morgen: denn Felizia hatt' ihrem Vater gesagt, sie geh' in die Frühmesse, und wolle nachher eine Freundinn besuchen: am frühen Morgen mit der steigenden Dämmrung, an einem der ersten Frühlingstage, wo die ganze Natur der Liebe sich öffnet, und der reine Himmel und die heitre Luft sie doppelt in iedes empfindende Wesen haucht. Hier fiel Felizia!

Warum sollt' ich, und wie könnt' ich die tausend Kunstgriffe herzälen, die der niedrige Betrüger anwandte, bis er sein Schlachtopfer auf den Altar

brachte. Das Gewebe von Lügen, mit dem er jede
ihrer Einwendungen entkräftete, jede ihrer Be-
denklichkeiten hob; die Betheurungen, die er ihren
Zweifeln, die sanfte Gewalt, die er ihren Bitten und
Thränen entgegen setzte, die so scheinbar geheuchelte
Liebe endlich, mit der er ein schwaches Herz bestürmte,
das keinen einzigen haltbaren Posten mehr hatte. Felizia
wäre kein Mädchen gewesen, wenn sie sich nicht ergeben
hätte: Sie fiel, aber sie fiel spät und rühmlich. Es war
ein Augenblick schmerzhafter Freude, und ihr Herz
pochte gleich stark von Vergnügen und Angst. Es
war ihr letzter, wo sie auch dies gemischte Tröpfchen
Wonne trank, und aus ihm keimt' unbeschreiblicher
Jammer, eine tödliche Frucht. Ihre geschwächte Le-
benskraft ertrug es nicht lang, und in dem Augenblick,
der Sie in eine Welt brachte, wo keine Inquisition
und kein Fanatismus mehr ist, vergab sie, was sie vorher nicht vermocht hatte, ihrem Verführer. Arme
Betrogene! Wenn du auch dein Paradies nicht fandest,
so fandest du ein beßeres, das Paradies Aller, und
das beste, keinen grausamen, eigensinnigen Gott; aber
freylich war's deine Schuld nicht, daß du ihn so gekannt hattest! — Doch ich unterbreche meine Geschichte: Antonio hatte nicht gesiegt, bis er ihr mit
den heiligsten Schwüren versichert hatte, morgen sollte
die Nacht ihrer Flucht, und der Tag, wo sie in ein
duldenderes Land kämen, auch der Tag ihrer Trauung
seyn. Ihre Einwilligung, seine Liebe schon jetzt zu
krönen, hatte der Schändliche als Unterpfand ihrer
Treue verlangt.

Die folgende Nacht erschien, Antonio nicht: und
nach vierzehn Tagen war Felizia eine Leiche.

Die Stimme des Gewissens, welche sich gegen das
erste ausgeübte Laster erhebt, übertäubt auch der nicht,
welcher in Temperament, Erziehung und Denkungsart längst die Anlage hat, zur möglichsten Größe
menschlicher Verdorbenheit auszuarten. Aber seine
Eigenliebe, wenn sie gleich für eine zeitlang unterdrückt
werden kann, kann nicht treulos werden. Nach und
nach findet sie wieder die Entschuldigungen in seinem
Busen, welche der Anblick der vollendeten That in
sein Innerstes zurückgejagt hatte; und hält sie der
Reue, der unerträglichsten Leidenschaft, weil man ihre
Forderungen nicht befriedigen kann, wie einen Schild
entgegen. Antonio fühlte seinen Meineid, aber er
fühlt' auch sein Recht: Die Religion gebot ihm einmal, sie zuverlaßen, und wenn er ja die Sache streng,
wie ein Kasuiste nehmen wollte, so war ihre Entehrung
ein Schritt, der, so nothwendig er war, so unver-
meidlich er ihn thun mußte, mit so vielem Anstand
er ihn that, doch nicht zur Sache gehörte. Die Eigenliebe sprach zu ihm, wie Marinelli in Leßings Emilia
zu seinem Prinzen.

In solchen Fällen hat der rechtglaubige Katholike
ein bequemes Mittel, seiner Vorwürfe mit samt der
Schuld auf Einmal los zu werden: Er beichtet.
Dies that Antonio, und zum Ueberfluß bey einem
Jesuiten. Dieser verstand's, die Sache auseinander
zu setzen. Daß du eine Jüdin verlaßen hast, sagt er,
damit hast du aus den Klauen des Teufels dich los-
gerißen, der, in einen Engel des Lichts verkleidet,
deiner Seele nachstellte. Diese That ist lobenswürdig
und Gott angenehm. Es ist wahr, du hast sie betrogen:

Aber ein Jude, und noch überdies einer, der den Christen spielt, ist ein Erzketzer, und Ketzern darf man nicht Wort halten. Hierinn hast du den Vorgang heiliger Synoden vor dir, dies ist ein Glaubensartikel. Es ist freylich eine große Sünde, bey einer Jüdin zu schlaffen: Aber sie hatte nun einmal deine Begierden empört, und dich in Gefahr gesetzt, zur Büßung der verbottnen Lust eine christliche Jungfrau zu mißbrauchen: Und in diesem Fall, wenn du gleich eine geringere Sünde begangen hättest, in so fern sie eine Christin gewesen wäre, so wäre doch die Schuld ihrer Verführung größer, in so fern sie ein unschuldiges Mädchen hätte seyn können. Folglich hebt sich hier die Schuld gegen einander auf. Nun must du freylich Gott und der heiligen Kirche Genugthuung leisten, d. h. du must diese giftige Otternbrut dem heiligen Tribunal in die Hände liefern, daß das Feuer den Gegenstand deines Verbrechens, und so dein Verbrechen selber vertilge. Und endlich, mein Sohn! wirst du in diesen bösen Zeiten oft genug Gelegenheit haben, deine Sünde wieder gut zu machen. Der Unglaube nimmt überhand. — Stütze den wankenden katholischen Glauben — du weist was ich sagen will. —

Der Jesuite hatte seine Gründe, warum er Antonio so gelinde wegkommen ließ. — Der Neffe des Großinquisitors hat keine schwere Sünden zu büßen, und zu dem war der Jesuite mit Antonios Vater in eine Unternehmung verflochten, die so verdienstlich war, daß so kleine Vergehungen dagegen nicht in Betrachtung kamen. Es galt eine Empörung.

Antonio gieng getröstet hinweg, wankte, wozu er sich wegen des heiligen Offiziums entschließen sollte, und hatte eben den Vorsatz gefaßt, dem frommen Rathe seines Beichtvaters nachzukommen, als man ihm Nachricht brachte, daß Felizia todt sey. — Er fuhr zusammen, als ob er für sein Verbrechen noch keine Absolution erhalten hätte.

X.

Den Beschluß liefert der dritte Band.)

Audiatur & altera pars.

***

An den Herausgeber.

Audiatur & altera pars.

An den Herausgeber.

Sie konnten erwarten, daß das schwäbische Museum in Würtemberg allgemeine Aufmerksamkeit erregen würde und Ihre Erwartung ist eingetroffen. Aber man befürchtet mit allem Recht, daß es auf diesem Ton sich unmöglich werde erhalten können, und es wäre nicht gut, wenn es sich drauf erhielte *).

---

*) Warum nicht? Weil Leute, die das Licht nur durch den Schirm zu sehen gewohnt sind, sich beleidigt finden, daß man es ihnen gerade unter die Augen stellt? Ich kenne mein Vaterland, weis, daß verdeckte Wahrheit, eben weil sie verdeckt ist, nicht gehört oder bemerkt wird. Durch

Ueber keinen Aufſatz dieſes Bandes iſt die Begierde
allgemeiner und ſind die Stimmen weniger getheilt
geweſen, als über den Aufſatz über das theologiſche
Stift zu Tübingen. Keinem hat man auf der einen
Seite mehr Beyfall und auf der andern mehr Tadel
zugetheilt. — Auch will ich mich nur über dieſen
einzigen mit Ihnen unterhalten. — Nur müßen
Sie nicht erwarten, daß ich mich weiter einlaſſe, als
mich jener Aufſatz führt.

Gebilligt hat man überhaupt, daß die ganze Sache
nun einmal zur Sprache gekommen ſey. Die Dar-
ſtellung im Ganzen iſt unſtreitig wahr. Kein Menſch
wird und kann ſie zu leugnen begehren. Unglaublich
viel Pedanterey in den niedern Klöſtern und noch viel
Mönchsſitte im Stift! — Viele Patrioten haben dies
längſt eingeſehen und Verbeßerungen gewünſcht. Aber —

Lob und Schonung wird gewiß in den Fällen, von denen
gerade die Rede iſt, nichts gebeſſert, ſonſt würde ſans
Comparaiſon das Schwäb. Magazin, das Alles, was
in Würtemberg ſtand, gieng, ſaß, lebte, webte und
ſtarb ſo pausbackigt belobräucherte, Schulen, Univerſität
längſt ſo unverbeſſerlich verbeſſert haben, daß die Verfaſſer
der berüchtigten Aufſätze über die Schulen und das Stipendium unter dieſe Rubriken geſetzt haben würden.
Siehe! Es war alles gut! — Und gerade in dieſen
zwey Aufſätzen mußte dieſer eingreifende Ton herrſchen,
wenn ſie wirken ſollten. Warum? werden Sie ſelbſt
einſehen, da Sie den Geiſt dieſer Anſtalten und ihrer
Exekutoren kennen.   D. H.

um den pathetischen Ausruf in Ihrem Aufsatz über
die teutsche Schulen zu wiederholen — wie? wie?
macht man dies?

Aber getadelt hat man 1) den bittern kaustischen
Ton, der beynahe auf allen Blättern herrscht. —
Es scheint, daß der zum Grund gelegte Aufsatz des
grauen Ungeheuers den Verfasser verführt habe: Aber
er hatte weder Herr Wekherlins Beruf noch seinen
Witz. — Sie, mein Herr, sind durch die Beybehaltung dieses Tons *) mit den Grundsätzen in offenbaren Widerspruch gerathen, die in dem Briefe,
welchen Sie als Prolog zu Ihrem Museum abdrucken
ließen, folglich ganz zu billigen schienen, herrschen. —
Man könnte freylich durch diesen Ton auf die Vermuthung gerathen, daß der Verfaßer nicht aus bloßem Gut-

---

*) Ich maße mir kein Recht an, den Aufsatz eines andern,
der mir anvertraut, blos deßwegen in einen andern Ton
umzuschmelzen, weil es einige bittere Tiraden enthält.
Einige Stellen, die 'als persönliche Beleidigungen hätten
ausgedeutet werden können, strich ich in jenem Aufsatz
weg, ob mir gleich einer meiner glaubwürdigsten Korre-
spondenten, dem ich die vertilgte Stellen mittheilte, darüber schrieb: "Laßen Sie Alles dieses stehen. Es ist
Wahrheit, die Ihnen zweyhundert aus — Einem Munde
bestättigen werden —" Es giebt Fälle, wo es schwer ist,
Satyram non scribere. Und der vorliegende Fall war
wie gesagt, einer von diesen. Ich sage: Satyram —
Denn Wahrheit ist ja Satyre oder Pasquill, wie ein
Prof. P. Ord. in T. sich über den Stipendiums Aufs.
ausdrückte. D. H.

meinen sich so weit habe über die Gränzen der Klug=
heit und Anständigkeit hinreißen laßen. — So viel
ist gewiß, daß er eben durch diese Bitterkeit den Ein=
druck unglaublich geschwächt habe, welchen seine Be=
mühung sonst hätte machen können. Und das ist doch
Schade, wenn man sich selber so sehr im Lichte
steht. — Man hat auch wirklich eben darüber theils
einen allgemeinen Unwillen, theils ein allgemeines Be=
dauren geäußert. — Was die Facta an und für sich
betrift, so sind diejenige, von welchen Ich Kenntniß
habe, wahr. Von den neueren hab' ich sie nicht,
doch hab' ich noch keine Widersprüche dagegen gehört.
Doch werd' ich hierüber am Ende noch einiges sa=
gen. — Aber dieser Aufsatz enthält nicht bloße Facta.
Er enthält auch Urtheile und gehäßige Urtheile, und
dies ist

Das Zweyte, was man tadelt. — Raisonnements
über Personen, denn über Einrichtungen *) müßen
freylich Urtheile frey seyn, sind keine Facta mehr,
und sie müßen nach ganz andern Gründen geprüft und
erwiesen werden, als diese. Wenn die Presse Hand=
lungen noch lebender, wichtiger Personen ans Licht
bringt, so fordert man, daß sie juridisch erweislich
seyen, und wenn sie dies sind, so ist die Ausstellung

---

*) Wie aber, wenn Personen und Einrichtungen so genau
miteinander verbunden sind, daß man von Einrichtungen
nicht sprechen kann, ohne von Personen zugleich zu reden,
und umgekehrt — Und dieß ist, wie auch einige Stellen
des vorliegenden Aufsatzes selbst beweisen, hier der
Fall.   D. H.

sehr löblich. Aber Urtheile aus Handlungen sind niemals juridisch erweislich, weil es immer möglich und
so gar wahrscheinlich bleibt, daß man dem Handeln-
den falsche Beweggründe unterschiebe, selbst alsdann,
wenn das daraus hergeleitete Resultat, uns das einzige
mögliche scheint. Sind aber die Handlungen noch dazu vielseitig, oder urtheilt man gar, ohne Facta oder
Belege zu geben, so thut man immer Unrecht, und der
Beurtheilte, wenn er so öffentlich angegriffen ist, hat
die Befugniß, es auch öffentlich für Injurie oder Ka-
lumnie zu erklären. Dies ist nun der Fall mit den
vorzüglich über den gegenwärtigen Ephorus, gewagten
Urtheilen in diesem Aufsatz. — Die erste Ungerechtigkeit, welche der Verfasser an ihm begangen hat, ist
ohne Zweifel diese, daß er nicht unterschied, was er
in seinen Verhältnißen thun und was er nicht thun
konnte. — Nach seinem Aufsatz scheint er zugleich
Gesetzgeber und Exekutor der Gesetze zu seyn, welches
ja zum voraus niemals beysammen stehen kann. —
Ich habe nun die Schwachheit, soll dieser Mann
gleich nach der Erscheinung dieses Aufsatzes gesagt haben, den Gesetzen zu gehorchen, und es scheint
mir, er habe in diese wenige Worte alles mögliche zu
seiner Vertheidigung zusammen gefaßt. Ich weis es
auch aus andern seinen Aeußerungen, daß er manches
anders wünschte, was er nicht anders machen darf.
Alles folglich, was in der ursprünglichen Verfassung
des Stipendiums gegründet ist, fällt zum voraus nicht
auf seine Verantwortung. — Manches andre dann,
was Ihn persönlich betrift, gehört nicht in die Klaße
der Handlungen, sondern der Raisonnements, z. B.
was vom Diktator, vom Kritikstudiren ꝛc. gesagt wird.

Jenes müßten nur seine Herren Kollegen entscheiden
können, und diese sagen das Gegentheil. *) Daß der
Ephorus nun mehr Gewalt als ehmals hat, ist eine
sehr weise Einrichtung: Aber es würde mich zu weit
führen, wenn ich dieß auseinander setzen wollte. —
Nur die Usurpation unrechtmäßiger Befugniße wäre
tadelhaft, nicht der Gebrauch einer anvertrauten größern Gewalt als ehmals. Was das andere betrift,
so ist Hr. Pr. Schn. nicht blos Kritiker, dem nichts
als Varianten ohne Rücksicht auf den Sinn wichtig
wären, sondern auch ein Exegete von nicht geringem
Fleiß und Ansehn. Nun ist Exegese allerdings das
Hauptstudium eines Theologen: alle die, über welche
er Aufsicht hat, sind Theologen. Also ist es seine
Pflicht, drauf Rücksicht zu nehmen, daß dieses Studium
nicht versäumt werde, und wer es versäumt, erweckt
kein günstiges Vorurtheil für sein zweckmäßiges Studiren. — Diesen Fehler hat auch der Verfasser
begangen, da er die Gründe angiebt, warum man
den Famulis so viel Gewalt einräume. Ein jeder
Stipendiat weis aus seiner eignen Geschichte, daß
man mit Untersuchungen und Strafen niemals zum
Ziel kommen würde, wenn man diese Bediente des
Stifts nicht begünstigte. Auch mir ist ehmals in der
gan-

---

*) Dieß beweißt nichts. Auch müssen diese Herren das Ge-
gentheil sagen, wenn sie nicht blos — Unterschreiber
seyn wollen.   D. H.

ganzen Verfassung nichts unerträglicher gewesen, als
diese Einrichtung: aber den Ephorus, der sie vorge-
funden hat, und sich hierin nur nach der Praxis rich,
tete und richten mußte, hätte der Verfasser persönlich
aus dem Spiel laßen sollen. — Was die Behandlung vor der Amtsstube betrift, so gehört sie eigentlich in die Klaße der nicht ganz wahren Fakten.
Denn man macht einen sehr billigen Unterschied. Es
ist wahr, wenn man einen, der davon kam, fragte:
Wie ist dirs gegangen? so war die hergebrachte Antwort: Sie sind grob gewesen! Aber diese sogenannte
Grobheit war auch in den meisten Fällen nur gar zu
nöthig. Und manchen, die wegen Polizeyvergehungen
gestraft werden mußten, hat man ihre Strafe nicht
durch wörtliche Beleidigungen erschwert, sondern sie
eher versüßt, wenn sie sonst ein gutes Prädikat hatten.
Nun laßen Sie mich auch etwas über den Charakter
dieses Mannes sagen. — Ich würde in den nemlichen Fehler fallen, den ich dem Verfasser vorwerffe,
wenn ich ihn loben wollte: also will ich blos Thatsachen anführen. Uebrigens bürgt Ihnen der Name,
den ich unterschreibe, daß ich nicht partheiisch sey;
aber eben um allen Verdacht eigennüziger Absichten zu
entfernen, muß auch mein Name heilig verschwie-
gen bleiben. Wahrlich, ich bin so wenig für die
Sache, wovon die Rede ist, eingenommen, daß ich
dem Verfasser herzlichen Beyfall zugejauchzt hätte,
wenn — —

Seine gelehrte Verdienste sind bekannt. — Bibel-
Kritik, Exegese und sehr viele, besonders vaterländi-
sche Literatur, die in dieß Fach einschlägt — daß

Schw. Muf. II. B.   D

er ein Mann von Geschmak und Weltkenntniß sey,
beweisen seine Schriften und sein Umgang — Bey=
des hat er nicht seiner Niece, wie ein lächerlicher
Drukfehler in Wallbergs Briefen sagt, sondern
seinen Reisen zu danken. — Ob er Klugheit besitze,
mag die Art, wie er seinen Posten behauptet, und —
wie er diesen ihn so sehr angreifenden Aufsatz auf=
nahm, beweisen. — Eines seiner größten Verdienste
ist die gewißenhafteste Unbestechbarkeit. — Manche
seiner Vorgänger haben in alten Zeiten, wie man sagt,
diese Stelle zu einer sehr ergiebigen Quelle von Neben=
einkünften gemacht. *) Aber er hat auch schon nicht ge=

---

*) Wirtemberg ist das Land der Schreiber und Magister,
sagt der rabiose Anselmus — hätt' er hinzugesetzt,
das Land der Bestechungen, oder der sogenannten Neben=
einkünfte (Accidenzien). Der Schulmeister besticht
(oder um mich des eigentlichen Provinzialanstrucks zu
bedienen, schmiert) seinen Pastor, der Pastor seinen
Superintendenten, der Superintendent seinen Visitator —
der Untervogt seinen Amtmann, der Amtmann seinen
Oberamtmann, und der arme Landmann — Alle zu=
sammen, wenn er unglücklich genug ist, einen Prozeß, ge=
linde Strafe, oder irgend etwas, das einem Aemtchen
und dergleichen ähnlich ist, zu suchen. Dies ist nun ein=
mal so im Geleise, daß sich Niemand mehr darüber auf=
hält. Die meisten größere und kleinere weltliche und
geistliche Aemter müssen durch Kanäle dieser Art erworben
werden, es sey dann, daß sie der Herzog selbst ertheilt.
Die Perioden der öffentlichen Dienstversteigerungen ist
nun freylich vorüber, aber geänderter Name ändert die
Sache nicht. Ein Mann, der geben mußte, um seine

than — Ein gewisser S. wollte vor einigen Jahren
Fabeln herausgeben, die eben kein großes poetisches
Verdienst hatten, und ihm noch überdieß Verdruß zu-
ziehen konnten. — Der Eph. suchte ihn zu überreden,
daß ers bleiben ließe. — Ich muß Geld haben,
sagte der Poet! — Der Eph. fragte, wie viel er
dann zu gewinnen hofte? — Fünfzig Gulden ungefähr, war die Antwort. — Da sind sie, sagte der
Ephorus, unter der Bedingung, daß Sie nun vom
Druckenlaßen abstehen. — Die Sache nahm freylich
eine böße Wendung. S. ließ sie dennoch und ohne
Zensur in Tübingen selber drucken, und wurde dieses
und noch anders zusammengenommen wegen rejizirt.

Eben so einseitig, als die angeführte und schädlich
sind auch einige andere Urtheile, die ich übergehen
will.

Stelle zu erhalten, läßt sich dann natürlich wieder geben,
um sich zu entschädigen. Es wäre ein interessanter Bey-
trag, wenn jeder, der ein Wirtemb. Amt oder Aemtchen
besitzt, frank und frey den Weg anzeigte, auf dem er
dazu gelangte. Das Skandal ist indessen in den Augen
der Vernünftigen so groß, daß es gerügt werden muß!
Die geringe firirte Besoldungen, bey denen die Neben-
fälle Hauptsachen sind, ließen die Annahme freywilliger
Geschenke, in so fern die Gerechtigkeit nicht unmittelbar
darunter litt, noch entschuldigen, aber nicht selten werden
diese Don Gratuits "auf eine Art erpreßt, die ziemlich
nach Asien riecht! Mehrere Beyspiele davon sind uns ein-
gesandt worden, wie wir gelegentlich mittheilen wer-
ben.   D. H.

Aber der Auffaz enthält 3) auch **Thatſachen**, die zu einſeitig vorgeſtellt ſind, und wo eine ungerechte Tadelſucht hervorleuchtet. Dahin gehört z. B. was er von dem Privilegium der Speiſemeiſter ſagt. Es geſchieht freylich oft genug, aber doch nicht ſo allgemein, und in Tübingen, wo der Verſchlus größer iſt, niemals. — In Tübingen ſind hauptſächlich die Suppen elend, welches bey der Einrichtung oft nicht anders ſeyn kann. — Würmer in der Gerſten ſind freylich nichts unerhörtes: aber die Gemüße ſind meiſtens erträglich und das Fleiſch iſt gut.

Am einſeitigſten und mangelhafteſten ſcheint mir das, was von den Stipendiaten ſelber geſagt wird. — Man könnte viel mehr zu ihrem Lob und viel mehr zu ihrem Tadel ſagen. — Dieſer Aufſatz iſt von ihnen mit großem Jubel aufgenommen worden, ungeachtet ſie im Ganzen ſehr beleidigt ſind. Und was beweiſt dieß ? Ich glaube das, daß ſie wirklich des Unangenehme ihrer Lage in hohem Grade fühlen. — Mit den " Perioden " iſt's nicht ſo allerdings richtig, und das meiſte gilt nur einigen wenigen, die Periode der Heterodoxie wäre nicht ſo fürchterlich, wenn nicht gegründete Beſorgnis da wäre, daß zugleich das gründliche Studium der Theologie verſäumt würde. Doch — hæc altius repetenda ! —

Was der Verfaſſer vom Ton der gewöhnlichen Unterhaltungen ſagt, iſt nur allzuwahr. — Ich bin von ſehr wenigen Wiſſenſchaftlichen Zeuge geweſen. — Man nimmt ſich heraus, Talente und Kenntniſſe abwern, die man niemals zu kennen Gelegenheit gehabt

hat, in den Tag hinein abzusprechen. Man macht so
manches lächerlich, was sehr ernsthaft und wichtig ist
und seyn sollte — Man spricht so viel und handelt so wenig! — Eine der untadelhaftesten Er-
hohlung ist noch das Schachspiel. — Auch die Sitten der Stipendiaten sind troz der Galanterieperiode
nicht sehr anständig, und bey vielen wirklich roh. Sie
kommen zu wenig in Gesellschaften, wo sie sich bilden
könnten, und vielleicht suchen sie sie zu wenig.

Auf der andern Seite aber ists ein herrlicher Anblick,
den ich in der hohen Karlsschule freylich mit noch größerm
Vergnügen genoßen habe, um der größern Mannich-
faltigkeit und Ordnung willen, 120 — 130 junge
Männer, unter welchen so viele die unverkennbarste
Spuren von Talenten und Kenntnißen schon in Blick,
in Bildung tragen, in Einer Reihe beysammen sehen
und vergleichen zu können. — Es öffnet dem denken-
den Menschenfreund ein so weites Feld von Betrach-
tungen, und erzeugt eine mit Freude und Wehmuth
vermischte Empfindung. — Verhüte der Himmel,
daß die Hälfte von diesen „ gestempelte Ignoranten „
seyn sollten! Auswürflinge finden sich freylich, und es
wäre meines Erachtens, eine schädliche Konnivenz, sie
zu dulden, wenn nicht so viele Rücksichten hier in Kollision kämen. — Aber im Ganzen hat dieses Stift
die vortreflichste und brauchbarste Männer gebildet,
von welchen der Verfasser jenes Aufsatzes nur die
wenigste genannt hat. — Und auch jezt keimt so
manche schöne Hoffnung! — Zudem sind einige
sonst große Ausschweifungen jezt sehr niedergedrückt. —
Der höchstschädliche Spielgeist ist verdrängt. ——

D 3

Der Vergehungen im Trinken sind weniger — und
jeder Kopf sucht sich, welches ehedem nicht war,
durch Selbstdenken zu bilden. Dies verbreitet seinen
heilsamen Nutzen auf alle Wissenschaften, und betrachtet man die Mannigfaltigkeit von Kenntnissen, die in
diesem Stift im Umlauf sind, so kann man sich einer
gerechten Freude nicht enthalten. Freylich stehet immer
Gutes und Schlimmes neben einander. Manche piquiren
sich auf neoterischen Prinzipien, die sie nicht gründlich
gefaßt haben und nicht gehörig anzuwenden wissen: aber
mir scheint dies ein von der gegenwärtigen Aufklärung
unzertrennliches Uebel.

Am meisten möchten die niedern Klöster eine Reform
nöthig haben. Es ist sonderbar, daß gegenwärtig
immer von der nachfolgenden Promotion und ihren
Ausschweifungen ein größeres Geschrey ist, als von
den vorhergegangenen. Dies ist so nach dem Grundsatz aller Leute, daß die Zeiten immer schlimmer
werden, und im Grunde liegt vielleicht etwas Gutes
drunter verborgen. — Indessen ist's auch hier nicht
durchgängig so schlimm, wie der Verfasser es angiebt. — Es ist wahr, daß die Vorgesetzte sich
vielleicht mehr herablassen sollten: aber es hängt auch
nicht so ganz von ihnen ab. — Kaldenbach und
Schellenbauer sind zwar noch autorisirte Kompendien:
Aber die Professoren folgen zum Theil ihrer eignen
Methode. Essichs Anleitung zur Weltgeschichte ist
vom sel. Volz umgearbeitet und vermehrt worden,
und für ihren Zweck immer brauchbar genug. Das
ächte Studium der Philologie möchte die meiste Verbesserungen nöthig haben.

Das sind einige freymüthige Bemerkungen, die ich Ihnen mitzutheilen für nöthig fand. — Es thut mir mehr leid, als ich sagen kann, daß der Verfaßer jenes Aufsatzes das Gute, das er hätte stiften können, und wie ich glauben will, hat stiften wollen, selber so sehr gehindert hat. Unerfahrenheit und Mißmuth mögen schuld gewesen seyn. Hätten Sie doch, da Sie selber sagen, Sie hätten manches zu derbe weggelassen, noch mehrere Flecken weggetilget. — Ich rathe Ihnen zu kalter überlegter Vorsicht, zu einem überall bescheidenen und gemäßigten Ton, und besonders, daß Sie, wie Sie versprechen, das ganz Gute und Lobenswürdige in Wirtemberg anzurühmen nicht vergessen *) Alsdann werden Sie für Ihr Museum vielen Dank verdienen und erhalten.

† †

†

---

*) Wie gern will ich loben und rühmen, und loben und rühmen laßen, wenn die Wahrheit nicht darunter leidet. Aber Wahrheit über alles sey mein Symbol bey der Herausgabe dieser Zeitschrift. —   D. H.

D 4

Ein Wort über die Folter.

Von einem Layen. —

Bey allen Gelegenheiten wird in den Tübingischen gelehrten Anzeigen der Folter, die so vielen aufgeklärten Menschen die abscheulichste Misgeburt der Barbarey, der Ungerechtigkeit, der Unwissenheit und Dummheit scheint, noch das Wort geredet. Ich zweifle nicht, daß ein Mann, der Rechtsgelehrsamkeit studirt hat, manchen Gesichtspunkt finden könnte, aus dem sie sich vertheidigen und einige Fälle, wo sie, welches Gott verhüten wolle, sich noch anwenden läßt. Aber ich wünschte, über folgendes von Ihnen Auskunft zu haben.

Gesetzt ich würde irgend eines kriminellen Verbrechens schuldig oder unschuldig, thut nichts zur Sache, beschuldigt. Ich läugnete; die Anzeigen wären gegen mich, und mir würde die Folter zuerkannt. Ich würde sagen: So bald ihr mir mit der Folter droht, so gesteh' ich, weil ich's nicht für wahrscheinlich halte, daß ich die Schmerzen der Folter aushalten, oder daß mein Geist in dieser fürchterlichen Betäubung seine Besinnungskraft und seine Stärke erhalten werde. So bald ich wieder zum gütlichen Verhör komme, läugn' ich.

Antwortet man mir: So wird man dich wieder foltern, so sag' ich: dann gesteh' ich wieder, und beym nächsten gütlichen Verhör läugn' ich wieder.

Sagt man mir, man wird dich so oft und so lange foltern, bis du auch im gütlichen Verhör nicht läugnest, was du im peinlichen gestanden hast, so antwort' ich: Nun, so habt' ihr auch euer sogenanntes gütliches Verhör mir zur Folter gemacht, und dann gesteh' ich auch da eben deswegen, weil ich auch da eben so gut, als auf der Folter bin. — Was habt ihr nun gewonnen? Ich sag euch voraus: Ich werde bekennen, wenn und weil ihr mich foltert. Seyd ihr nun eurer Sache gewißer? — — Mich dünkt, darauf läßt sich schlechterdings nichts antworten.

Man hält das eigne Geständniß für wesentlich. Dieß ist der Grund der Folter. Entweder zur wirklichen Vollständigkeit des Beweises, oder als rechtliche Formalität. —

Der erste Fall tritt hier nicht ein: Denn es ist nicht eignes Geständniß, sondern man preßt das Geständniß aus mir durch die Folter heraus, wie der Orgelspieler durch ein Gedruck die Töne aus der Orgel preßt. Folglich bleibt der zweyte. Aber einer rechtlichen leeren Formalität zulieb einen Menschen martern, welche Unmenschlichkeit!

Was ich oben gesagt habe, ist nicht nur auf Geständniß eigner Verbrechen, sondern auch auf die Angabe von Mitschuldigen, kurz auf jeden möglichen Fall anwendbar.

Die Frage von der Folter reduziert sich also ganz auf die Frage: Ist eignes Geständniß bey einem Verbrechen nothwendig? — Sagt man Ja, so schlägt sich meistens der verruchteste Verbrecher durch. Sagt man Nein, so ist die Unschuld in der fürchterlichsten Gefahr, so lange die Möglichkeit des Gegentheils noch möglich ist. Und wie oft diese Möglichkeit bey den am ungünstigsten scheinenden Umständen schon Würklichkeit gewesen sey, lehren Beyspiele. La verité n'est pas tousjours du côté de la vraisemblance. — Aber in jeder Rücksicht: wozu Folter?

Ein ganz verschiedener Fall ist, wenn der Gefangene gar nicht reden, der Zeuge gar nicht zeugen will. — Aber hätte man da nicht Fug und Macht, dieses Nichtwollen für das gültigste Supplement des Geständnißes anzusehn?

X.

Mit Vergnügen werd ich Beantwortungen dieses Aufsatzes in das Schw. M. einrücken, in so fern sie nicht blos die alte Vertheidigungen der Menschheitentehrenden Folter wiederkäuen und so geschrieben sind, daß sie auch der Laye versieht. Bloß gelehrte Abhandlungen schließt der Plan des Museums aus. D. H.

Ode

auf dem Schlachtfelde

zu Lützen.

Vom Jahr 1772.

Soll dann im Grabe schnöder Vergessenheit
Ewig der Name des unnachahmlichen
Helden und Christen Gustav Adolphs
Stille der Zukunft entgegen schlummern?

  Soll eines Schmeichlers kreischendes Lobgetön
Ewig dem Wütrich Tilly Belohnung seyn?
Soll er vom Glanze wahrer Helden
Ewig ein falsches Licht entlehnen?

  Wehe den Zeiten, wo die Verläumdungssucht
Täuschender Lehrer Schriften mit Galle füllt,
Bosheit in tadellosen Schmuck der
Religion verborgen wandelt!

  Zeiten, wo Christen, leer an Empfindungen
Für die durch Gustavs unüberwundene
Standhaftigkeit geschützte Wahrheit,
Träge derselben Lehren üben!

Zeiten, wo Leichtsinn sträflicher Witzlinge
Liebe der Gottheit Menschen zur Thorheit macht!
Wo Fanatismus alle Herzen
Gegen die Liebe der Brüder schließt!

Weck' uns, o Vorsicht, Helden, wie Gustav war,
Weck' uns Beschützer langebestätigter
Rechte der Menschheit, freyen Denkens!
Breche die Fesseln der Vorurtheile!

Ehre, o Gustav, bleibe dies Schlachtfeld dir;
Schauernd betrette deiner Unsterblichkeit
Redendes Denkmal jeder Wandrer!
Sing' dein Lob und Tillys Schande.

Lache des schaalen wenig gelesnen Blats
Eines Kalenders, tüchtig von Adolphs Ruhm
Von der zu früh geschloßnen Laufbahn
Frostig ein Wort ein Jahr zu reden. *)

---

*) Mit Vorbedacht ist dem Gedichte die Zahl des Jahrs
vorangesetzt, worinn es gesungen ward. Und mit
dem Vergnügen, dessen nur Freunde der Menschheit und der Religion fähig sind, darf der Dichter
im Jahr 1785 hinzusetzen, daß in Teutschland
manches zur Wirklichkeit gelangte, was damals
nur Wunsch war, und daß unsre Nachkommen
manches vollendet sehen werden, dessen Umfang
im Jahr 1772 noch unter dichterische Visionen
gerechnet werden mußte.

F. R. W.

Epistel an Chloe.

(Jena 1772.)

Liebe macht zum Dichter, sagt Naso; Zorn giebt
Verse ein, wo die Natur sie weigert, spricht Juvenal;
Hunger spornt das Genie, schreibt Persius. Daß aber
ich in Versuchung gerieth, einige Zeilen zusammen zu
reimen, welche ich diesem Schreiben beylege, kann ich
von diesen drey Dingen unmöglich herleiten. Vielleicht
ist die theure Zeit allein schuld daran, und dieser mag
es auch in Rechnung zu bringen seyn, wenn meine
Verse nicht besser sind, als sie selbst.

    Wie lebst du, Freundinn? so beglückt,
So munter dann in Jenas öden Mauren,
Wo Noth und Gram den Bürger drückt,
Wo Lehrer und Student bedauren,
Daß nicht der alte Glanz Salinen schmückt,
Und Hunger, Krankheit, Tod, gleich hämischen Cen-
                         tauren
Versteckt und öffentlich auf ihre Beute lauren:

Ja, Freundinn, so wie du, beglückt
Fließt deinem Freunde nicht sein Leben,
Wenn nicht von dir, ihm Trost zu geben,
Die frohe Nachricht ihn entzückt,
Daß Dich, o Chloe, noch der Jugend Reitze zieren,
Und keiner Krankheit schleichend Gift
Es wagt, sie im Triumph davon zu führen;
Die Nachricht, daß Dich noch des Freundes Worte
           rühren,
Der mehr des Herzens Sprache trift,
Als mancher, der, um sinnreich sich zu zeigen,
Empfindung lügt, die er nicht fühlt,
Mit einem Freundschaftsschwur, gleich einem Balle
           spielt,
Und spricht, wo beßre Leute schweigen;
Die Nachricht, daß es Dir gefiel,
Daß Phöbus ihn sein Seitenspiel
Zu rühren hieß, das an der Wand gehangen,
Seit Aesculap es ihm entrückt,
Und seine Hand mit Messern, Haken, Zangen,
Und andern Dingen ausgeschmückt,
Wornach die Dichter nie verlangen. *)

                       Dich

---

*) Eine Anspielung auf die Beschäftigungen des ana-
tomischen Theaters in Jena, welchen sich der
Verfasser im Winter des Jahrs 1771 widmete.

Dich, Freundinn, höre ich, lockt eines Hofes
Pracht,
Erfüllt mit edlem Selbstvertrauen
Von einem Weisen, sie zu schauen?
Sie, die die Mädchen und die Frauen
Oft mehr, oft minder lüstern macht?
Doch ihren Flitter zu verachten,
Fällt dies dem Weisen schwer, der sie gesehen hat?
Und darum sie zu sehen, ist eine schöne That,
Nach deren Lob nur Du und Doris trachten.
Ihr werdet, habt ihr sie gesehn,
Freumüthig eurem Freund gestehn,
Die Schönheit der Natur sey noch einmal so schön,
Für eure unverdorbnen Augen,
Die zum Betrachten nur, nicht zum Bewundern taugen.

Ob Chloe, meine Vaterstadt
So sehnsuchtvoll, wie du, mein baldig Wiedersehen
Sich wünscht, das kann ich in der That,
In meines Schicksals Buch, so weit die Blätter gehen,
Die mir mein Genius im Traum gezeiget hat,
Nicht deutlich aufgeschrieben sehen.
Doch sah ich, als ein Chiroment,
Was deinem Bruder einst geschehen,
Was er für Ruhm gewinnen soll,
Ich sah es, da gedankenvoll
Er einst am vaterländschen Strand
Des Nestor's, seine rechte Hand
Auf meine hingelegt, mir dort zur Seite stand.

Wird meine Emsigkeit im Dienst der kranken Welt,
Mein Trieb nach Wissenschaft, den Aerzten später
Zeiten
Nach meinem Tod zum Beyspiel aufgestellt,
Welch Lob! doch größre Seligkeiten
Gewährt die Freundschaft mir, die sich auch dann
erhält,
Wenn Wissenschaft und Ruhm mit einer ganzen
Welt
Ins alte Nichts zurücke fällt.

F. R. W.

Die

Die Weinlese.

Verlaßt der Stadt verengte Mauren,
Die, Kerkern gleich, der Freyheit drohn!
Hinaus ins Feld! hinweg mit Sorge, Furcht und
Trauren!
Sprecht heute Spleen und Grillen Hohn!

Welch Jauchzen schallt in unsern Ohren!
Welch Feldgeschrey durchschwirrt die Luft!
Wir gehen, Arm in Arm, zur Freude neugebohren,
Wohin uns dieser Jubel ruft.

Der Winzer Haupt ist frisch gekrönet
Mit Wintergrün und Epheukraut:
Sie freuen sich des Orts, wo lauter Scherz ertönet,
Des Orts, durch ihren Fleiß gebaut.

O seht den vollen Elbling hangen!
Den rothen Velteliner glühn!
Wie? oder reizet euch zu lüsternem Verlangen
Der Clävner? Wohl, so schneidet ihn!

Nur halb versteckt von welkem Laube,
Lacht euch der kleine Riesling *) an;
Der Muskatteller hier, und dort die schwarze Traube, **)
Die man nicht süsser essen kann.

Verdankts den guten lieben Alten,
Die Wein auf diesen Fels gepflanzt,
Die, wie die Enkel thun, ein herbstlich Fest gehalten,
Gescherzt, getrunken und getanzt!

Trinkt froh an der Geliebten Seiten
Den rothen brausend frischen Most!
Soll Gott Apollo nicht jetzt unser Glück beneiden,
Und trank er auch so süssen Most?

Als er, aus dem Olymp vertrieben,
Zu Fürst Adentus sich gekehrt,
Und sein noch wildes Volk die Kunst beglückt zu
lieben,
In Liedern voll Gefühl gelehrt.

F. A. W.

_____

*) Die Rheintraube.

**) Der Trollinger.

Ueber die

allgemeine Revision

des gesammten

Schul- und Erziehungswesens,

von

einer Gesellschaft praktischer Erzieher,

herausgegeben von

J. H. Campe. 8. Hamburg 1785.

Nihil humani à me alienum puto.

Terent.

Ueber die
allgemeine Revision
des gesammten
Schul- und Erziehungswesens,

von

einer Gesellschaft praktischer Erzieher,

herausgegeben von

J. H. Campe. 8. Hamburg 1785.

Nihil humani à me alienum puto.

Terent.

So vieles seit zehn und mehrern Jahren in Teutschland über die Erziehung geschrieben worden ist, so
fehlte es doch immer noch an einem Hauptwerk in
diesem Fach, an einem solchen nemlich, das die vielen
zerstreuten Materialien in systematischer Ordnung sammelte, frey von Idealenkrämerey, nur dasjenige als

positiv richtig darlegte, was nach vielfältig angestellter Erfahrung von mehrern praktischen Erziehern als wahr anerkannt worden. Dieses Werk müste keine Träume, vorgefaßte Hypothesen und dergleichen enthalten, sondern Wahrheit, die jedem prüfenden Kopf, klar wie die Sonne einleuchtete. Man müste dadurch sicher werden, was man annehmen und verwerfen sollte. Die Grundsätze müsten so gewiß seyn, daß man, ohne auffallende Fehler in der Erziehung zu begehen, gar nach keinen andern verfahren dürfte. Wahr ist es, daß dieses ein Werk wäre, das in tiefem Fach zu keiner Zeit und bey keiner Nation seines gleichen jemals gehabt hätte. Ob aber ein solches Werk wohl je möglich seyn wird? Ist es wahrscheinlich, daß man Wahrheit einmal so ganz nackend erblicken werde? Wird man die Grundsätze der Erziehung so mathematisch gewiß demonstriren können, daß eben so wenig Zweifel, als bey der Definition eines Dreyecks, übrig bleiben werden? Dies waren ungefähr meine Gedanken, als Hr. Campe das Revisionswerk ankündigte. Ich freute mich zum voraus, vielleicht eine Idee realisirt zu sehen, deren Ausführung mir unmöglich vorkam. Begierig nahm ich den ersten Theil bey seiner Erscheinung in die Hand, fand, daß es in mannigfaltiger Rücksicht ein vortrefliches Werk sey, aber dennoch dem Begriff einer Revision, worinn wenigstens keine offenbare Widersprüche, keine Uebertreibungen, keine Hypothesen herrschen sollen, nicht entspreche.

Ich habe mir vorgenommen, einige Gedanken über die vorliegenden Abhandlungen aufzusetzen, nicht aus Rechthaberey, sondern lediglich von Liebe zur Wahrheit geleitet. Verdienen sie Aufmerksamkeit, so

werden sie dazu schon genützt werden, wozu sie brauchbar sind. Verdienen sies nicht; — nun so mögen
sie in ihr nichts wieder dahin sinken. Ich habe wenigstens dabey den Vortheil, mich im Denken geübt und
andere auf Erforschung der Wahrheit aufmerksamer
gemacht zu haben.

Die erste Abhandlung ist von Bahrt: „ Ueber
„ den Zweck der Erziehung. „ Er setzt selbigen
darein: „ durch Bildung und Leitung früher —
„ den Menschen und andere durch ihn — zu be-
„ glücken, ihn schneller und leichter zu seinem Ziel
„ und zu seiner Bestimmung zu führen. „ Es kam
nun hier, wie jedermann sieht, zuerst darauf an, den
Begriff von Glückseligkeit zu entwickeln, weil auf
diesen das Gebäude zu errichten ist. In der dritten
Abhandlung: Allgemeinste Grundsätze der Erziehung, hergeleitet aus einer richtigen Kenntniß
des Menschen in Rücksicht auf seine Bestimmung,
seine körperliche und geistige Natur und deren
innigste Verbindung, seine Fähigkeit zur Glückseligkeit und seine Bestimmung für die Gesellschaft
von Stuve, kommt diese Materie ebenfalls vor.
Ich will also, um nicht bey verschiedenen Gelegenheiten einerley zu sagen, beyde in Absicht dieses
Punkts gleich hier zusammen nehmen.

Bahrt verwirft den gewöhnlichen Begrif von
Glückseligkeit: „ sie sey der Zustand angenehmer Empfindungen „ als unbestimmt, macht einen Unterschied

unter Wohlbefinden und Glückseligkeit, und setzt endlich das Wesen der letztern in Freudegefühl, in so fern es aus Vorstellungen bestehe.

Stuve bleibt bey dem alten und von den meisten Philosophen gegebenen Begriff von Glückseligkeit, nemlich, daß sie der Zustand angenehmer Empfindungen sey, und untersucht nun die wichtige Frage: woher und woraus unsere Glückseligkeit entstehe; und welches ihre Quellen seyn. Der Zustand, wobey wir glückselig sind und seyn können, sagt er, ist der Zustand einer verhältnißmäßigen Ausbildung und Vervollkommnung der Anlagen und Kräfte unsrer Natur und die übereinstimmende Befriedigung unsrer natürlichen Triebe.

Offenbar widersprechen sich diese beyden Gelehrten. Wenn Glückseligkeit Freudegefühl ist, in so fern es aus Vorstellungen besteht, so ist jeder Mensch in seiner Sphäre glückselig. Der cultivirte Europäer unter den Händen des Luxus aufgewachsen, bemitleidet den Grönländer in seiner armseligen Hütte und spricht ihm bey seinen Bällen, Opern und Schmausereyen alle Glückseligkeiten des Lebens ab, und jener hat gar keinen Begriff davon, wie man unter andern Himmelsstrichen glückseliger seyn könne. Der aufgeklärtere Mensch arbeitet und strebt anderer Seelenkräfte zu erhöhen, weil er glaubt, daß es zu ihrer Glückseligkeit unentbehrlich sey, und der Wilde befindet sich in seinem Sinn herrlich wohl, auch ohne alle wissenschaftliche Kenntniße. — Vermöge des angegebenen Begrifs machen auch falsche Vorstellungen glückselig, und wenn

die Dauer derselben die Glückseligkeit erst gründet, so
machen sie es allerdings. Wieland wird daher auch
hier gewiß Recht behalten.

> Ein Wahn, der uns beglückt,
> Wiegt eine Wahrheit auf, die uns zu Boden
> drückt.

So mancherley also die Vorstellungen wären, so
verschieden wäre auch die Glückseligkeit, und nie ließe sich
mit Bestimmtheit sagen: das ists! Tausend Menschen
setzen ihre Glückseligkeit in Ruhe, und doch hat es
Nationen gegeben, die in ewigen Kriegen sie gefunden
haben. Dachten nicht selbst unsre Vorfahren, die
alten Teutschen so, die wohl die Waffen mit sich, als
ihr höchstes Gut, ins Grab nahmen, die so gar ihre
künftige ewige Glückseligkeit in Rache gegen die Feinde
setzten, die — was uns jetzt schauerhaft vorkommt —
mit Vergnügen beym Siegesmahl aus den Schädeln
der Ueberwundenen tranken.

Ich läugne also schlechterdings einen absoluten
Zustand von Glückseligkeit, da es hier gar zu sehr
auf Verschiedenheit menschlicher Begriffe ankommt.
Wer sich glückselig zu seyn dünkt, seine Lage sey nun
in den Augen anderer noch so widrig, ist doch glück=
selig. Seine Vorstellungen machen ihm Freude, und
aus diesen entspringt ja nach Bahrt Glückseligkeit
wirklich.

Nach dem Begriff des Hrn. Stuve ist es nun
wieder ganz etwas anders. Ihm ist Glückseligkeit
so viel als Aufgeklärtheit, oder Vervollkommnung

unsers phyſiſch und moraliſchen Zuſtandes. Hier würde
ſich ein weitläufiges Feld zu Einwürfen eröffnen, und
leicht könnte man ſich in dieſer Materie dergeſtalt
verirren, daß man, ſtatt einige Gedanken zu ſagen,
einen ganzen Traktat zu ſchreiben verleitet würde.

Wir ſprechen ſo oft mit Enthuſiasmus von jenen
glücklichen Zeitaltern aller Nationen, in denen ſie ſich
in ihrer Einfalt befanden. Wir preiſen öfters die
Kinder glücklich, weil ſie wenig Verhältniße überſehen,
von wenigen Bedürfnißen wißen. Wir können auch
mit Grund der Wahrheit nicht anders. Fehlt dieſen
nicht der Grad von Cultur, den ſie nachher erhalten,
und der, ſo wie ganzer Staaten Unglück, oft auch
das Elend manches Individuums gemacht hat? Je
mehr Kenntniße und Aufklärung, deſto mehr Bedürfniße. Es ſagt nichts, wenn man einwenden wollte,
daß man lernen müße, ſich Bedürfniße verſagen. Es
wäre immer beßer, wir hätten ſie gar nicht. Arzney,
die eine Krankheit hebt, iſt wohl gut, aber Geſundheit iſt noch beßer. Unter hunderten iſt vielleicht einer
ſtark genug, ſich von Bedürfnißen loszuſagen.

Es kommt auch hier, wie ich ſchon oben geſagt
habe, auf bloße Einbildung und Vorſtellung hinaus. Oder
iſt es weniger auffallend, wenn ich mit einem Kunſtwort
ſage, der Begrif von Glückſeligkeit iſt ſo relativ, wie
der Begrif von Schönheit? — Ich läugne nicht,
daß viele durch Aufklärung und Verfeinerung ihrer
Begriffe, überhaupt durch phyſiſche und moraliſche
Kultur, glückſeliger werden können; aber ich läugne,

daß absolut nichts anders einzelne Individua zu diesem Ziel bringen könne. — Herr Campe klagt in dem nemlichen Werk über den Schaden, welchen die Leserey stifte. Freylich redet er nur von dem zu häufigen Lesen; allein wer vermag es, immer die sichern Gränzlinie zu ziehen? Ich möchte wohl fragen: wodurch bilden wir unsre Seelenkräfte aus? Nicht wahr, durch Unterricht, Umgang, Denken und — Lesen? Es ist also Lektür absolut nothwendig zur Bildung und vermöge dieser zur Glückseligkeit, wenn ohne Kultur diese nicht statt finden kann. Die Folgerung kann nun jeder selbst machen. Dasjenige, was nun eigentlich zur Glückseligkeit führen sollte, führt nach Hrn. Campe unmittelbar zum Verderben.

Es läßt sich unmöglich so gerade hin bestimmen, daß dieser oder jener Mensch glücklich oder unglücklich sey, weil es hiebey gerade auf die besondern Begriffe eines jeden von Glückseligkeit ankommt, Begriffe, die von tausenderley Umständen modificirt werden. Wenn einmal mit Gewißheit ausgemacht wäre, was Glückseligkeit sey, oder daß ich deutlicher sage, wenn einmal die Menschen, wenigstens der größte Theil eins wären, ihre Glückseligkeit in etwas einzig und allein zu finden, wenn dieses mit dem Wohl der ganzen Gesellschaft und dem Wesen der Staaten zusammen stimmte, so daß die Glückseligkeit des einzelnen allzeit auch die Glückseligkeit des Ganzen wäre; dann ließe sich auch ohne Schwierigkeit auf diesen Begriff ein System vom Zweck der Erziehung bauen, das jetzt, wie man sieht, noch nicht anders als schwankend seyn kann.

So lange das nicht geschieht, kann zwar der Pädagog einzelne Subjekte der Glückseligkeit — die es nemlich nach seiner Meynung ist — näher bringen, aber es ist nichts allgemeines.

Dies sind einige hingeworfene Gedanken über den unsichern Begriff von der Glückseligkeit, aus welchem die Herren Bahrt und Stuve so vieles gefolgert haben.

Es soll dieses Werk, zufolge seiner ganzen Bestimmung, einen generalen Leitfaden für Eltern und Erzieher abgeben, wo sie sich in jedem zweifelhaften, oder einigermaßen schwierigen Fall Raths sollten erholen können. Ich zweifle, ob ich es gleich sehr wünschen möchte, daß es so allgemein nutzbar werde. Es gehört viel Belesenheit dazu, viel Uebung im künstlichen Denken, um nur z. E. gleich die erste bahrtische Abhandlung zu verstehen, die, wegen des darinn abgehandelten Gegenstandes, für Eltern und Erzieher doch so wichtig ist. Es erfordert viel Beurtheilungskraft, da, wo die Verfasser einander widersprechen, wo sie vielleicht in manchen Dingen nicht einig sind, zu bestimmen, wer Recht habe, und welche Meynung man annehmen solle. Was muß nun derjenige thun, dem diese Beurtheilungskraft fehlt und der — eben weil er selbst nichts ausfinden konnte, einen unfehlbaren, wenigstens sichern Führer suchte, der ihn auf die Spur leiten sollte? Mich dünkt, daß dieses fähig ist, auf mancherley Fehltritte zu leiten und vielleicht öfters in Labyrinte zu führen.

Iſt der Vorſchlag S. 53. möglich: „ der Er-
„ zieher ſoll über ſeinen Zögling gute und böſe Folgen
„ ſeiner Handlungen verhängen? „ Zuweilen wird es
wohl angehen, aber wahrlich nicht in allen vorkom-
menden Fällen. Es heißt ferner: „ er (der Erzie-
„ her) muß Fehltritte, mit denen das Kind ſich ſelbſt
„ ſchadet, weniger ſtrafen, als die Fehltritte, womit
„ ein Kind andere mißvergnügt macht. „ — Ich
verſtehe, weil die Folge dieſes Fehltritts ſchon ſelbſt
Strafe iſt. Allein Selbſterhaltung, Sorge für ſeine
Geſundheit ꝛc. ſind nothwendige Pflichten, deren Ver-
nachläßigung meiner Meynung nach allzeit ſcharfe
Ahndung verdienen. Wer nichts für ſich thut, thut
auch nichts für andere.

Der Einwurf S. 55. den Hrn. Baht einer
ſeiner Freunde gemacht hat, nemlich „ daß ſein Zög-
„ ling, ſo gebildet, wie er ihn haben will, wenn er
„ aus dem Kreiſe ſeiner Erzieher in die größere Welt
„ übergehe, ganz offenbar aus einer Seenwelt
„ in die wirkliche komme, wo kein Schauplatz von
„ Liebe iſt, ſeyn kann und ſeyn ſoll: „ dünkt mich
in der That nicht ſo ganz grundlos, und ich muß geſtehen, daß mich die nachherigen Erklärungen nicht
befriedigt haben. Hier verliehrt ſich Hr. Baht offenbar in Ideale. Denn iſt es wohl mehr, als ein ſüßer
Traum, daß Lehrer, Aufſeher, Bediente, kurz
Erwachſene, welche um den Zögling ſind, Muſter
der Menſchenliebe, der Eintracht, Offenheit, Uneigen-
nützigkeit, Friedſamkeit, Arbeitſamkeit, Treue, Groß-
muth u. ſ. w. ihnen ſeyn ſollten? Iſt zu erwarten,
daß es bey der Verfaſſung unſerer wirklichen unideal-

ſchen Welt wohl jemals dahin kommen werde? So
aber, wie wir wirklich ſind und wohl bleiben werden,
iſt richtig, daß Hrn. Bahrts Kinderwelt nichts weiter
als Feenwelt ſey. Kommen ſeine Zöglinge dann in
die wirkliche, ſo müßen ſie nothwendiger Weiſe überall
anſtoßen und werden mit ihrem guten Herzen unzäh=
ligemal getäuſcht und betrogen werden. Erfahrung
und Beobachtung rechtfertigen meine Meynung, die
ein jeder alle Tage zu machen Gelegenheit hat. Die
ganze Abhandlung beruht auf philantropiniſchen Grund=
ſätzen, die nun freylich Hrn. Bahrt ganz gefallen
mögen, aber er argumentirt Dinge daraus, die wirk=
lich dem Ganzen Gründlichkeit rauben.

Mit den übrigen Erziehungsvorſchriften von S.
62. ff. bin ich ſehr wohl zufrieden und muß geſtehen,
daß ich darinn manches ſchöne und vortrefliche gefun=
den habe. Nur wird, in der nächſten Generation
wenigſtens (nemlich unter vorausgeſetzten Umſtänden,)
noch ſo wie in der gegenwärtigen, an Erziehern Man=
gel ſeyn, die dieſe Vorſchriften mit gehöriger Ge=
nauigkeit befolgen und ausführen. Dieſe ſind:
„ 1) daß der Menſch an Arbeit gewöhnt und fähig
„ werde, auch bey laſtenden und unfreyen Arbeiten heiter
„ und vergnügt zu ſeyn. — (Das können unſere
„ Landleute wirklich, ſo wie ſie die übrigen Vorſchrif=
„ ten meiſt erfüllen.) 2) Daß er Unterwürfigkeit
„ unter Uebermacht lerne, und ſich gewöhne, dieſe
„ Uebermacht zu dulden, ohne in ſeiner Ruhe geſtört
„ zu werden. — 3) Daß er die Menſchen kennen
„ und ſie nehmen lerne, wie ſie ſind: daß er ihre
„ Fehler trage, ihre Abweichungen von ihm dulden,

„ seine Erwartungen ihrem herrschenden Charakter ge-
„ mäß einrichten und ihre guten Sitten benutzen
„ lerne: — 4) daß er als ein Weiser leiden und
„ selbst beym Leiden ein froher und zufriedener Mensch
„ bleiben lerne: endlich 5) daß er als ein gesitteter
„ Mensch leben und sich den Gesetzen des vernünftigen
„ Wohlstands unterwerfen lerne. „

Ich komme nun der Ordnung nach zur zweyten
Abhandlung: Von den Erfordernissen einer guten
Erziehung von Seiten der Eltern vor und nach
der Geburt des Kindes, von Campe. Diese ist
ist in einer lichtvollen und allgemein verständlichen
Schreibart abgefaßt, voll warmen Eifers und Menschenliebe. Sie verdient nicht nur von verheyratheten
Personen, sondern auch solchen, die den bedenklichen
Schritt ins ehliche Leben zu thun im Begriff stehen, oft
gelesen und reiflich beherziget zu werden. Hr. Campe
untersucht verschiedenes, was Hinderniß einer glücklichen
Ehe wird. Unter anderm kommt er auf den littera-
rischen Luxus und die Schriftsteller Sucht, daß
nemlich jetzt zu viel gelesen und geschrieben werde.
Ich bin keineswegs Willens, eins oder das andere zu
läugnen, oder zu widersprechen, daß Schaden daraus
erfolgen könne, nur nicht so ausgedehnt; indeß halt'
ich dafür, es sey jetzt Mode, und sowohl überhaupt
Leserey, als Schriftsteller-Sucht, werden wie alle
Moden in der Welt — wer weiß wie bald? —
vielleicht unversehens wieder ein erwünschtes Ende
nehmen. Das vor einigen Jahren im Gang gewesene
Geniewesen ist von der Empfindeley verdrängt worden,
und schon fängt allmählich gesündere Denkungsart an,

wieder die Oberhand zu gewinnen. Hr. Campe hat
sich vor und seit Verfertigung des Robinson Crusoe mit
dergleichen Ideen und Vorstellungen stark beschäftigt,
möglich auch, daß hie und da Narren und Närrinnen
Schaden genommen haben; aber allgemein wird es,
hoff ich, nie werden. Wenn zu Speculationen nicht
mehr Kopf erfordert würde, als zur Empfindeley, so
könnten dadurch eben so viele Narren werden, als
durch diese geworden sind. Was die Schriftsteller=
Sucht betrift, so glaub ich, ist sie nicht selten auch
Nahrungsbedürfniß. Der junge Gelehrte, ohne Ver=
mögen, ohne Amt, der sich in die unangenehme Fesseln
der Hofmeisteren nicht will hinein begeben, wovon soll
er leben? Er muß schreiben und bedauert es vielleicht
innig, mit Litteratur Gewerbe treiben zu müßen.
Schrieb er wichtige Werke, wird man sagen. Gut!
Aber wenn jede Messe eines fertig seyn muß? —
Und wer weis es nicht, wie wenig lüstern nach solchen
die Buchhändler sind? — Wenn der Staat alle
Gelehrte versorgen könnte und wollte, die um Brod
verlegen sind, würde vielleicht ein gut Theil Schrift=
stellerey weniger seyn. Es läßt sich hier nichts thun,
als bessere Zeiten wünschen und hoffen. Leider ist es
ein trauriges Gemählde, das der Hr. Verf. entwirft,
(S. 182. ff.) wenn er von den Folgen dieser —
wie er es nennt — Seelenepidemien redet; nur will
ich zur Ehre der Menschheit glauben, daß sie, wenn
sie auch einzelne Subjekte verwüstet haben doch nicht
so weit um sich greifen, oder gar allgemein werden.
Es giebt, Gott sey Dank, immer noch in Teutschland
Männer, die dem Strom entgegen schwimmen, die
nach Kräften und Vermögen einer gänzlichen Entner-
vung

vung vorbauen. Die empfindelnde Schriftsteller haben seit einiger Zeit die Geisel der Kritik und Satyre tüchtig gefühlt, sie werden sich den Rücken heilen lassen und nach und nach verschwinden. Man erinnere sich daran, was vor einigen Jahren das Bardenwesen war, daß Wieland in einem Neujahrswunsch des Merkurs wünschte:

„ Eicheln gnug dem Bardenchor,
    Das sich und uns zu Gothen dichtet! "

Sie sind dahin! — Auf diese folgten die Minnelieder. Wie lang haben sie gewährt? — Seit Werthers Zeiten erschienen die Kraftgenies auf dem Schauplatz; auch diese haben den blauen Frack mit gelber Weste und Beinkleidern abgelegt, und haben angefangen, sich wie andere vernünftige Leute zu geriren. Wir wollen hoffen, die gute Mutter Zeit werde das übrige bewürken:

„ Denn sie versteht, die Narren zu bekehren,
    Sie mögen wollen oder nicht. "

Die übrigen Aeußerungen und Vorschriften des Hrn. Campe unterschreib ich von ganzem Herzen.

Der dritten Abhandlung, von Hrn. Stuve, hab ich bereits schon oben, bey Gelegenheit des Begrifs von Glückseligkeit erwähnt und gezeigt, worinn ich verschiedener Meynung sey. Die Abhandlung liefert mehr, als man dem Titel nach vermuthen sollte, denn es ist eine vollkommene Theorie, über die körper-

liche und moralische Natur des Menschen. Angenehm
ist es, wenn man an die ehemahligen steifen lateinischen Männer auf Schulen denkt, die jetzigen Erzieher
dagegen philosophiren zu hören und nur Pedanten
könnten zweifeln, ob sich die Jugend dabey besser
befinde und ob mehr Nutzen für die Welt dadurch
werde gestiftet werden.

Nur eins will ich noch erinnern. Hr. Stuve
verlangt: „um das Kind zum vernünftigen Denken,
Urtheilen und Schließen zu gewöhnen, welches das
Hauptgeschäft des Erziehers seyn solle, müße man
dasselbe ununterbrochen sorgfältig beobachten u. s. w. "
Ich gebe das gerne zu, allein die Mütter, die gewöhnlich die ersten Aufseher und Erzieher sind, werden mit
dieser philosophischen Methode schwerlich fortkommen,
und die Väter, gesetzt auch, daß sie zu dergleichen
Beobachtungen aufgelegt wären, werden durch Berufs-
geschäfte, unvermeidliche Zerstreuungen und andere
Umstände wohl meistens daran verhindert. Ich fürchte,
es gehe mit diesen und andern Erziehungsregeln, wie
mit diätetischen Vorschriften der Aerzte. Selten können
sie so genau beobachtet werden, und vielleicht könnte
man von den letztern sagen, dürfen auch eben so strickte
nicht befolgt werden, wenn man sich nicht selbst schwäch-
lich zu machen Willens ist.

Der zweyte Band enthält nur zwey Abhandlungen, die aber in verschiedene besondere Abschnitte

verfallen. Die erste ist von Hrn. Campe: „ Ueber
die früheste Bildung junger Kinderseelen “;
die zweyte von Hrn. Villaume: „ Ueber das Verhalten bey den ersten Unarten der Kinder. “

Die Campesche Abhandlung ist durchaus vortreflich. Jede Mutter, die für das Wohl ihrer Kinder
nur einigermaßen besorgt ist, muß sie aufmerksam
studiren und sollt' ihr auch anfangs schwer werden,
dem Verfasser im Nachdenken zu folgen, so wird
sie für die wenige Anstrengung des Kopfs doch reichlich
belohnt werden. Erziehungskunst ist ein Studium,
worinn man ohne Nachdenken keinen sichern Schritt
thun kann. Wem nun diese Kunst nicht gleichgültig
ist, von dem kann man auch fordern, daß er das
Mittel, in ihr weiter zu kommen, anwende.

Nur über einige einzelne Sätze hab ich Bedenk-
lichkeit. Ist es wohl richtig gesagt: (S. 75)
Frohseyn sey, genau zergliedert — nichts anders,
als Gefühl fortschreitender Entwicklung unsrer
Kräfte und Fähigkeiten. Der Anblick eines Freundes, den ich in langer Zeit nicht gesehen habe, macht
mich froh. Es ließe sich zwar hier sagen: Das Bild
des Freunds sey in meiner Vorstellungs-Kraft nicht
mehr so lebhaft; werde durchs Wiedersehen erweckt,
folglich eine Kraft in mir stärker; aber bey der Ana-
lyse des Briefs hat wohl Hr. Campe das schwerlich
gedacht. — Ein Tanz, eine muntere Mahlzeit, ein

F 2

Landschaft im letzten rothen Strale der Sonne, und tausend andere Dinge, machen den Menschen froh, im eigentlichsten Sinn des Worts, und doch kommt hier von dem Gefühl fortschreitender Kräfte. und Fähigkeiten nichts in Anschlag. — Ich rede selbst vom culti= virtern Menschen. — Denk ich nun erst an den, der weniger Verhältniße überschaut, den ein Nürn= berger Bildchen, ein schimmerndes Glas und eine Pfeife Toback, oder Dudelsacks = Musik, in Entzücken zu setzen vermag; was soll ich da sagen? Dieser denkt gewiß nicht daran, seine Kräfte und Fähigkeiten fortschreitender zu machen, geschweige daß ihn das Gefühl darüber in eine behaglichere Laune setzte, und schwerlich wird ihm dennoch Hr. Campe die Gabe froh zu seyn absprechen.

Froh ist der Mensch, glaube ich, allzeit so oft ein Gegenstand, er sey phisisch oder moralisch, ihm ange= nehme Empfindung macht. Die ältern Philosophen giengen noch weiter und Wolf z. E. machte in seiner Metaphisik §. 447. einen Unterschied zwischen Fröhlich= keit und Freude und nahm an, daß jene über das Ende einer Unlust entstehe. Ueberhaupt aber zeigen die Worte Fröhlichkeit und Freude schon einen höhern Affekt an, als z. E. Heiterkeit, Behag= lichkeit u. s. w. *)

---

*) Feder Untersuchungen über den menschlichen Willen. I. Theil S. 128.

Um die Kinder zu zerstreuen, meynt Hr. Campe
S. 160. „ man solle sie bey Zeiten auf gewiße Ge-
„ genstände, die man in der Nähe habe, aufmerksam
„ machen und ihnen Liebe dafür einzuflößen suchen ꝛc.
„ So oft man sich in der Nothwendigkeit finde, das
„ Kind zu zerstreuen, solle man mit ihm zu dem ge-
„ liebten Gegenstand eilen, und man werde selten
„ seine Absicht verfehlen. „ — Ich habe bey öftern
Beobachtungen vielfältig wahrgenommen, daß wenn
die Kinder an einem Gegenstand haften und man
bringt sie, um sie zu zerstreuen, zu einem andern,
den sie sonst sehr lieb haben, so werfen sie diesen mit
Eckel und Unwillen von sich, gesetzt auch, daß sie ihn
eine kleine Weile betrachten, und verlangen wieder jenen,
von dem man sie abzubringen suchte. Ich sage, ich
habe dieses nicht einmal, sondern recht sehr oft
bemerkt. Es ist also vielleicht das meistemal Zufall,
wenn das Mittel anschlägt. Ich hoffe Gelegenheit zu
haben, bey der zweyten Abhandlung „ von den ersten
Unarten der Kinder “ noch einmal auf den gegenwärtigen Punkt zu kommen, da ich blos im Durch-
blättern gesehen habe, daß auch darüber gesprochen
wird. Hr. Campe hat es auch selbst (S. 163 f.)
erkannt, daß dergleichen pädagogische Kunstgriffe ihre
gehoffte Wirkung nicht in jedem Fall thun werden.
Ich glaube, selten werden sie es thun, vielleicht
manchmal bey Kindern, die noch kein Jahr alt sind.

S. 183. „ Ist das Begehren eines Kindes von
„ der Art, daß man es ihm gewähren kann, so ge-
„ währt es ihm so gleich, ohne zu verlangen, daß
„ es — — durch ausgestreckte Händchen ꝛc. ꝛc.

„ erſt darum betteln ſoll. “ — Ich würde, ohne zu
befürchten, dem Kinde eigenſinnig, ſtolz oder herrſch-
ſüchtig zu ſcheinen, zwar manchmal frey gewähren,
zuweilen mich aber allerdings bitten laſſen, damit das
Kind ſeine Abhängigkeit von mir auch da fühlen lernte,
und um ſo dankbarer für die Gabe würde, die es
ohne mich nicht hätte. Giebt man dem Kind alles
(wenn nemlich die Forderung unſchädlich iſt) auf
ſein — daß ich ſage — deſpotiſches: ich will das,
ſo muß es glauben, es gehöre ihm von Rechtswegen.
Muß es aber darum bitten, entweder mit Worten,
oder ganz kleine Kinder mit Aufhebung der Händchen,
ſo fühlt es, daß es in meiner Willkühr geſtanden habe,
zu erfüllen, oder zu verweigern, und wird gewiß zu-
traulicher und dankbarer. Wir Alte kommen im
Leben oft in den Fall, daß wir bitten müſſen. Warum ſollten Kinder das nicht frühzeitig lernen?

Nun noch einige Anmerkungen über die Abhandlung des Hrn. Prediger Villaume: „ Ueber das
„ Verhalten bey den erſten Unarten der Kinder. “

Unarten bey Kindern nennt der Hr. Verfaſſer
alles, was uns in ihrem Betragen mißfällt.
Dahin gehört 1) Eigenſinn, 2) Weinen und
Schreyen, 3) was man Bosheiten zu nennen
pflegt, 4) die Lebhaftigkeit, die manches Unheil
anrichtet; 5) Näſchigkeit, 6) Verzerrung des
Geſichts und der Glieder; 7) eine Art von Ver-
ſtellung; 8) ungezogene Ausdrücke, 9) Habſucht
oder Begierde, und andere mehr. Er ſchränkt ſich
nur auf die erſten Unarten der Kinder ein, das heißt auf

die, die sie ohngefähr bis ins dritte Jahr haben kön=
nen. Es wird zuerst die Natur und Quelle dieser
Unarten untersucht, hernach ihre Schädlichkeit betrach=
tet und zuletzt Wahl der Prüfung und Hilfsmittel
dagegen angestellt.

Ich wünschte, daß die vortrefliche Anmerkung:
(S. 304) „ Unser Institut hat zur Absicht, nicht
„ den Philosophen zu lehren. Man muß die Sprache
„ derer reden, die man lehren will; sonst übernimmt
„ man eine vergebliche Mühe “ — durch das ganze
Werk wäre beobachtet worden. Aber leider bekennt
eben der Mann, der diese lehrreiche Anmerkung ge=
macht hat, im Vorbericht: (S. 302) „ daß seine
„ Untersuchungen eine Gestalt gewonnen, die sie vor
„ manchen Augen entrücken werde und daß er hoffe,
„ Stückweise von jedem verstanden zu werden. “
Ist das hinlänglich?

Erster Abschnitt. Vom Eigensinne. (S. 306.)
Er besteht nach unserm Verfasser in der Beharrlich=
keit bey seinem eigenen Willen, ohne Rücksicht
auf den Willen und die Vorstellung anderer,
oder besser bestimmt: Behauptung des eigenen
Willens, ohne Rücksicht auf Recht und Unrecht.
Im ersten Fall, wenn das Subjekt recht hat und
bey seiner Meignung beharrt, ists Festigkeit, Tugend;
im gegenseitigen Fall aber Fehler. Er ist Mißbrauch
einer wirklichen Seelenkraft, und wird eben darum
schädlich, aber die Willenlosigkeit wird es nicht min=
der. Eigensinn beharrt bey seinem Irrthum, Willen=

F 4

losigkeit folgt jedem Irrthum, jeder Thorheit Anderer u. s. w. — Nun kömmt die so äusserst schwierige Materie: Wie schränkt man die Festigkeit und Beharrlichkeit dergestalt ein, daß sie nicht Eigensinn wird und in Trotz ausartet, oder daß auf der andern Seite Willenlosigkeit daraus entstehe? Ich bin, was die Schädlichkeit des Willenbrechens betrift, vollkommen mit Hrn. D. einverstanden und mußte mich wundern, daß er die wirklich seichte Anmerkung des Hrn. D. Bahrdt unter den Text (S. 332.) drucken ließ, um sie zu widerlegen. *) Man lese dagegen die von Hrn. Ebeling, (S. 336.) der an Beyspielen zeigt, was für Unheil das sogenannte Willenbrechen verursacht habe. Aber jetzt — die goldene Mittelstrasse zu treffen! — Zwischen Eigensinn und Willenlosigkeit durchzukommen, daß das Kind weder die nöthige Festigkeit verliehre, noch zu gehöriger Zeit nachgeben lerne, das im menschlichen Leben öfters so nöthig ist: — wer das für leicht hält, hat nie erzogen, oder über Erziehung nachgedacht. — Wir wollen sehen, was Hr. Villaume darüber sagt.

1). „Man soll nicht Kinder, sondern Männer bilden.“ Richtig, Männer mit Festigkeit des Charakters, aber auch mit der Güte eines Kindes; denn

---

*) Ich hätte schon früher erinnern sollen, daß es zum Verständnis meiner Gedanken in den meisten Fällen nöthig seyn wird, das Revisionswerk selbst bey der Hand zu haben, weil ich die Stellen nicht immer abschreiben mochte.

ohne eine gehörige Portion Güte des Herzens möchte
der feste Mann zuletzt bloßer Starrkopf werden. Es
gehört auch zur Ruhe und Glückseligkeit des Lebens,
übersehen und nachgeben, wenn man nicht alle
Augenblicke anrennen und sich Beulen holen will.

2) „Ich würde nicht sagen: es sey leichter ein
nachgebendes Kind zu erziehen, (vielmehr glaub
ich eher das Gegentheil, da es so sehr in der Natur
ist, mehr seinem eigenen, als dem Willen anderer zu
folgen) „man müßte es also so einrichten, daß das
„Kind als Kind keinen Willen hätte, (dies würde
gegen die vorhergehenden und folgenden Regeln des
Hrn. V. sehr — ja gegen die Natur selbst ge=
fehlt seyn,) und doch als Mann standhaft würde.

3) „Man müßte keine Kraft ersticken, nicht
„den Willen brechen, sondern das Kind in den
„Stand setzen, seinen Willen zu lenken. " Hier
ist Etwas! allein es wird mit großer Klugheit an=
gefangen werden müßen, daß die Willenslenkung
bey dem künftigen Mann nicht zuleicht werde,
damit nicht die Festigkeit dabey leide, und er eben
so willig zum Bösen als zum Guten übergehe.

4) „Soll der Mann standhaft seyn; — —
„so brecht den Willen des Kindes nicht! " Sondern
man soll ihn nur mäßigen. Aber wie diese Mäßigung
vorgehe, nemlich nichts zu schwächen, sondern jeder
Kraft Zügel und Richtung zu geben, ist, dünkt
mich, so wenig deutlich aus einander gesetzt, daß der

ungelehrte Erzieher immer im Dunkel irren wird. Ich
vermisse hier hauptsächlich Beyspiele und Erfahrungen, die die Theorie villeicht erläutern könnte.

„Schädlichen Willen haben die Kinder genug.
„Hier giebt es öfters Gelegenheit, ihn zu biegen
„und einzuschränken. Nur wollt ich rathen, solche
„nicht zu mißbrauchen. " — Richtig! Aber nun
die Gränzlinie, wo rechter Gebrauch und Mißbrauch
sich scheiden!

5) „Uebe das Kind dann und wann, dem
Willen anderer nachzugeben. " Auch diese Regel erfordert, wie Hr. V. selbst anmerkt, Behutsamkeit. —
Und so weit gehen die Vorschläge für noch unver-
dorbene Kinder. Ich gestehe gerne, daß ich aus dem
bisherigen manche schöne Anmerkung gelernt habe,
aber ich bin weit entfernt, ein untrügliches, be-
stimmtes System daraus ableiten zu können. Auch
hier ist, wie sonst, keine Regel ohne ihre Ausnahme,
aber eben diese Ausnahme erschwert die Sache. Noch
immer ist der Stein der Weisen, nach dem wir aus-
giengen, nicht gefunden, nemlich: das Kind weder
willenlos noch eigensinnig zu machen. Es wird
immer für den Erzieher eine der gefährlichsten Klippen
bleiben. Uebrigens müßen wir auch auf die Bildung
der Welt etwas rechnen und nicht glauben, daß wir
alles zu thun vermögen. Ich erinnere mich aus meiner
Jugend, daß ich eine ziemliche Portion Eigensinn
hatte. Ohne daß meine Erzieher dergleichen Theorien
studirt hatten, ließ man mir zuweilen meinen Willen

und ein andermal wurde mir gerade die Gewährung
des liebsten Wunsches versagt. Das hatte den doppel=
ten Vortheil, mich weder willenlos noch starrköpfig
zu machen. Manchmal drang ich durch, vielleicht
nicht ohne überwundene Schwierigkeit, manchmal mußt
ich mich unter die Gesetze der Nothwendigkeit beugen,
ohne den Grund erforschen zu dürfen, warum man
mir dies oder jenes versagte. Und zuweilen dünkt
mich gut, gesetzt daß man auch dergleichen Gründe
hätte, sie gerade geflißentlich zu verschweigen und zu
thun, als ob man keinen als seinen Willen hätte.
Hr. V. ist zwar (S. 379.) gegen mich, nichts desto
weniger aber halt ich meine Meynung nicht für grund=
los, wie die Folge ergeben wird. — Auf der Aka=
temie, wo ich mir selbst überlassen war, setzte sich
schon mehr Starrsinn fest, und nichts als nachheriger
Umgang hat ihn wieder eingeschränkt. Ich sage mit
Fleiß eingeschränkt, nicht abgeschliffen. Ich sah,
daß ich nicht fortkommen konnte, wenn ich dies und
jenes gleichgültige nicht mitmachte, wogegen ich sehr
eingenommen war und fieng an, mich zu geniren,
lernte nachgeben. Aber noch mehr haben nachherige
Ereigniße Einfluß auf die Tilgung des Starrsinns
gehabt. Ich konnte offenbar sehen, nur aus Eigen=
sinn wurden von andern meine Strebungen auf dem
und jenem Wege gehindert. Sie waren mächtiger als
ich, was konnt ich ausrichten? Und wär ich mit
dem Kopf an die Wand gerennt und hätt ich geschäumt
und getobt, so würde nichts weiter, als das vana
sine viribus ira eingetroffen haben. Erst Widersetz=
lichkeit anderer in mancherley Angelegenheiten meines
Lebens, haben meinen Starrsinn gebeugt, haben mich

biegsamer und mit mir selbst zufriedener gemacht. Oft
wußt ich gar keine Ursache, warum dies oder jenes
geschah. Ich lernte der Nothwendigkeit, mich zu unter=
werfen und manche, die mich von ehedem kannten,
haben die Verwandlung bewundert.

Darum, glaub ich, schadet es so viel nicht, wenn
der Erzieher seinem Zögling manchmal ohne Grund,
und vielleicht nur eigensinnig zu handeln scheint. Es
wird ihn schmerzen! Laß es! Es schmerzt auch uns
Erwachsene, aber kürzer, wenn wir das Versagen
gewohnt sind und wissen, daß oft nichts dagegen hilft.
Man muß seine liebsten Wünsche oft einer eisernen
Nothwendigkeit aufopfern, die nicht nach Gründen
handelt.

„ Oft ist der Eigensinn eine Folge verkehrter Er=
„ ziehung, er wird durch unzeitiges Nachgeben und
„ Widerstehen erzeugt. „ Sehr wahr. Wann soll
man nachgeben, wann widerstehen? Das letztere
nur, wenn die Kinder etwas schädliches durchsetzen
wollen, das erste in guten Dingen? — Darf man
nicht, meiner vorigen Aeußerung nach, zuweilen in
gleichgültigen Dingen, wo man den Kindern ihren
Willen unschädlich lassen könnte, widerstehen? —
Hr. V. meynt, nur Schädlichkeit und Unmöglichkeit
sollten die Schranken setzen. Ich meyn es nicht.
Kinder verlangen nicht immer schädliche oder unmög=
liche Dinge, meistens gleichgültige. Wollten wir also
jene Regel ohne Einschränkung befolgen, so würden
wir wahrscheinlich weit seltener in den Fall kommen,
die Nachgiebigkeit, die Unterwerfung, das Verzichtthun

auf den und jenen Wunsch, Kindern zu lehren, als
da, wenn es uns frey steht, sie auch bey gleichgültigen
Forderungen anzuwenden. — Wenn nur Schädlich
und Unmöglich einen Grund zu Verweigerungen
abgeben soll, so widerspricht sich — wie schon vorher einigemal — Hr. V. in der Note S. 384. selber,
wenn er sagt: „Nützliche Dinge kann man zuweilen
„aus anderweitigen Gründen versagen; und ich glaube,
„daß man es versagen muß, wenn das Kind mit
„Eigensinn darauf besteht, weil man vor allen Dingen
„zeigen muß, daß das Kind keine Herrschaft hat, sonst
„wird es trotzig.“ So richtig diese Regel ist, so sehr
sie meiner Denkungsart entspricht, so verdient sie es
doch, darüber weiter nachzudenken, ob sie nicht verschiedenen vorigen des Hrn. V. ganz entgegen sey,
und ob durch sie der Erzieher nicht in den Despotismus und die Härte fallen könne, die man so sehr zu
vermeiden räth? — Meine vorige Behauptung,
von unbedingtem Gehorsam, bestättigt mit deutlichen Worten eine Stelle der nemlichen Note: (S.
386.) „In allen Ständen muß der Mensch sich
„Gesetzen, Vorschriften, Gebräuchen unterwerfen,
„deren Grund ihm nicht gesagt wird u. s. w.“

Zweyter Abschnitt: Vom Weinen und
Schreyen. (S. 399. ff.) Viel Gutes über das
Beklagen der Kinder, bey irgend einem körperlichen
Schmerz. Unsre Klagen mindern sein Leiden nicht,
aber sie können viel verderben, besonders wenn sie
übertrieben werden.

Der Satz: (S. 425.) „zwiſchen Weichheit und „Starrſinn, mattem Weinen und heftigem Geſchrey, „iſt Weichheit das gröſte Uebel;“ ſollte er wohl ſo ausgemacht wahr ſeyn, als Hr. V. glaubt? Wahr iſts, Starrſinn, Widerſetzlichkeit, Bitterkeit, Leiden-ſchaft, iſt Kraft, allein wie weit kann dieſe Kraft führen! — „Man kann ſie wieder geſchmeidig „machen“ — Mit ſchwerer Mühe, beſonders wenn ſie erſt etwas eingewurzelt iſt und vielleicht lauft man alsdann gerade Gefahr, dieſe Kraft — eben weil man mit gröſſerm Eifer an ihrer Einſchränkung arbeitet — zu zerſtören, das aber auch nicht ſeyn ſoll. Ich würde meines Theils nie darauf denken, Weichheit ganz wegzuſchaffen, (und wenn ſie dem Hrn. V. zufolge ein Uebel wäre, ſo müßte es ge-ſchehen) ſondern — einzuſchränken. Wahrlich es iſt auch eine ſchätzbare Gabe der Natur, und bildet, bey gehöriger Mäßigung, einen für die menſchliche Geſellſchaft ſehr brauchbaren Charakter. Theilnehmung an anderer Unglück, Mitleid, Unterſtützung ſeiner Brüder u. ſ. w. flieſſen unſtreitig aus dieſer Quelle. Ohne einige Weichheit wird der Menſch wenig Gutes für andere thun. Und wenn er auch ſelbſt auf Irr-wege geräth, ſo folgt er um ſo leichter der Stimme des Freundes, der ihn zurückführen will und beklagt ſeine gemachten Fehler. Rammler hat das ſehr ſchön geſagt:

„Ihr weichgeſchaffnen Seelen,
Ihr könnt nicht lange fehlen,
    Bald weint aus euch der Schmerz.“

Dritter Abschnitt. „Von der Boßheit. " (S. 440. ff.) Boßheit bey Kindern wird alles das genennt, wodurch sie Zorn äußern, als Schlagen, Beißen, Kratzen, Zerren, Schreyen, konvulsivisches Zappeln.

Die erste Regel gegen diese Boßheiten ist: Reitzet die Kinder nicht! und dies ist auch Hauptregel, auf die sich fast alles übrige reducirt. Gewöhnlich sind diese Boßheiten oft nur Nothwehr, das Zerstöhren ihrer Spielsachen, nur Bedürfniß nach Thätigkeit ꝛc. denn die Kinder können noch keine Absicht zu schaden haben, die, wenn es eigentlich Boßheit wäre, doch da seyn müßte. Hierüber bin ich mit Hrn. D. döllin eins.

Vierter Abschnitt: „ Von der Verstellung. " (S. 454. ff.) Auch hier ist die Hauptregel: Verderbt die Kinder nicht. Wer nie über Pädagogik gedacht hat, wird sich wundern, in diesem Abschnitt Dinge zu finden, die er vielleicht oft prakticirt hat, ohne an den entsetzlichen Schaden zu denken, den sie stiften. Dahin gehört: dem Kind allerley Minen vormachen, sich stellen, als ob man weinte, zornig wäre ꝛc. ꝛc. Wenn man nicht will, daß ein Kind etwas anrühre, sagt man: es beißt. Das Kind findet, daß es nicht so sey, und lernt das Lügen von seinen Eltern, u. s. w.

Fünfter Abschnitt: „ Von ungefitteten Aus=
„ drücken. “ (S. 471. ff.) Ich würde ein Kind,
wenn ich dergleichen von ihm hörte, eben nicht mit harten
Verweisen strafen, welches zu thun auch Hr. V. wider=
räth; aber ich bin eben so wenig seiner Meynung, daß man
thun sollte, als ob man es gar nicht bemerke. Man
macht zwar, im Fall der harte Verweis wegbleibt,
dem Kind keine Vermuthung rege, als ob die verbote=
nen Ausdrücke vieles auf sich haben, allein durch gänz=
liches Stillschweigen könnte man es glauben machen,
als ob es etwas sehr gleichgültiges gesagt hätte. Ich
glaube ein sanfter Verweis: „ Das war ein unarti=
„ ges Wort, so sprechen Papa und Mamma nicht,
„ das hört man nur von ungezogenen Gassenjungen “
und dergleichen, sollte nicht ganz ohne Wirkung blei=
ben, besonders wenn es gleich anfangs geschieht.
Wenigstens hat mich meine wenige Erfahrung gelehrt,
daß es nie gänzlich fruchtlos geblieben ist. Aufs höchste
trieb ichs, wenn die Unart öfters kam, daß ich drohte,
das Kind nicht mehr lieb zu haben, und dann hatt' ich
gewonnen Spiel.

Sechster Abschnitt: „ Von der Genäschig=
keit “ (S. 476. ff.) — Siebenter Abschnitt:
„ Von der Habsucht. “ (S. 492. ff.) — Achter
Abschnitt: „ Von der Neugier. “ (S. 497. ff.)
Im Grund sind dies lauter natürliche, zuweilen wohl=
thätige Triebe. Sie ersticken, würde Fehler seyn,
man muß sie nur gehörig einschränken.

Neun=

Neunter Abschnitt: „Von der Furcht."
(S. 508. ff.) Die abergläubische Furcht, vor
Dingen, die nicht sind, behauptet den ersten Rang.
Am besten, glaub ich, wär es wohl, wenn man auf
den Gegenstand der Furcht allzeit gerade zugehen könnte,
um zu zeigen, daß es nichts wär und daß die Sinne
nur getäuscht wurden. Das Kind wird sich zwar
Anfangs nicht zum mitgehen entschließen. Ich würde
es in einiger Entfernung stehen lassen, meinen Weg
fortmachen und hoffen, daß mein Beyspiel ihm Muth
einflößte. — Bey der Furcht vor Dingen, die wirklich schaden können, kommen die Donnerwetter vor.
Daß die Kinder sich äußerst-selten vor dem Gewitter
fürchten, hab ich ebenfalls aus sehr häufigen Beobachtungen. Aber leider weis ich auch, wie mächtig
das Beyspiel furchtsamer Personen auf sie wirke. Ich
selbst habe bis in mein achtes Jahr jedes Gewitter
ruhig angesehen. Erst von dieser Periode an, kam
ich unter furchtsame Personen, und die Furcht drückte
sich so tief ein, daß ich sie, trotz aller Gegenbestre-
bungen, noch jetzt nicht los werden kann, selbst nicht
in einem Hause, das mit Blitzableitern versehen ist.
Ich getraue mir so ziemlich voraus zu sagen, ob
ein Gewitter — wann es von ferne her aufsteigt —
ausbrechen, stark oder schwach seyn werde. Ist das
erstere, so sind alle meine Nerven schwer wie Bley,
und die Hände fangen an zu zittern. Alles das hab
ich der Wirkung des Beyspiels zu danken. — Als ein
ganz kleiner Junge konnte ich Mäuse in den Händen
tragen. Auch den nachherigen Abscheu dafür, der bis
zum heftigen Erschrecken geht, hab ich allein dem

Beyspiel zu zuschreiben, und dagegen ist alle Arbeit platterdings umsonst.

Zehenter Abschnitt: „Eckel und Schmutz.“ (S. 553.) — Eilfter Abschnitt: „Mangel „an Schaam“. (S. 556. ff.) — Zwölfter Abschnitt: „Von feindseligen Leidenschaften:“ (S. 564.) Dahin gehören Haß, Neid, Mißgunst. — Dreyzehenter Abschnitt: „Von der Eitelkeit“. (S. 570. ff.) Von Natur sind die Kinder nicht eitel, ich wenigstens hab es nie bemerkt, aber leider werden sie es durch das ewige Bewundern ihrer selbst, ihres Putzes 2c. 2c. von Eltern und Wärterinnen. Nehmen sich diese hierinnen in Acht, so werden ihnen die Kinder ganz gewiß keine Mühe machen. Allein es wird wohl unmöglich ganz zu vermeiden seyn. Der Begriff von Putz und Pracht sitzt uns selbst viel zu tief, als daß wir ein geputztes Kind, besonders wenn es das unsrige ist, ganz ohne Anmerkung sollten ansehen können. —

Vierzehenter Abschnitt: „Von der Unacht= samkeit.“ (S. 600. ff.) Zum Beschluß sind noch sechs Regeln vorgeschrieben, die ich ihrer Brauchbar= keit wegen hier anfügen will. 1) Lege so wenig Hand an die Erziehung, als nur immer mög= lich ist. Die Natur, die Dinge selbst, sind die besten Erzieher. 2) Sey in deinem Betragen mit dem Kind so simpel als du kannst. 3) Ueberlaß

das Kind sich selbst, so viel es thunlich ist.
4) Vermeide sorgfältig jeden Reitz, jeden un-
nützen Zwang; so wirst du Leidenschaften nicht
erregen. 5) Sey mit keinem Unterricht vor-
schnell. 6) Laß Kinder bey Erwachsenen ganz
unbedeutende Dinge seyn.

Hier wäre ich zu Ende mit meinen Anmerkungen über
die beyden ersten Theile des Revisionswerks. Ich hätte
leicht noch mehrere machen wollen, doch mögen einst-
weilen diese genug seyn. So oft ich den Verfassern
widersprochen habe, wenn ich ihrer geäusserten Meynung nicht seyn konnte; so muß ich doch zum Beschluß — ich fühle mich dazu äußerst gedrungen —
noch anführen, daß ich wünsche, jeder Erzieher möchte
dies Werk zu seinem beständigen Handbuch, zu seinem
täglichen Studium machen. Jeder Mutter, die die
Bildung ihrer Kleinen nicht gerne dem blinden Ungefähr überlassen will, möcht ich es angelegentlich,
als die nutzbarste und interessanteste Lektüre empfehlen, und ich weiß, wenn sie nur erst einige Schwierigkeiten überwunden hätte, daß sie mir diese Empfeh-
lung jetzt und noch mehr in der Zukunft, wenn sie
die Belohnung für ihre mütterliche Zärtlichkeit, für
jede Anstrengung, jede Mühe und Sorge einerndtete,

danken würde. Es ist ein Werk — mit einem Wort gesagt — das der Menschheit, dem Jahrhundert und unserm teutschen Vaterland Ehre macht, dessen Fortsetzung und Vollendung jeder Patriot von Herzen wünschen muß.

W.

Nachrichten
von der Frivolitätsinsel,
aus den ungedruckten Papieren
von
Lord Anson.

Nachrichten
von der Frivolitätsinsel,
aus den ungedruckten Papieren
von
Lord Anson.

Bekannt gemacht durch Abt Coyer, verteutscht durch einen Obmann der löblichen Ueberseßergilde.

Wir leben in einer Welt, die sich so reich an neuen Begebenheiten glaubt, daß sie sich für berechtigt hält, alte, auch wenn sie wissenswerth sind, zu vergessen, und dadurch Schriftstellern Anlaß zu der Bosheit giebt, etwas altes für neu zu verkaufen.

Um in Ansehung der Nachrichten von der Frivoli-tätsinsel, die wir dem Abt Coyer zu danken haben *)

G 4

*) Découverte de l'isle frivole, par Mr. l'Abbé Coyer à la Haye 1751.

einen solchen Betrug zu verhüten, eilen wir, eine
auszugsweise gemachte Uebersetzung davon zu liefern,
weil es doch vielleicht bald oder spät ein andrer zu
thun sich entschlöße, wenn wir nicht so unhöflich wären,
ihm zuvor zu kommen.

Der Abt versichert im Eingang, die Nachrichten
aus einer Handschrift des Admiral Anson zu haben,
der durch besondere Gründe müsse bewogen gewesen seyn,
dieselben in seiner Reisebeschreibung wegzulassen. Er erwähnt ausdrücklich in seiner Handschrift, von allen seinen
Schiffsgenossen einen theuren Eid genommen zu haben,
diese Entdeckung in ihrem ganzen Leben nicht bekannt
zu machen. Warum er dies gethan habe, daran sey
so wenig gelegen, zu wissen, als, ob der Abt gedachtes
Manuscript gekauft, gestohlen, abgeschrieben, oder
zum Geschenk erhalten habe; genug, er sey im Besitze davon, und habe zum Besten des Publikums den
hochpreislichen Vorsatz gefaßt, es in der getreuesten
Uebersetzung mitzutheilen.

Daß der teutsche Erzähler dies letztere auf sich
anwenden könne, versteht sich von selbst. Also zur
Sache!

Der Admiral, heißt es, richtete, nach vielen
überstandenen Unglücksfällen seine Fahrt auf die zwischen dem 34 und 35 Grad südlicher Breite liegende
Insel Juan Fernandez.

Ein heftiger Nordwind verschlug aber das Schiff
von seiner Bahn gegen den 45 Grad, und es kam
in eine Höhe des Weltmeeres, auf der sich zuvor noch
kein Land hatte entdecken lassen.

Die Noth war in dem Schiffe aufs äusserste ge-
stiegen, und alles überließ sich der Verzweiflung.
Man segelte beständig für baß, ohne zu wissen, wohin?
als auf einmal ein Bootsmann Land! schrie.

Dies Land war sechszehn englische Meilen südwest-
lich gelegen. Ein so kleiner Zwischenraum war natürlicherweise bald durchschifft, der Wind legte sich, je
näher sie dem Ufer kamen, endlich warfen sie das
Loth in eine nördlich an einer Insel gelegene Bucht,
und ankerten mit fröhlichem Herzen.

Beym Vortritt in die Ebene sahe der Admiral
mit seinen Begleitern Pferde, die an Bäume ange-
bunden waren, Männer, die Musik machten, und
Weiber, die mit Blasebälgen den Staub in die Höhe
trieben. So bauten sie das Land, dessen Erdreich so
leicht war, als das feinste Weitzenmehl. Die Blasebälge zogen Furchen, worein die tonkünstlerischen Männer den Saamen streuten.

Der Anblick fremder Leute jagte alles in die
Flucht. Die zurück gebliebenen angebundenen Pferde
waren unfähig, den Admiral und seine Leute zu tragen, bogen sich unter ihrer Last, und nöthigten jene,
den entflohenen Bauern zu Fuß zu folgen. In den
nahen Wohnungen hatte sich schon das Schrecken

verbreitet, und die Bauren stellten sich mit Bogen und Sicheln gegen den Admiral und sein Gefolge am Eingange des Dorfes in Schlachtordnung. Doch wußte die Klugheit des Admirals auch hier gute Auskunft. Er hielt für besser, den Feind zum Mitleiden zu bewegen, als zu überwinden; blieb einen Bogenschuß in der Ferne stehen, ließ seine Leute die Waffen niederlegen, und ihre Arme demüthig gegen den Feind ausstrecken.

Ueberall ist die Stimme der Natur hörbar: die Frauen, die im zweyten Gliede standen, machten sich los, und näherten sich dem Admiral und seinen Leuten — tanzend. Zwar tanzt ein leerer Magen sehr schlecht, wie die tägliche Erfahrung bey Theatern schlechtbezahlter Tänzer und Komödianten beweißt, allein Anson und Consorten mußten dem Ansinnen so fröhlicher Tänzerinnen zu Willen seyn, und wurden von ihnen mit strengster Beobachtung der Cadence zu ihren Männern geführt.

In der Wohnung derselben wurden ihnen, auf pantomimische Bezeichnungen des Bedürfnißes, welches man guten Appetit nennt, Speisen von ihren neuen Gastfreunden vorgesetzt. Allein, womit ist wohl das Entsetzen dieser letztern zu vergleichen, als sie sahen, daß einer von Anson's Gesellschaft so viel aß, als dreyßig Frivoliten, und diesen also die nächste Aufsicht auf Theurung und Hungersnoth machte!

Das frivolitische Brod war so leicht, wie eine europäische Oblate; ein frivolitischer Pfersich hatte nur die Gestalt, aber nicht das Wesen von einem europäischen,

und seine Substanz war so geringhaltig, daß sie nicht
hinreichte, europäischen Hunger zu stillen, und europäischen Durst nur schwach löschte; das Fleisch war
ohne alle Consistenz. Ein Schaaf, so groß, wie eines
der unsrigen, wog nicht mehr, als etwa zehn Loth
europäisches Gewicht. Das Wasser könnte noch unter
allen Dingen am ersten auf Realität Anspruch machen. An den Wein dachten Anson und seine Leute
unter diesen Umständen gar nicht. Man schenkte ihnen
welchen ein, und sie fanden an ihm blos einen Schaum,
der Zunge und Schlund mit einer angenehm täuschen-
den Empfindung kützelte.

Mit aller europäischen Physik konnte der Admiral
hier nichts erklären. Doch fand er gut, als ein
Kenner der scholastischen Weltweisheit, in der Quan-
tität den Trost zu suchen, den die Qualität versagte,
und diese philosophische Procedur überzeugte endlich ihn
und seine Leute, daß sie gespeißt und getrunken hätten.

Kaum war das wichtige Geschäft der Verdauung
vorbey, als der Admiral an seine am Seeufer in Zel-
ten hinterbliebenen Schiffsgenossen dachte; allein, indem
er bemüht war, den gutherzigen Frivoliten etwas davon
in der Geberdensprache vorzutragen, ward er durch
bewafnete Männer unterbrochen, deren Aeußerliches so
viel Unhöflichkeit verrieth, wie das Aeußerliche eines
Göttingischen Licenteinnehmers oder Leipziger Thor-
schreibers.

Grobheit und Hartherzigkeit ist in der That das
beste Kennzeichen dieser Art Leute, und Anson verrieth also leicht, wen er jetzt vor sich hatte. Diese Leute

sammelten so eben im Dorfe die Abgaben ein, schlepp-
ten einen Bauren mit Gewalt fort, der eine Last auf
dem Rücken trug, sein junges Weib folgte nach, und
beklagte mit Zähren, das man ihren Mann und ihr
Bette auf einmal raubte. Die Presser gaben ihr ein
Haarband von Glasperlen zurück; sie trocknete ihre
Thränen und sang.

Nachdem dieser der Finanz und Polizey der Frivolitätsinsel so rühmliche Auftritt vorüber war, nahm
der Admiral wiederum die Geberdensprache zu Hülfe,
legte zwölf Steine in eine Linie, um damit sich und
seine Leute anzudeuten, fügte alsdann dreyhundert hinzu, die die Zahl derer ausdrückten, die mit ihm ge-
landet hätten. Man verstand ihn.

Die Verlegenheit wegen der Unterhaltung so vieler
Leute zu entfernen, nahm ihn ein Greis bey der Hand,
führte ihn vor das Dorf hinaus, und zeigte ihm die
Aussicht einer Stadt, die Dublin, London, Paris
oder Berlin an Größe zu vergleichen war.

Nach einem kurzen Marsche dahin ward er unter
dem Thore von einer zahlreichen Wache aufgehalten. Es
hatte nemlich die Hauptstadt der Frivolitätsinsel ein
Gesetz, keinen Fremden einzulassen, bis er den Beweis
des Besitzes irgend-einer nützlichen Fähigkeit beygebracht
hatte, und der Intendant selbst mußte allemal hierüber die Untersuchung anstellen.

Er kam zu Anson, von einem Trupp Seiltänzer und Gaukler begleitet, die ihm die bey der Ausübung seines Berufes unvermeidliche lange Weile vertreiben mußten.

Wer seyd Ihr? fragte er den Admiral mit einer mitleidigen Mine, in französischen Worten. Anson, der sich wunderte, auf dieser Insel das Französische reden zu hören, faßte Muth und antwortete in eben der Sprache: wir sind Unterthanen des grösten Monarchen in Europa. Euer Europa, versetzte der Intendant, muß ein sehr armseliges Ding seyn, denn es ist jetzo nicht das erstemal, daß es uns Leute hieher schickt, die nur halb und noch dazu schlecht gekleidet sind. Beim ewigen Lichte! wären meine Leute in solcher Unordnung, man würde mich sogleich aus dem Land jagen! Aber was wollt ihr denn? In euren Hafen einlaufen, unser Schiff ausbessern, frisch Wasser und frischen Proviant einnehmen. Was habt ihr für Talente, um in Wizstadt eingelassen zu werden? Ich habe Baumeister am Bord, welche durch eine kleine Veränderung am Kiel einem Schiffe doppelte Geschwindigkeit in seiner Bewegung ertheilen können.

Man fieng an, über den Admiral zu lachen.

Ich habe Bergmänner am Bord, vor welchen die Erde nicht einen ihrer Schätze verbergen kann.

Man lachte noch lauter.

Ich habe Wundärzte am Bord, die so tief und genau in das Innerste des Körpers hinein-sehen, als wenn es die Oberfläche wäre.

Nun konnte der Admiral vor eitel Frivolitischem Gelächter sein eigen Wort nicht hören.

Er faßte sich aber, und glaubte, mit der Nen-nung von erhabenern und wissenschaftlichen Talenten die Spötter leichter auf seine Seite zu bringen.

Er hatte unter seiner Mannschaft Gelehrte, die die Ruhe von London mit der Unruhe und Gefahr einer Seereise vertauscht hatten, um die Lehre von der Figur der Erdkugel zu berichtigen, und die Län-gen und Breiten genauer zu bestimmen. Er fuhr fort:

Weise und einsichtsvolle Nation! ich habe auch Erdbeschreiber am Bord, welche die ganze Erde so genau kennen, als ihr eure Stadt; Naturforscher, vor welchen die Natur kein Geheimnis haben kann; Meßkünstler, die die ganze Schöpfung mit Zal, Maaß und Gewicht ausmessen können; und ich, der ich hier mit euch rede, bin durch meine Stärke in der Tri-gonometrie, ohne von der Stelle zu gehen, im Stande, sogleich die Höhe des Thurms anzu-geben, der zweytausend Schritte von hier steht.

Man war des Lachens und Spottens müde. Ver-achtung folgte, der Intendant kehrte den Rücken, und der Schlagbaum ward herabgelassen. „Mylord,

„ ſagte ein Sonderling unter dem großen Haufen in
„ ſchlechtem Engliſch zu Anſon, laſſen Sie alle die
„ großen Talente beyſeits, Sie werden ſich mit den-
„ ſelben auch in die ſchlechteſte Barake keinen Zutritt
„ verſchaffen. Ich bin in dieſe Stadt gekommen,
„ weil ich alle Caſtraten der Inſel an Trillern und
„ Gurgeln übertraf. "

Erhabenſter Intendant von Wizſtadt, ſagte hierauf Anſon, lichtvolles Genie, wie kam es doch immer, daß ich vergaß, zu ſagen, wie vortreflich meine
Leute im Tanzen, Kochen und Muſiciren ſind!

Der Intendant kehrte ſich um, und lauter Bey-
fall ward von allen Händen dem Admiral zugeklatſcht.
Richard Walter, der Schiffprediger, zog die den
Frivoliten damals noch unbekannte Querflöte aus der
Taſche, blies eine Bootsmannsweiſe, und die ganze
Marine, den Admiral ſelbſt mit eingeſchloſſen, tanzte
einen Matelotentanz, welcher alle Tänze der Stadt
auf einen Monat aus der Mode brachte.

Hätte die Stadt hundert Thore gehabt, man
hätte ſie alle geöffnet. Inzwiſchen hielt doch die Wache
den Eintritt noch einige Minuten auf, und durchſuchte
die Säcke der Fremden, zuſchauen, ob es etwa nichts zu ver-
licenten gäbe. In Anſons Taſche fanden ſie ein Reißzeug,
welches anderſt ausſah, als ein Frivolitiſches, und bis
zu weiterm Austrage der Sache einſtweilen confiſcirt
wurde.

Der endlich erlaubte Fortmarsch beschloß an einem
unermeßlichen Pallaste, der Wohnung des Fürsten auf
der Insel. Zwölf Seiten = und Vorgebäude mußte
man durchwandern, ehe man zum Schloße selbst kam.
Weitläufige Höfe waren zwischen diesen Gebäuden,
an welchen unten auf der Erde, außer den Officiers
zur Wache, zehn der unentbehrlichsten Profeßionen in
einem Staate ihre Wohnung und Werkstätten hatten.
Der Juwelier, der Lakirer, der Parfümeriekrämer,
der Bordirer, der Neujahrgeschenkfabrikant, der Wand=
leuchtermacher, und der Canditor, ferner das hohe
Departement der Modekrämer, der Kutschenbestreicher,
der Tanzmeister und Romanschreiber, die nach alther=
gebrachter reichsgesezmäßiger Gewohnheit wöchentlich
einen Roman herausgeben, wohnten hier in schönster
Eintracht beysammen.

Seine allerzierlichsten Durchlauchten (dies ist
der Titel des Fürsten der Frivoliten) waren bey An=
son's Ankunft eben mit dem geheimen Cabinetsrath in
die Bearbeitung einer äußerst wichtigen Proposition ein=
getreten. Es war die Frage: ob die Sonnenfächer=
fabricanten gleichfalls ihre Wohnung in den Vorhöfen
des fürstlichen Pallastes bekommen sollten? Sie wurde
mit vielen Debatten untersucht, doch wurde, um der
Einführung der Fremden willen dies schwere Staats=
problem sogleich bey Seite gesetzt.

Auf die verlangten neuen Beweise von Talenten
gab der Schiffsprediger samt den Schiffsgenoßen sich
äußerst Mühe, im Tanz und in der Flötte sich selbst
zu übertreffen. Aber noch war das Talent für die
Küche

Küche zu prüfen übrig. Der Admiral gab mit seinem
Schiffskoch, der zum Glücke mit dabey war, die Probe
mit einem Quinteßenzpudding, von welchem der
Fürst und die geheimen Räthe sogleich speißten, und
Befehl ertheilten, den Hafen der kleinen Flotte nicht
länger zu sperren. Sie lief auch den folgenden Tag
ein. Für die ausgehungerten Kranken war es hohe
Zeit: denn aus Mangel sowohl, als aus Krankheit
waren zehn in einer Nacht gestorben.

Niemand ist so dienstfertig, als die Frivoliten der
Residenz, vorausgesetzt, daß sie wohl bezahlt werden.
Gold und Silber ist ihnen unbekannt, ihre Münze
heißt ein Achatiner, weil sie aus Achatstückchen besteht. Daher packten sie beym Anblicke der Guineen und
Schillinge sogleich mit ihren zum Kauf angebottenen
Lebensmitteln wieder ein, und der Admiral erkannte
hieraus die Nothwendigkeit, mit diesen Leuten in
einen Tauschhandel zu treten. Er erinnerte sich an
Spitzen und Bänder, die er am Bord hatte, ließ sich
eine Storgerbühne bauen, und fieng seinen Verkauf
mit Bändern an. Um zu wissen, was für Abnehmer
seine Waare finden würde, schnitt er von einem Band-
stück eine Elle ab, und both sie feil. Sogleich trat
ein Beker aus dem großen Haufen hervor, und warf
zwanzig Pfund Brod auf die Bühne. Andre Verkäufer
von Lebensmitteln thaten mit den ihrigen ein gleiches,
und mit zehn bis zwölf Rollen Band war die ganze
Flotte auf einen Tag mit Mundvorrath versorgt. Der
Admiral berechnete hieraus, daß er mit Verkauf seines
Bandvorrathes alles sein Gefolg einen Monatlang erhalten konnte.

Gegen Mittag sagte man Anſon, daß der Fürſt
in Perſon ſeine Flotte beſehen würde. Aufmerkſam
auf den von dem Intendanten eingeſteckten Verweis,
ſetzte er alle Mannſchaft in Putz und lies ſie mit Ge-
wehr in zwey Linien paradiren, die ſich am Schiffe
Centurio endigten. Der Fürſt ſuchte den Admiral
mit den Augen und hatte Mühe, ihn zu erkennen.
Denn den Morgen hatte er ihn nur in derley Hof ſo
unſchicklichen Schiffkleidung geſehen. Er befühlte die
Haare des Admirals, und betaſtete die Locken mit einer
ſonderbaren Aufmerkſamkeit: denn er fand, daß die
Frivolitiſchen weder ſolch ein ſchönes Ganzes bildeten,
noch ſo gut zu Geſichte ſtunden. Die Fürſtin begrif
auf gleiche Weiſe die Friſur von Mitſchel, dem Ca-
pitain des Schiffes Glouceſter; da ſie aber dies Begreifen auf eine haſtige Art vornahm, blieb ihr der
ganze Haarputz zu ihrem Erſtaunen in der Hand, denn
es war eine Perüke.

Bey der fortgeſetzten Beſichtigung der Flotte fiel
der Fürſtinn eine Schachtel mit Band in die Augen,
die zufälligerweiſe offen war. Begierig nahm ſie ein
Stück heraus, und der Admiral nützte die Gelegenheit,
ihr den Hof zu machen, indem er ihr die ganze
Schachtel zu Füßen legte. Der Fürſt vertheilte einige
Rollen unter Günſtlinge, und behielt das übrige für
ſich, mit der Frage: ob dies der ganze Vorrath ſey?
Anſon antwortete: ich hatte mehr dieſen Morgen,
aber ich tauſchte ſie gegen Lebensmitteln aus, weil
Ew. allerzierlichſten Durchlauchten Krämer keine andre
Münze von uns annahmen. Die ſollen ſie nicht mehr
nehmen, ſagte der Fürſt, und ihr könnt ohne Sorgen

seyn. Er gab sogleich dem Schatzmeister Befehl, an
Anson aus der Schatzkammer zehntausend Achatiner
abzureichen, womit er für sich und die seinen den Le-
bensunterhalt auf einen Monat anschaffen konnte.
Den Tag darauf ergieng ein Mandat, dem Zufolge
alle, die in Bändern Zahlung bekommen hatten, die
Bänder dem Modebüreau einliefern mußten, und diesem ward auferlegt, sie zu analysiren, damit man eine
Bandfabrike anlegen konnte.

Nun hatte Anson auch für Schiffholz zu sorgen.
Er fand das Frivolitische zu zart und gebrechlich, doch
vertraute man ihm, daß zehn Meilen von der Hauptstadt ein Wald sey, in welchem, seines besondern
Grundes wegen, hartes dauerhaftes Holz wachse.
Als er im Begriffe war, dahin zu reisen, bekam er
den ihn in die gröste Verlegenheit setzenden Befehl,
nach Hofe zu kommen, und allda zu frisiren. Er
glaubte, die Sache damit abzuthun, daß er die drey
Perükenmacher, Jakob Zwick, Thomas Quaste,
und Gregorius Pudersack mit sich nähme, und sich
noch den Obristen Haarwachs, der die Landtruppen
anführte, nebst den zwey Capitäns Mitschel und
Sanders zu Begleitern zulegte. Daß er und diese
Officiere selbst Hand anlegen müßten, glaubte keiner,
aber sie irrten sich, und der Fürst bot dem Admiral
seinen Kopf dar. Die Fürstinn und zwey Prinzen,
die Hoffnung der Nation, theilten sich in den Obristen
und die beyden Capitäns. Der Admiral und sie ent-
schuldigten sich, und sagten, sie hätten zwar die Theorie der Frisirkunst wohl inne, aber es fehle ihnen an
Praxis. Ein Höfling, gegen den der Admiral schon

auf den ersten Blick Antipathie fühlte, lachte hämisch.
Die drey Friseurs spielten ihre Rolle am besten.
Während die Arbeit unter ihren Händen von statten
gieng, fiel es dem Fürsten ein, den Admiral zu fragen,
von welcher europäischen Nation er sey? Von der
ersten, war die Antwort. Folglich ein Franzose?
sagte der spöttische Höfling. Darüber entstand ein
Streit, worinn jeder seine Meynung sehr hitzig behauptete, und da während desselben Zwick, Pudersack
und Quaste rühmlichst mit ihrem Frisiren zu Stande
gekommen waren, wurden sie durch fürstlichen Befehl
in die Vorhöfe des Schloßes aufgenommen, die Officiere höchst kaltsinnig entlassen.

Anson, der hieraus den Verdacht geschöpft hatte,
daß Franzosen am Hofe seyn könnten, gieng, um sich
zu belehren, zu dem hämischen Höflinge, wartete ihm
auf, und nachdem sich derselbe ein wenig an seiner
Verlegenheit ergötzt hatte, löste er ihm das Räthsel
mit folgenden Worten. „Ich war in Paris, da im
„Jahre 1719 jedermann sein Geld gegen Papier ver-
„wechselte. Da ich kein Gold hatte, machte ich diese
„Mode nicht mit. Aber ich diente denjenigen, die
„sich Papier zu verschaffen suchten, und auf diese
„Weise sammelte ich Gold. Ich war jung, in einer
„Stadt, die zu allen Verschwendungen die Hand
„bietet, und jagte mein Geld so leicht durch, als
„ich es erwarb. Nun blieb mir nichts übrig, als
„meine Leidenschaften, ich merkte auch bald, daß
„ich nicht mehr für einen Mann von Verdiensten ge-
„halten wurde, weil mein Geld alle war. Da kam
„mir der Gedanke, Verdienst in Peru zu suchen,

„ ich sprach davon mit Bekannten, die gleichen Sinnes
„ wurden, und wir schifften uns 160 an der Zahl
„ zu Rochelle für Portobello ein. Bis zur Höhe der
„ Antillischen Inseln war die Fahrt glücklich ; dann
„ aber warf uns ein hartnäckiger Gegenwind auf die
„ Küste von Brasilien. Nun war nicht mehr an
„ Portobello zu denken. Der Kapitän trachtete nach
„ Lima, wo er seiner Ladung mit Vortheil los zu
„ werden hoffte. Wir verließen Amerika, schifften
„ durch die Meerenge le Maire, und so wie wir
„ heraus waren, verfolgte uns ein Sturm nach dem
„ andern.

„ Zwanzig Tage hernach glaubten wir auf einer
„ Bahn zu seyn, wo kein Land sich fände, und da
„ landeten wir endlich an einer unbekannten Gegend.
„ Ob sie Peru war? oder nicht? das war gleich
„ viel, genug das wir Land hatten. Im Anfang
„ sahen wir blos einen steilen Felsen, wir erkletterten
„ denselben, um das Land genauer zu erkundigen.
„ Kaum waren wir auf der Felsenspitze, als sich am
„ Schiffe das Ankertau losriß, und ein Windstoß
„ dasselbe mit dem Kapitän und den Matrosen im
„ Augenblick unsern Augen auf immer entzog. Ver=
„ muthlich haben die Leute das Ende ihres Unglücks
„ im Schooße des Meeres gefunden. Wir aber irrten
„ anfänglich von Dorf zu Dorf, blos unser Leben
„ durchzubringen. Endlich lenkte sich unser Sinn
„ nach der Residenz, als einem Orte, der mehr Nah=
„ rungswege öffnete. Wir waren zweyhundert Meilen
„ davon entfernt. Mühe genug, dahin zu kommen,
„ aber auch herrliche Belohnung dafür !

„ Die Frivoliten merkten, wie nöthig wir ihnen
„ wären. Sie befanden sich damals gerade in der
„ Verfassung, worinn sich ein Volk von der Bar-
„ barey los zu machen sucht. Sie hatten noch keine
„ Wandleuchter, Sophas, Juwelen, und das
„ Gesicht ihres Frauenzimmers war noch nicht ge-
„ schminkt. Man fieng aber schon an, mehr Lichter
„ in einem Zimmer zu brennen, die Sessel breiter
„ zu machen, die Gläser in Facetten zu schleifen,
„ und wenn die Frauen bemerklich werden wollten,
„ nahmen sie von einem hitzenden Elixier, welches den
„ Teint erhöhte. Feines Kochwerk, Aufputz der
„ Tafel, Schmuck, Pracht in Geräthschaften, Manch-
„ faltigkeit in Kutschen und Stickerey hatte kaum
„ unter ihnen einen schwachen Anfang. Man wußte
„ noch nichts von Moden, man fieng aber an, zu
„ glauben, es schicke sich nicht für eine Frau von
„ guten Ton, in einer Jahrszeit immer einerley Kleid
„ zu tragen, und überhaupt immer einerley Zuschnitt
„ in der Kleidung, wie einerley Nase zu haben.

„ Auch die Sitten waren im Begriff, ihre Plump-
„ heit abzulegen. Manieren, Complimenten, guter
„ Ton, Vapeurs, göttliche Nachtmahle, Ausgaben
„ nach Fantasie, Mundfreundschaft, Liebeshändel
„ von 24 Stunden, mit einem Worte alle Blüthen
„ der Urbanität waren noch in der Knospe, und er-
„ warteten Sonnenschein, um auszuschlagen. Noch
„ fühlten die Ehemänner nicht das Lächerliche, ihre
„ Frauen zu lieben; aber sie fanden bey dieser Art zu
„ lieben schon einigen Zwang. Die Frauen hatten noch

„ nicht die Haushaltungsforgen mit den Beschäftigun-
„ gen am Putztische vertauscht; aber eine geheime
„ Stimme ließ sich in ihrem Innern hören, die ihnen
„ sagte, daß sie geschaffen seyen, angenehme und
„ glänzende Rollen in der Welt zu spielen. Kaum
„ konnte man einige Edelleute aufzählen, die das
„ Herz hatten, mehr als ihre Einkünfte zu verzehren;
„ aber seit einigen Jahren sind solche Herren keine
„ Seltenheit mehr. Mit einem Worte, die Frivoliten
„ hatten noch keinen Geschmack, aber sie hatten Nei-
„ gung dazu, geschmackvoll zu werden.

„ Aber Mylord, wie viel kostete es, ohngeachtet
„ dieser glücklichen Anlage, die Nation zu bilden? —

(Bey diesen Worten runzelte Anson seine Stirne,
und wollte von Gesetzgebung, Moral, Wissenschaften
und nützlichen Künsten reden, die zu dieser Absicht
dienen konnten.) Aber der Franzose fuhr fort: „ woll-
„ ten Sie denn, daß wir die Einwohner dieser Resi-
„ denz in eine Nachtmütze hätten stecken sollen? Von
„ uns haben sie alle die Künste, welche das Auge
„ vergnügen, und die Leidenschaften verschönern; wir
„ haben ihre Laster polit gemacht, und um ihren Witz
„ in Thätigkeit zu setzen, haben sie unsre Sprache
„ angenommen. Zum Glücke hatte sich jeder von uns
„ bey der Abreise von Frankreich gegen die lange Weile
„ auf dem Schiffe mit einer Taschenbibliothek versehen,
„ die aus lauter herrlichen Romanen, von Witze stro-
„ tzenden Lustspielen, galanten Trauerspielen und vor
„ Liebe schmelzenden Opern bestand. Es ist unglaub-

H 4

„ lich, mit welchem Scharfsinne die Frivoliten die
„ Schönheiten dieser Werke auf ihren Grund und
„ Boden zu verpflanzen wußten. Wir haben jetzo
„ sechshundert Poeten, und etwa zweytausend Roman=
„ schreiber. Urtheilen Sie selbst, Mylord, hier ist
„ ein Lustspiel von einem Großen bey Hofe, und hier
„ ein Roman, der eine Magistratsperson zum Ver=
„ fasser hat.

„ Uebrigens kann man sagen, die Colonie habe für
„ sich selbst gesäet. Man hat allen Gliedern derselben im
„ Staate große Vorzüge eingeräumt, vorzüglich aber
„ für mich ein neues Kronamt errichtet. Ich bin
„ Obercontroleur der Moden, und in einem Amte,
„ welches zwar seine Rosen, aber auch seine Dornen
„ hat, denn hier zu Lande veraltet eine Mode schon
„ in vierzehn Tagen. Mehr als Franzose muß man
„ beynahe seyn, um immer eine neue zu erfinden. Ach!
„ hätte uns das Schicksal nur unser Schiff gelassen!
„ Es war mit dem allem befrachtet, was in Frank=
„ reich Ueberfluß, hier aber Nothwendigkeit ist. Welche
„ Muster für die Einwohner dieser Residenz hätten wir
„ nicht! Das Band, womit Ihr so viel Ehre ein=
„ legt, würde schon längst unter ihnen figuriert haben.
„ Leider kann man nicht alles auf einmal zu Stande
„ bringen, und Jahrhunderte sind nöthig, um dem
„ göttlichen Paris sich nur von ferne zu nähern. Un=
„ streitig haben sich seit unsrer Abreise die Moden dieser
„ herrlichen Stadt von einem Gipfel der Vollkommen=
„ heit zum andern geschwungen. Denn ich und jeder=
„ mann hat in Eurer Haarfrisur sogleich einen ganz
„ neuen Geschmack erblickt.

„ Ueberlegen Sie wohl, Mylord, was ich Ihnen
„ jetzt sagen will: Entweder wollen Sie sich in diesem
„ Lande fixiren, oder nicht. Ist das letztere, was liegt
„ Ihnen daran, sich durch Vorzeigung von Neuig=
„ keiten in Distinktion zu setzen? Ist aber das erstere,
„ so hüten Sie sich, künftig dergleichen ohne meinen
„ Beyfall vorzuweisen. Gestehen Sie nur aufrichtig
„ und zur Ehre Frankreichs, daß Sie das alles aus
„ Frankreich haben. Wo nicht; wehe Ihnen! denn
„ unser Credit ist groß. "

Der Admiral antwortete: weit entfernt, hier
bleiben zu wollen, biete ich Ihnen die Rückfahrt
in Ihr Vaterland an, nach welchem Sie sich
gewiß sehnen werden. „ Wir haben uns darnach
„ gesehnt, antwortete der Oberkontroleur, und fürch=
„ teten lange, in der frivolen Nahrung dieser Insel
„ Hungers zu sterben. Um so mehr nahm diese
„ Furcht bey uns zu, da wir nach einigen Jahren
„ gewahr wurden, daß unsre animalische Substanz
„ verdünstete, und unser Körper dünner und luft=
„ artiger wurde. " Bey diesen Worten that der
Oberkontroleur einen Luftsprung, wobey er mit den
Füßen an einen Kronleuchter anstieß. „ Glauben Sie
„ wohl, Mylord, fügte er hinzu, daß ich nicht mehr,
„ als einen halben Zentner wäge? Wir unterstun=
„ den uns nicht, die Kinder, welche wir in den ersten
„ Zeiten unsrer Versetzung in dies Land gezeugt haben,
„ anzurühren. Diese zierlichen Maschinchen brachten
„ so zarte Gliederchen mit auf die Welt, daß sie mit
„ der europäischen Kraft, wovon uns damals noch

„ ein Theil übrig war, in gar kein Verhältniß zu
„ bringen waren. Nach und nach aber formirte sich
„ ein solches Verhältniß durch das Verschwinden unsrer
„ Kraft und die Annäherung zu der Constitution dieser
„ Insulaner, und nur leben wir glücklich unter einem
„ Volk, welches alles in rosenfarbem Lichte zu sehen
„ gewohnt ist. "

Der Admiral sah nichts in diesem Lichte, sondern
alles hatte bey ihm eine Holzfarbe, weil er beständig
an seinen Wald gedachte, und bald darauf denselben
zu seiner großen Zufriedenheit bereißte. Noch fehlte es
ihm an durchlauchtiger Concession, um Holz fällen
zu können; er bath in dieser Absicht um eine Audienz,
und sie ward ihm abgeschlagen. Vielleicht hätte ihm
der Oberkontroleur zu dieser Audienz verhelfen können,
aber das wechselseitige Zutrauen zwischen beyden war
hierzu noch nicht groß genug. Der Admiral wendete
sich an andere Günstlinge, von welchen keiner das
Herz hatte, seine Bitte am Fuß des Thrones niederzulegen. Wenn es an Gruß mangelt, muß man sich
den gewöhnlichen Weg zu bahnen suchen. Daher
wartete der Admiral dem ersten Minister auf, und
hatte ein Memorial dabey in der Hand. Alle Memo-
riale aber, von denen man Misvergnügen für den
Monarchen fürchtete, wurden unterdrückt, und das
vom Admiral hatte kein besseres Glück. Mit sorgsamer
Mine gieng er die Antichamber auf und nieder. Endlich ward er durch einen Prinzen in seinem Wege aufgehalten, der eine Art von Philosophen war, und
allzu paradoxe Grundsätze hatte, um bey Hofe zu
Ehren zu gelangen, den man aber doch, seiner er-

lauchten Herkunft wegen, bey Hofe leiden muſte. Dieſer vornehme Weltweiſe befragte den Admiral über die Regierung, das Seeweſen, die Handlung und Macht von Großbrittannien. Erſtaunt über das Ernſthafte dieſer für ihn auf der Frivolitätsinſel unerhörten Fragen beantwortete ſie der Admiral, und endigte ſeine Unterredung damit, daß er jenem Großen die Urſache ſeines Kummers vertraute. Sie ſehen bey hellem Tage nicht, antwortete derſelbe, haben Sie nicht dem Monarchen drey wichtige Männer geſchaft, inſonderheit Püſtern, der ihn friſirt? Warum gehen Sie ſo weit um? Was Sie ſuchen, haben Sie in der Hand! Und mit dieſen Worten verließ der Große den Admiral.

Freylich wurde im Anfange der brittiſche Stolz des letztern durch dieſen Vorſchlag nicht wenig gekränkt, und es gehört ein hoher Grad von Philoſophie dazu, zu glauben, daß der nichts niederträchtiges begeht, welcher ſeinem Vaterland dient. Demnach ſuchte der Admiral ſeinen ehemaligen Kammerdiener auf, und aus Gewohnheit ſprach er mit ihm im Ton eines Herrn, bekam aber Antworten, die ihn lehrten, daß er ihm nichts mehr zu befehlen hätte. Der Admiral ſtimmte in ſänftere Töne, und verbeßerte ſeinen Vortrag mit der Ueberreichung einer goldnen Tabakdoſe. Der Kammerdiener verſprach alles, und hielt, wider die Gewohnheit ſolcher Leute, ſein Wort. Den dritten Tag erſchien die unterzeichnete Konceſſion. Es finden ſich aber zuweilen Schwierigkeiten, wo man keine zu ſehen meint. Sobald man die Axt an einen Baum legen wollte, wies der Oberforſtmeiſter einen andern an, der nicht zu brauchen war. Der Admiral zeigte ſeine Conceſſion vor, und verſtunde ſie buchſtäblich. Jener aber fand einen geheimen Sinn darinne. Zweytauſend Agathiner machten ihn endlich mit dem Wortverſtand bekannter, und nun war alles zur Ausbeßerung des Schiffes in Bereitſchaft geſetzt. Dieſe Zeit benutzte der Admiral zu Beobachtungen über die Frivolitätsinſel, von welchen wir nur einige als Proben anſchreiben.

Ich wurde, ſchreibt er in ſeinem Tagebuch, auf dieſer Inſel Naturerſcheinungen gewahr, die man anderswo nicht kennt. Die Erde iſt ſo fein und leicht, wie Puder, die Bäume haben keine Conſiſtenz, und die Früchte ſind nur gemacht, den Gaumen zu kützeln, und nicht, uns zu nähren, andre, gleich chymiſchen Blüthen, ſchmeicheln nur den Augen, der Wein hat keinen Geiſt, das Fleiſch keine Subſtanz, und alle Thiere ſind ſchwächer, als man nach dem Umriß ihres Körpers vermuthen ſollte.

Von der Reſidenz ſpricht er folgendes. Die Stadt des Witzes iſt ſo groß, als London. Man zählt eine Million Einwohner darinne. Sie würde zwey Millionen enthalten können, wenn ſie nicht eine Menge von Gärten und großen Gebäuden hätte, worinn nichts für die Bevölkerung gethan wird. Man arbeitet eben ſo wenig in dieſen Gebäuden: und ihre Bewohner haben nichts zu thun, als für diejenigen, die arbeiten, Gebethe zu plappern,

Mitten durch die Stadt läuft ein Fluß. Seine Brücken sind mit Magazinen des Luxus überbaut, die man da mehr liebt, als einen durch eine Aussicht auf das Wasser verschönerten Spaziergang.

Ehe die Franzosen in dieses Land kamen, schreibt der Admiral anderswo, müßen seine Bewohner schon ein Jahrhundert vorher versucht haben, sich aus ihrer Barbarey heraus zu arbeiten, wahrscheinlich aber waren die Genies, welche diesen Versuch machten, nicht nach dem allgemeinen Geschmack der Nation. Sie ließen auch sehr viel ihren Nachfolgern zu thun übrig. Unter mehrern Denkmalen ihrer Baukunst befindet sich eins, dessen harmonische Zusammensetzung und Kühnheit und Größe der Theile in Erstaunen setzen. Wäre dies Gebäude nur artig, so würden es die Frivoliten noch täglich mit Vergnügen anschauen; da es aber auch schön ist, so haben sie es maskirt, und ob es schon zur Wohnung ihres Monarchen bestimmt war, hat es doch noch kein Dach. Aus diesem allzuernsthaften Jahrhundert sind noch Gemälde, Bildsäulen, Gedichte und rednerische Aufsätze übrig, worinn der Natur allzu getreu gefolgt ist, als daß sie den Frivoliten lange gefallen könnten. Die Väter der letztern bewunderten sie als Meisterstücke, weil sie vielleicht durch den Reitz der Neuheit dazu verleitet wurden, ihre sich klüger dünkenden Kinder aber haben für nichts mehr Gefühl, als für alles mögliche Berlockengeklingel, puppenschrankmäßig geputzte Zimmer, und sonderbare Staatscarossen.

In wenig Städten haben die mechanischen Künste
ihren Produkten so angenehme Formen zu ertheilen
gelernt. Die Künstler haben sich mehr als zu wohl
den Unterricht der französischen Colonisten zu Nutz
gemacht, und um die Nation zufrieden zu stellen,
übertreiben sie alles und erschöpften ihre Kunst in
hundert kostbaren Kleinigkeiten. Die Fabriken machen
so dünne Stoffe, daß sie den Namen des gewebten
Windes in aller Rücksicht verdienen. Und ein Handwerker, der nichts liefern wollte, als was gut ist,
würde kein Brod haben.

Auch in den schönen Künsten pflegen die Frivoliten
das Artige dem Schönen vorzuziehen. Die Mahler
vernachläßigen in ihren Gemälden Kraft und Ausdruck,
und befleißen sich nur eines glänzenden Colorits; man
sieht nichts von ihrer Arbeit, als Dosenstückchen;
Was weiland von ausdrucksvollen Gemälden, für
Frivoliten verfertigt worden, verkauft man ietzo an
eine benachbarte Nation, die für die Grazie der Frivoliten keinen Sinn hat. Die Dichtkunst erweckt im
Trauerspiel keine von den großen Leidenschaften, wie
anderswo, sondern gleicht einer Cokette, die durch die
Pracht ihres Anzuges und die Zierlichkeit ihrer Ausdrücke amüsirt, die da böse wird, um sich Spas damit zu
machen, und weint, damit man lachen soll. Die
Beredsamkeit ist hier kein Strom, der hinreißt, sondern ein Bach, der unter Blumen daher murmelt,
und die Geschichte ist nicht vom Roman zu unterscheiden. Die Frivolitinnen, sagt der Admiral, müßen in
all den Dingen den Ton angegeben haben. Man will
ihnen gefallen, so wie sie gefallen, nemlich durch

Grimaſſen, Schminke, und erborgte Reizungen. Die
Wiſſenſchaften haben ſich in eben dergleichen Aufputz
ſchmiegen wollen, ſind aber ſchlecht damit zurecht gekommen, und das, was man Talente nennt, hat ſie
allzeit verdunkelt. Der General Cracherode hörte eine
Leichenrede auf einen Opernſänger. Nachdem der
Redner ſeine ganze Artillerie von Antitheſen los gefeuert
hatte, ſetzte er dieſen Sänger weit über den gröſten
Weltweiſen der Inſel hinauf. Capitän Sanders
kam den Tag darauf zu einem Staatsmanne, der
durch ſeine Wachſamkeit auf das Wohl einer Provinz
zu großen Reichthümern gelangt war, und einen Tanz-
meiſter bey ſich hatte, der ſich ſehr bitten lies, um
den Sohn dieſes Staatsmannes in ſeiner Kunſt zu
unterweiſen. Man beſtimmte ihm endlich einen gewi-
ſen Preis ſeiner Lehrſtunden; aber dieſer Mann von
Talent fuhr hitzig auf: Hält man mich denn,
ſprach er, für einen Lehrer der Phyſik? und
hüpfte ohne Abſchied zur Thüre hinaus. Hierauf
erſchien ein anderer Mann von Talent mit einer Pferde-
peitſche in der Hand und von ziemlich gutem Wuchs
und Ausſehen. Der Staatsmann maß ihn von oben
bis unten, und ſprach zu ihm: ihr ſeyd brauchbar
für mich, ſehet zu, ob ihr für zweyhundert Agathiner
in meinen Dienſten ſeyn könnt. Für zweyhundert
Agathiner? verſetzte der Kutſcher, und das, um
euch majeſtätiſch im Wagen zu fahren und eure
Pferde zu dreſſieren? Spart das Geld nur für
den traurigen Gelehrten, der Hofmeiſter eures
Sohnes ſeyn muß.

Alles, ſagt der Admiral ferner, was ernſthaft
iſt, nennen die Frivoliten traurig. Und daher ver-

säumen sie nichts, ihm eine lustige Wendung zu geben. Sie sind, zum Beyspiel, von der Nothwendigkeit des Lesens überzeugt, allein ihre Bücher müßen unterhaltend seyn, ohne daß man daran denkt. Auch die Modeautoren wissen sich gut hierin zu finden, und gewinnen dabey. Ein Schriftsteller, welcher die Dummheit begieng, ein Buch von den Pflichten eines patriotischen Fürsten zu schreiben, und anderswo die größten Belohnungen dafür bekommen hätte, war auf der Frivolitätsinsel genöthigt, aus Armuth den Admiral um ein Allmosen anzusprechen.

Gerichtshöfe giebt es bey den Frivoliten eine ungeheure Menge. Der oberste von allen verkauft die Gerechtigkeit in einem Gebäude, in dessen untersten Hallen die Putzmacher einen und Romanhändlerinnen ihren offnen Laden haben. Blühende Jünglinge, die noch minderjährig sind, werden hier zu Richtern gesetzt, aus Beysorge, sie möchten sonst aus langer Weile ihr Erbgut in den Armen feiler Dirnen verschwenden.

Nun führt uns der Admiral in seinem Tagebuch wieder zu seinen eigenen Angelegenheiten zurück. Da seine Pinke mit Namen Anna nicht auszubessern war, mußte an deren statt eine neue gebaut werden, und dies nahm zwey Monate Zeit weg. Wie sollte aber inzwischen sein Volk vor Hunger gesichert, und der Vorrath zur künftigen Reise angeschaft werden? Die Agathiner aus der öffentlichen Schatzkammer fiengen an zu Ende zu gehen, und Bänder hatte er keine mehr zu verkaufen. Zwar hatte er noch Spitzen übrig,

allein

allein er fürchtete sich vor dem Obercontroleur und
seinem Credit bey Hofe. Dieß lehrte ihn Talente schä
zen lernen, die er bey seiner Abfahrt aus England
für nichts gerechnet hatte. Mehrmals hatte man von
ihm Tanzmeister und Lection auf der Flöte verlangt.
Nicht als ob der Tanz und die Musik des Landes ohne
Verdienst gewesen wären, sondern weil alles, was neu,
zumal bey Hofe goutirt war, für besser gehalten wurde.
Noch hatte er immer solchen Aufforderungen kein Ge
hör gegeben, weil er seine Leute bey den Schiffen
glaubte nöthiger zu haben, nun mußte aber der Hun
ger alle Nebenbetrachtungen überwiegen.

Daher wählte er fünfzig unter seinen Leuten aus,
die zu einer oder andern der vorgenannten Künste
einiges Geschick besaßen, und nach Vorübungen von
acht Tagen mußten sie anfangen, ihre Talente zum
gemeinen Besten der Frivoliten und der Unterhaltung
der Flotte wuchern zu lassen. Der Admiral war in
zwischen selbst nicht müßig. Ein General ließ seinen
Sohn bey ihm das Tanzen lernen, und nahm seinen
Unterricht mit so viel Zufriedenheit auf, daß er ihn
dreymal höher als einen Lehrer der Meßkunde bezahlte.
Noch war aber für den Einkauf des Schiffvorraths zu
sorgen, und hierzu half ihm folgender glücliche Zu
fall.

Seine allerzierlichsten Durchlauchten waren eins
mals unter dem Frisiren höchst ungedulbig, weil ein
Koncert auf Sie wartete, und durch diesen Anstoß
von übler Laune wurde der ganze Hof in die größte

Bestürzung versetzt. Man dachte an Capitán **Mitschel's** Perüke, und der Monarch verlangte eine von
seinem hochwohlgebohrnen Herrn Püster. Dieser
machte sich den Umstand zu Nutz, um den Admiral
wiederum bey dem Monarchen in Gnade zu setzen.
Er versicherte denselben, was man verlangte, sey das
nen plus ultra eines europäischen Genies, er,
Püster, sey zwar gut zur Ausführung, aber den
Plan dazu müßte man in des Admirals Kopfe suchen.
Man berief den von Püster mit einer geheimen In-
struktion versehenen Seehelden. Dieser glaubte aber,
sich vorher mit dem Obercontroleur besprechen zu
müßen, um ihn nicht unwillig zu machen. Der Monarch, sprach er zu ihm, will eine Perüke von mir.
Eine Perüke? fiel ihm der Kronbediente lebhaft
ins Wort, wissen Sie, daß unter den Neuigkeiten,
die ich dieser so geschwind an allem satt werden-
den Nation aufbewahrte, die Perüke das vor-
nehmste ist? Bey allen T....! — — Noch
wollte er seinem Zorne freyen Lauf laßen, als ihm
der Admiral ganz sanft den Einwurf machte: setzen
Sie sich an meine Stelle! ich muß sehen, wovon
ich und meine Leute leben. Bänder und Agathiner habe ich nicht mehr, zwar habe ich noch
Spitzen, aber Sie haben mir ja selbst alle dergleichen Hülfsmittel untersagt! Mit gemäßigtem Tone
sprach nun der Oberkontroleur der Moden: Spitzen!
geben Sie mir sie, und ich überlasse Ihnen die
Ehre und den Nutzen der Perücke. Dieser Staatsmann wollte schon lange mit der Einführung der
Spitzen einen Versuch machen, da er aber kein Muster
vorzuweisen hatte, so war es nicht möglich. Denn

Fabrikanten der Insel haben keinen schöpferischen
Geist, sondern wissen nur zu raffiniren, was andere
erfunden haben. Der Admiral gieng den Vorschlag
ein, und nach acht Tagen trug der Monarch die erste
Perüke, und ließ sogleich ein Perükenmacherseminarium
anlegen, damit alles, was aus gutem Ton nicht mehr
eigene Haare tragen wollte, geschwind mit Perüken
konnte versehen werden.

Dabey blieb es aber nicht. Die Frivoliten sind
Nachbarn von drey großen Staaten. Oft mußten sie
nach langem Kriege unter sehr harten Bedingungen
mit ihnen Friede machen. Nichts aber könnte ein
Recht entkräften, welches die Frivoliten sich über sie
erworben hatten, nemlich das Recht, ihnen die Form
ihrer Kleidung und ihres Putzes vorzuschreiben. Der
Regent auf der Frivolitätsinsel sandte daher sogleich
in diese Staaten drey Perüken, als Modelle des neuen
Haarputzes, und dem Admiral wurden die Schätze
des Staates aufs neue aufgethan.

Nach Erzählung dieser Begebenheiten setzt er in
seinem Tagebuch die Bemerkungen über die Frivoliten
auf folgende Weise fort.

Keine Nation ist so elegant in ihren Sitten, und
es ist zu bewundern, wie weit sie darinn die Franzosen, ihre Lehrmeister übertreffen. Vielleicht hätten
sie wohl gethan, ihnen hierinn gleich zu bleiben, aber
ihre Imagination ist zu lebhaft, um sich in irgend einer
Sache Stillstand gebieten zu lassen. Man gehe in
eine Gesellschaft mit einer glänzenden Außenseite und

J 2

geschmackvollen Kleidung geschmückt, und sie wird uns mit aller möglichen Höflichkeit empfangen. Alle werden sagen, die Gesellschaft hätte etwas vermißt, bis wir gekommen wären, und jeder wird Vollkommenheiten an uns finden, die wir selbst nicht in uns gesucht hätten.

Um die Freundschaft eines Frivoliten zu gewinnen, sind keine Tugenden, sondern nur Annehmlichkeiten nöthig. Daß man ein ehrlicher Mann sey, wird immer geglaubt, aber daß man ein artiger Mann sey, muß man beweisen. Hat man ihre Dienste nöthig, so werden sie sich zu Füssen legen, daß man ihnen befelen soll, und sie werden uns zum Troste sich ärgern, daß sie noch nichts für uns gethan haben. Dergleichen verbindliche Worte hatte der Admiral von einem Mann bey Hofe zu hören bekommen, auf den er sehr rechnete, und einst um eine Gefälligkeit ihn ansprach. Das hier ist alles, bekam er zur Antwort, was ich für Sie thun kann. Dies Fläschgen (welches der Mann bey Hofe heraus zog) enthält ein Wasser, welches bey Hofe destillirt und geweiht wird. Wer von gutem Ton ist, insonderheit die Großen, wollen davon haben, und vertheilen es mit freygebigen Händen. Bey diesen Worten besprützte er den Admiral mit einigen Tropfen.

Die Großen sind sich nicht allenthalben ähnlich, fährt der Admiral fort, und bey den Frivoliten führt diesen Namen nur ein Mann, zu dem viele Leute zum Morgenbesuche kommen, wenn er gleich zu einem andern zum Morgenbesuche geht, ein Mann der seine Morgenstunde dazu anwendet, daß er neue Seidenzeuge und Juwelen ansieht, der höchst theure Porzellanfiguren unter seine Wandspiegel stellt, viel Hunde und Pferde hat, in einem gutlakirten Saale große Gastmale giebt, und sich immer loben läßt. Vor einem solchen, sagen die Frivoliten, müße man Respekt haben, für andre sey es genug an der Höflichkeit.

Diese überhaupt ist ihr Leben. Sie verzeihen eher Untreue an einem Freunde, als das Radebrechen eines Compliments. Wer recht höflich ist, trägt einen Hut, ohne ihn aufzusetzen, scharrt mit den Füßen im Viertelszirkel um sich, und nennt seine Frau nicht seine Frau. Thäte er das nicht, so würde er zwar aufwartsam, verbindlich und gefällig, aber nicht höflich seyn. Zur Höflichkeit gehört bey ihnen auch eine pünktliche Beybehaltung der Titel. Sie sagen von ihrem Monarchen nicht bloß: Seine Allerzierlichst. Durchlaucht haben den Ball eröffnet, sondern auch: seine Allerzierlichste Durchlaucht sitzen auf dem Nachtstuhl. Einst sagte jemand zu einem Minister aus Verdruß: Sie sind ein Strohkopf. Man verwies es ihm mit der Bedeutung, er hätte dafür: Ew. strohköpfige Excellenz sprechen sollen.

Eben so gewissenhaft beobachten sie das, was sie Dekorum nennen. Wenn ein Mann in einem Amte im Großen stielt, hat man Respekt vor ihm; würde er vor seiner Standserhöhung beyläufig einige Aga-

J 3

thier geraubt haben, so hätte man ihn gehenkt,
weil er das Dekorum vernachläßigt hätte. Eine Schöne
verzeiht alles einem kühnen Anbether, ausgenommen
saftige Worte. Ein Ehemann wird sich niemals in
den Sinn kommen lassen, den Neigungen seiner Frau
Gränzen vorzuschreiben, aber wütend würde er werden,
wenn ihre Ergözungen nicht mit dem Dekorum be-
ständen. Da der Admiral ankam, errichtete man ein
Institut, worinne Bürgermädchen ihre Tugenden verliehren konnten, ohne das Dekorum zu verletzen.

So wie in Europa, spricht man auch auf der
Frivolitätsinsel viel von Meriten. Doch müssen sich
günstige Zufälle einfinden, wenn davon Nutzen gezogen werden soll, und goutirt seyn ist noch besser,
als Meriten zu haben. Wer goutirt wird, weis selbst
nicht jederzeit, warum ihm das widerfährt, ob seine
Miene, sein Lächeln, seine Stellung, oder was sonst
noch, daran schuldig ist. Von Leuten, die es weit
bringen, kann man im Grunde nichts sagen, als daß
sich einer wohl kleidet, ein anderer freygebig spielt,
ein dritter artig erzählt. Einen Mann bey Hofe in
Ungnade fallen zu sehen, weil er eine Schaafsmiene hat,
ist eben nichts neues.

Mit der Ehre hat es aber bey den Frivoliten
nicht eben die Beschaffenheit, wie mit den Meriten.
Ehre muß man durchaus haben, und sie bringen die-
selbe an, wo sie nur können. Sie haben nicht das
Vergnügen, sondern die Ehre, uns zu sehen, mit
uns zu sprechen, uns zu dienen, und unter unsern

Titeln weg zu kriechen. Sie haben Ehrenvormünder,
Ehrenbeysitzer in den Gerichten, Ehrenverwalter in den
Hospitälern, und bey Hofe lauter Ehrendamen.
Vornehme würden sich schämen, sich ihre Arbeiten
vom Publikum bezahlen zu lassen, aber ein Hono-
rarium nehmen sie an, je grösser je lieber. Vorzüglich treibt es der Adel weit mit der Ehre. Ein frivolitischer Edelmann wird, wenn er auch den Fehler
hat, ein schlimmer Gatte und Vater und eine unnütze
Last der Erde zu seyn, sich doch immer an die Ehre
erinnern, um sie seinem Junker zu empfehlen, und
der Junker, wie sein hochwohlgebohrner Gnadenpapa,
wird nichts halten, als sein Ehrenwort, nichts zahlen,
als Ehrenschulden, und auch zuweilen aus lauter
Ehre andre erstechen oder erschießen. Die Frauen aber
haben noch eine besondere Ehre. Und ihre Grundsätze in Ansehung derselben sind so wichtig, und so
sehr zu ihrer Erhaltung eingerichtet, daß man ihnen
auch sogar die Ehre ihrer Männer als ein Depositum
anvertraut. Frauen von gutem Ton mögen sich aber
doch mit diesem Depositum nicht beschweren, weil sie
vaporösen Unpäßlichkeiten unterworfen sind, um welcher willen sie in Zerstreuungen gerathen, durch die solch
ein Depositum leicht verlohren gehen kann. Die Ehre
verschaft Soldaten, und die Hauptstadt des Reichs
die Feldherren, welche da ganz besonders zu ihrem
Amte ausgebildet werden. Denn ein junger Herr,
welcher dereinst Heere anführen soll, muß den
besten Schneider und Parfumirer, die glänzendste
Kutsche und die galanteste Livree für seine Bedienten
haben, viel und hoch spielen, fleißig tanzen, bey allen
Schauspielen zugegen seyn, und auf eine Verände-

rung in der Montur der Truppen studieren, die seiner
Führung sollen anvertraut werden.

Solch eine Eleganz in den Sitten ist auf der Fri=
volitätsinsel auch unter dem gemeinen Volke verbreitet.
Eine Krämerinn weis in ihren Handel so viel galantes
Gespräch, Manieren, und Koketterien zu mischen,
daß die Börse der Käufer nothwendig verführt wird.
Ein Künstler ist so polirt, wie seine Arbeit. Jeder
Dienstbote weis, daß man ihn mehr um des Augen=
dienstes, als um des Nutzens willen in Diensten hat,
und richtet sich hiernach, so daß er, wenn er von
hinten auf der Kutsche herab und in die Kutsche selbst
hinein kömmt, man nicht glauben kann, daß er am
unrechten Orte sey. Man muß sich sehr wohl auf die
Gesichter verstehen, um die Kammerjungfer nicht mit
der Dame zu verwechseln. Die angenehmen Künste,
wie Tanz, Musik und Putzmachen haben sich auch der
niedrigsten Rangordnungen der bürgerlichen Gesellschaft
bemächtigt. Geht dies noch ein wenig weiter, so wird
einem Kesselsticker zum guten Ton nichts fehlen, als
daß er nicht sagen kann: meine Leute, mein Pal=
last, meine Landgüter und meine Ahnen.

Sogar bis in das Heiligthum der Religion ist die
Eleganz bey den Frivoliten eingedrungen. Zum Zeit=
vertreib geht gute Gesellschaft zuweilen in die Tem=
pel. Vor dem Lehrvortrage des Priesters bringt sie
da ihre Zeit mit Komplimenten und Gegenkomplimen=
ten, mit Durchmusterung der Gesichter und Kleidun=
gen, und mit Gaffen zu. Der Schiffsprediger

Richard Walter versicherte, er habe im Tempel
Ergötzung für Augen und Ohren gefunden. Der
Prediger fieng damit an, daß er dem Oberpriester der
Hauptstadt ein tiefes Kompliment, und der ganzen
Versammlung einen zierlichen Reverenz machte. Hernach hielt er eine blumenreiche Rede über Pflichten,
deren Competenz so erstaunlich ins Weite hinausgeht,
daß man nie, sie zu übertretten, Gefahr läuft. Die
Frivoliten beten die Sonne an, und möchten sie gerne
lieben, nur sind sie über die Art und den Grund
dazu in Ungewißheit. Sie wissen nemlich nicht, ob
sie sie lieben sollen, weil sie ihnen leuchtet und sie
erwärmt, oder weil sie selbst ein warmer und leuchten-
der Körper ist. Schon ein Jahrhundert disputiren
ihre Theologen darüber. Die Vielweiberey haben sie
verboten, weil es nur eine Sonne und einen Mond
giebt; ein Ehmann weiß aber wohl, daß er suchen
muß, mehrern Frauen zu gefallen, und die Frauen
würden eine tölpische Aussenseite haben, wenn sie das
übelnähmen. Ein Hauptstück ihrer Dogmatik ist inzwischen, alle andere Religionsverwandten zu verdam-
men. Obgleich Schiffsprediger Walter von all diesen
Dingen Kenntnis erlangt hatte, konnte er doch dem
Drange, Proselyten zu machen, nicht widerstehen.
Er wollte eine Hofdame bekehren, die zuweilen den
Eigensinn hatte, tugendhaft zu seyn, und mit einem
Anstrich von Philosophie, der mit vieler Grazie ver-
mengt war, in schönen Gesellschaften den Ton angab.
Zwey Hindernisse hatte der gute Prediger zu überwinden: erstlich mußte er ihr beweisen, daß die Sonne
keine Gottheit wäre, und dies gelang ihm, zweytens
mußte er sie von zehen Liebhabern los machen, denen

ſie zu gleicher Zeit getreu war, und dies gelang ihm
auch. Wie glücklich, rief er aus, werden Sie nun
ſeyn! reißen Sie doch den Zirphos weg, welcher
Sie zu beſtändigem Unglauben verleitet. (Zirphos
iſt ein Bild der Sonne, und war ehemals bey
den Frivoliten ein Zeichen ihrer Religion, welches
nach und nach den Charakter des Volkes zufolge in
ein Stück ihres Putzes ausartete.) Was ſagſt du,
Unglücklicher! rief die Katechumene aus. Meinen
Zirphos ſoll ich wegreißen? Gerade das ſchönſte von
meinem Schmuck? Eher würdeſt du mir das Leben
nehmen. — Und von nun an war mit der Bekeh=
rung alles vorbey.

Uebrigens iſt ihre geſellſchaftliche Unterhaltung ſo
elegant, wie ihre Sitten. Sie gleicht ihren Putz=
läden. Das ganze Geſpräch ſtellt eine Stickerey vor,
wozu ein artiges Nichts der Grund iſt, oder eine
Garnitur von doppelſinnigen Ausdrücken, oder ein
Franzengehänge von Fragen, worauf man keine Ant=
wort haben will, oder ein Sortiment von Scherzen,
über die man immer zum Voraus lacht, und ſich
nachher beſinnt, worüber man dann eigentlich möchte
gelacht haben. Ich konnte mich, ſagt der Admiral,
nicht enthalten, über dies immer lebhafte und artige
Völkchen zu lachen, welches immer mit ſeinen Gedan=
ken auf der Oberfläche der Dinge, wie auf einer
Nadelſpitze tanzen kann.

Bey dieser sonderbaren Eleganz der Sitten haben,
wie der Admiral hinzufügt, die Frivoliten von der
Natur noch ganz besondere Gefühle bekommen. Die
Schönheit wirkt insonderheit auf dieselben im ganzen
Lande mit großer Macht, aber in der Residenz macht
sie alles zum Narren. Sie gleicht einem Kometen,
den man beobachtet, in all seinen Bewegungen verfolgt,
in seinem Laufe aufzufangen sucht, und außer welchem
man nichts sieht, und von nichts redet.

Bey Hof giebt es kleine Sesselchen, auf welchen
man nichts weniger, als bequem sitzt, aber sich doch
zur großen Ehre rechnet, darauf sitzen zu dürfen, weil
nicht jedermann das Recht hat. Große Vermählungen
sind rückwärts gegangen, weil es ausgemacht war,
daß die Braut dies Recht nicht hatte.

Die Frivoliten lieben weniger den reellen, als den
Scheinreichthum. Wenn sie in ihre Börse greifen,
und nichts darinn finden, um einem bedürftigen Freunde
durch ein Darlehen auszuhelfen, so trösten sie sich
damit, daß sie ihm ein geschmackvolles Stück ihres
Hausrathes vorzeigen.

Niemals bekümmern sie sich um ein gutes Jahr,
um Ausbreitung der Handlung, um gute Obrigkeits-
personen und vortrefliche Staatsminister; aber sie lau-
fen nach neuen Famipagoden, und seufzen nach einem
neuen Ballet.

Wenn ihre Heere einen Sieg erfochten, wodurch die ganze Nation zu Grunde gerichtet wird, feyern sie einen festlichen Tag, aber für ein in Vorschlag kommendes heilsames Gesetz haben sie kein Zeichen von Freude. Mit Leidenschaft lieben sie ihren Monarchen, und bewundern ihn noch weit mehr. Sie zählen die Mannschaft seiner Leibwache, die Menge seiner Kronbedienten, seine Staatswägen, seine Lustschlösser, die Diamanten seines Diadems — niemals aber seine guten Handlungen. Würde man ihnen sagen, es sey ein Hof in der Welt, der mehr tiefe Staatsklugheit und mehr Gründlichkeit in seinen politischen Maasregeln habe, als ihrer, so würden sie es mit allem ersinnlichen Phlegma aufnehmen. Duelliren müßte man sich aber mit ihnen, wenn man dazusetzte, daß dieser Hof auch weit glänzender sey. Man hört sie niemals sagen, daß sie dem Staat dienen, allein ohne Unterlaß wiederholen sie, daß ihr Vermögen, ihr Leben, ihre ganze Existenz, ihrem Monarchen gewidmet sey. Ein Bürger, welcher von dem Edeln eines Todes fürs Vaterland spräche, würde sich unbeschreiblich lächerlich machen.

Das Lächerliche ergötzt die Frivoliten beständig über alle Maßen. Es kam ein Gesandter von einer der drey Nationen an, denen man, wie schon erwähnt, Perücken zugeschickt hatte, und verlangte von den Frivoliten, sie sollten sich gefallen lassen, einem Zweig ihrer Handlung zu entsagen, oder Krieg mit seiner Nation zu führen. Zum Glück für ihn und seine Nation war seine Nase ein wenig zu lang, und

seine Berüke sas ihm sehr übel. Man hielt sich an
diese zwey lächerliche Punkte, sprach viel davon, und
in einem Anstoß von guter Laune bewilligte man ihm
alles, was er suchte.

Zuweilen sind ihre Gefühle so lebhaft, daß die
öffentliche Ruhe darunter zu leiden hat. Ein Priester
der Sonne wurde verklagt, weil er durch Zauberey
sollte eine Jungfer verführt haben. Ein Theil der
Residenz glaubte nicht mehr an Zauberey, aber die
halbe Insel glaubte noch daran. Alles nahm für oder
wider die Sache Parthey, und, sagt der Admiral,
beynahe hätte man glauben sollen, das Wohl des
ganzen Staates habe auf der Keuschheit dieser Jungfrau
und der Enthaltsamkeit des Priesters zu beruhen gehabt. Kurze Zeit nachher verließ eine Schauspielerinn
die Bühne, welche von jeher viel Beyfall hatte;
tausend Stimmen reklamirten sie, und die Männer
schwuren, ihre Aemter niederzulegen, und die Frauen,
nicht bey ihren Männern zu schlafen, bis die Aktrize
wiederum erscheinen würde. Dieser Geist der Unruhe
läßt inzwischen keine Revolutionen bey den Frivoliten
befürchten, denn durch eine zu rechter Zeit aufkom-
mende neue Mode, oder einen im Publikum glück-
machenden Gassenhauer, wird er leichtlich besänftigt.

Aus den sonderbaren Sitten und Gefühlen der
Frivoliten lassen sich manche von ihren ausgezeichneten
Gebräuchen erklären. Darunter gehört auch der, sich
mit Anbruch jedes neuen Jahres Merkmale der leb-

haftesten Zuneigung zu geben. Da sucht man einander
auf, komplimentirt sich, und beschenkt sich. Die Residenz wäre der gesellschaftlichste Ort in der ganzen
Welt, wenn es beständig Neujahr darinnen wäre.

Eine Braut hängt an ihrem Trauungstag ihr
Heyrathgut an Hals und Ohren, und ihr Bräutigam
meublirt sein Haus in dem besten Geschmack, und
verkauft um deswillen ein Landgut.

In den Vorzimmern und hinten auf den Kutschen
sieht man den Kern der Jugend die er Insulaner, wodurch die Großen auf eine prächtige Art ganthmäßig
gemacht werden. Die Provinzen vermissen zwar zwey-
malhunderttausend Handwerker oder Ackerleute, was
würden sie aber mit ihnen anfangen, wenn man sie
ihnen mit den eleganten Sitten der Hauptstadt inficirt
zurück schicken wollte.

Betteladel giebt es genug auf dieser Insel, und
es ist da nicht anders gebräuchlich. Dieser Adel könnte
durch die Handlung sich aus seiner Betteley heraus-
helfen; aber arbeiten ist bey den Frivoliten eine
Schande für Edelleute.

Die Justiz besteht aus ungemein zahlreichen Gliedern. Wer sich in diese Zunft zu begeben sucht, wird
sehr ernstlich geprüft. Die erste Frage, die an ihn
ergeht, betrift die Agathiner, die er im Vermögen

hat, und kann er diese gut beantworten, so darf er
wegen des übrigen in keiner großen Verlegenheit seyn.
In diesem Land ist es gebräuchlich, einerley Rechts-
handel durch mehrere Gerichtshöfe entscheiden zu
lassen. Einen Proceß muß man in der Jugend schon
anfangen, wenn man sein Ende erleben will. Ich
bedauerte recht sehr, spricht der Admiral in seinem
Tagebuch, einen Unglücklichen, der einen Proceß
gewonnen hatte. Er rechtete um einen Acker, dieser
war aber bey weitem nicht hinlänglich, seinen Sach-
walter zu bezahlen. Die Akten hätten den ganzen
Acker bedecken können, und eine bekannte Sache ist es
ja, daß ein Quadratschuh Proceßschriften mehr kostet,
als ein Quadratschuh Ackerfeld. Oft hängt das Glück
eines Privatmannes von der Farbe des Papiers ab,
worauf sein Rechtstitel steht. Letzter würde null
und nichtig seyn, wenn er nicht auf veilchenblaues
Papier geschrieben wäre.

So hat auch die Religion mehr Priester, als
man Kaufleute auf der Börse zu London zu sehen
bekömmt. Die meisten dieser Priester sind noch jung,
damit die ihr Seelenheil bey ihnen suchenden Layen nicht
abgeschröckt werden. Die Weisheit dieser Volkslehrer
tummelt sich in einem sehr eingeschränkten Kreise.
Wenn sie nur den vorgeschriebenen Schnitt ihrer Kleidung und Haare nicht ändern, und zu gesetzten Stunden der Sonne Lobgesänge brüllen, vorzüglich ja nicht
zugeben, daß ein schönes Weib auch liebenswürdig
sey, so können sie in allen übrigen Dingen denken und
thun, was sie wollen.

Einige unter ihnen sind mit allem Glanze des Reichthums umgeben, und achten ihn zwar im Grunde nicht, würden aber fürchten, beym Volk verächtlich zu werden, wenn sie ihre Tugenden nicht mit Dekorationen behängten. Man zählt mehr als zweytausend Tempel, worinn Altäre und kleine Zierrathen mit der äussersten Verschwendung angebracht sind. Oft wird der Altar der Sonne verlassen angetroffen, während es an den Nebenaltären der Planeten und Firsterne von Anbethern wimmelt.

Nur so weit reichen, wegen kurzen Aufenthaltes, die Bemerkungen von Anson. Während er sie machte und aufschrieb, kam die Arbeit für seine Flotte immer besser zu Stande, die Schiffe wurden ausgebessert, auch das neu zu bauende Proviantschiff wurde fertig, und der Schiffsvorrath an Bord gebracht. Nun wartete man nur auf günstigen Wind, um unter Seegel zu gehen, und dazu war es hohe Zeit. Der Weltumsegler hatte während seiner langen und schrecklichen Seereise ohne Unterlaß sich Mühe gegeben, die Gemüther seiner Schiffsgenossen in einer heroischen Stimmung zu erhalten. Da die Worte: Vaterland, Freyheit, brittische Größe, und Unsterblichkeit so oft um ihre Ohren schwirrten, war auch etwas davon in die Herzen eingedrungen. Kein Matrose noch Soldat war, der sich nicht einbildete, daß die Augen von Großbrittanien auf ihn gerichtet seyen, und er dereinst ein Mitglied im Hause der Gemeinen seyn werde.

In

In dieser Gemüthsverfassung waren auch alle, da sie an dieser Insel landeten, allein der Umgang mit den Frivoliten und vielleicht auch die ihre Constitution umschmelzende Nahrung hatte jene sehr verändert. Feinde und Gefahren, Mühe und Verachtung des Lebens, war es nicht mehr, wornach sie trachteten; sie fiengen mit den Frivoliten an, alle die holden Tugenden lächerlich zu finden, wodurch Freystaaten gegründet, vergrößert und unterhalten werden. Das nahm der Admiral nur zu wohl gewahr, und drang daher sehr auf die Einschließung. Er hatte seine Abschiedsaudienz. Seine allerzierlichste Durchlaucht willigte nur unter der Bedingung in die Abreise, daß der Admiral vier von Ihro gewählten Männer auf der Insel zurück lassen sollte. Sehr zur Unzeit erschrack der Admiral über diesen Antrag; jedoch ist es natürlich, daß man zu verliehren fürchtet, was man gerne erhalten möchte. Ihm war nemlich bange, die Wahl möchte auf Kapitäns oder Steuermänner gefallen seyn; zu seinem Troste aber waren die vier auserwählten drey Haarkräusler, welche den Ruhm der Perücken und Gänsesteiße auf der Insel verewigten, und ein Soldat, der sich durch eine wunderbare Erfindung berühmt gemacht hatte. Diese bestand in einer Sommerkutsche, an der innerliche Blasebälge beständig frische Luft zubliesen.

Da jedoch der günstige Wind ziemlich lange auf sich warten lies, machte das Volk der Escadre aus langer Weile kleine Landreisen in den Gegenden der Hauptstadt. Einige Matrosen verirrten sich auf eine

Gebirgkette, wo kahler Boden, mit Marcafit und Cry=
ftallen befäet, Goldadern fehen ließ. Der Admiral
wurde davon benachrichtigt, und begab fich mit feinen
Mineralogen dahin. Nachdem alles genau unterfucht
und aufgezeichnet war, gieng er zur Flotte zurück.
Der Traum von unermeßlichen Reichthümern verbrei=
tete fich in den Köpfen feiner Leute; fie wurden aber
durch den Admiral fehr unangenehm aus demfelben
erweckt, da er einen Eid von ihnen nahm, nichts von
der Frivolitätsinfel zu offenbaren, fie von der Gold=
mine fchweigen hieß, und bey Lebensftrafe verboth,
vom Bord zu gehen.

Allgemeine Beftürzung und fogar Unzufriedenheit
war die Folge davon, und es gehörte die Seelengröße
eines Anfon dazu, zu hoffen, es würden fich diefe
fchwachen Gemüther wiederum ermannen, fo bald
nur einmal wieder in See geftochen wäre. Dies gefchah
auch des folgenden Tages bey einem Weftwind, wobey
der Admiral feine Fahrt auf die peruanifche Stadt
Pryta richtete, wovon feine große Reifebefchreibung
weiter nachzufehen ift.

Schreiben

von

Doktor Samuel Johnson

im Reiche der Schatten

an

seine Biographen in der Oberwelt. *)

Elysium d. . . . . .

Meine Herren,

Es ist ganz gewöhnlich, daß bey dem Tod eines Mannes, der, so lang er lebte, zur Vermehrung von

K 2

---

*) Dieser Aufsatz, dessen Urkunde sich in englischen fliegenden Blättern vom Jahr 1785 findet, enthält in gedrungener Kürze die Regeln einer guten Biographie, und da, wie am Tage liegt, dieselben von manchen unsrer teutschen Biographen nicht allzuwohl befolgt werden, so glaubt man nichts unnützes zu thun, wenn man sie ihnen durch eine Verteutschung ins Gedächtnis zurück zu rufen sucht.

F. A. W.

mancherley Produkten der Schriftstellerey, sowohl bey
jungen von Witz und Schreibsucht aufbrausenden Gelehrten, als auch bey andern zeitverwandten Freunden
von ihm, beytrug, alle seinen Verlust, als den von
einem Vater der Litteratur und wachsamen Bewahrer
ihrer heiligsten Rechte bedauren. Solch eine Ehre
wiederfuhr auch mir bey meiner Begräbnis; aber auf
eine Art, die mich glauben macht, die Feyerlichkeit
dieses Aktus habe mehr Antheil daran gehabt, als
Ueberzeugung von der Wahrheit mir ertheilter Lob-
sprüche. Eben so wenig hat es an Ankündigungen ge-
fehlt, daß man mit einer Nachricht von meinem Leben
und Thaten die Menge biographischer Werke vergrößern wolle, und es sind Entwürfe und Proben der
Ausführung eines solchen Unternehmens erschienen,
die von der Verschiedenheit der Talente derjenigen
zeugen, die sich damit befassen wollen. Lebte ich
noch auf der Oberwelt, wie viel Vergnügen würde
mir dies machen! Aber jetzo habe ich davon nur einen
Eindruck von Dankbarkeit, der mich, meine Herren,
veranlaßt, diesen Brief an Sie zu schreiben.

Sie mögen Lob oder Tadel über mich ausspenden
wollen, so kann es mir vollkommen gleichgültig seyn,
denn über den Gesichtskreis meiner Neider bin ich erhaben, und die Stimme meiner Lobredner höre ich
nicht mehr, und bin in einer Situation, worinn ich
auf ewig vor allen Veränderungen des Glücks in Sicherheit lebe. Aber demohngeachtet, meine Herren,
kann und darf ich bey Ihrem Vorhaben, mein Leben

zu schreiben, kein müßiger Zuschauer seyn. Auch in das Gewand der Unsichtbarkeit und Unsterblichkeit gehüllt finde ich mich gedrungen, Ihnen einige bey Ihrer, wie Sie selbst sagen, rühmlichen Unternehmung dienliche Vorsichtigkeitsregeln zu empfehlen. Und der Geist einer edlen Nacheiferung, welcher Sie, meine Herren, belebt, läßt mich hoffen, daß der Vortrag eines Mannes bey Ihnen ein aufmerksames Gehör finden werde, dessen Andenken Sie der Nachwelt zu überliefern gesonnen sind.

Der Zweck aller biographischen Schriften ist Belehrung des Verstandes und Bildung des Herzens der Ueberlebenden. Eine unmäßige und thörichte Lobrede aber ist nichts, als eine Mehrung der Zahl unnützer Schriften. Junge Leser werden dadurch getäuscht, und finden darinn Ideale, die nicht zu derjenigen Besserung des Verstandes und Herzens dienen können, die sich auf Schlüsse gründet, welche aus wahren Thatsachen müssen gezogen werden. Die Pflicht eines philosophischen und moralischen Biographen ist, alle erzählten Handlungen aus ihrer ächten Quelle herauszunehmen, aus bloßen Thatsachen richtige Schlußfolgen herzuleiten, sich in seinen Erzählungen keiner Ausschmückungen zu bedienen, keine Gefahren zu verheelen, die Tugend in ihrem wahren Lichte und als den Triumph über die Feinde unsrer Seele darzustellen, nachtheilige Fehler nicht mit Stillschweigen zu übergehen, keine lehrreiche Wahrheit, zu deren Vortrag sein Gegenstand Anlaß giebt, zu unterdrücken, und

seinen Helden mit keinen andern, als den Farben
der strengsten Wahrheit, zu schildern. Die Klippen,
an denen ein Biograph zu scheitern sich hüten muß,
sind die Ergießungen von Freundschaft, die Anlaß
geben, Laster zu Fehlern und Fehler zu unvermeid-
lichen Schwachheiten herabzuwürdigen. Ferner muß
er sich in Acht nehmen, eine vielleicht lange zurück-
gehaltene Galle in seinen Aufsätzen zu ergießen, oder
alltägliche Dinge unter dem Anscheine wichtiger Wahrheiten vorzutragen, und in beyden Fällen auf Kosten
des nachsichtvollen und betrogenen Publikums Schriftsteller zu seyn. Denn so wie unbilliger Tadel den
Todten nicht bessert, kann unmässiges Lob die unge-
rechteste Beleidigung noch lebender Personen werden.

Die Lebensbeschreibung eines Gelehrten hat nur
etwas von der ausführlichen Darstellungsart eines
Geschichtschreibers, der räsonnierenden Weise eines
Philosophen, und äusserst wenig von der Dichtern
gewöhnlichen Methode der Auszierung nöthig. Da
inzwischen Neugierde diejenige Leidenschaft ist, der die
Schriftsteller vorzüglich schmeicheln muß, so würde
man durch Weglassung von Anekdoten, als einem
vorzüglichen Stück der Unterhaltung der lesenden Welt,
sich übel bey derselben empfehlen. Mein Schicksal war
es, in meinem langen Leben in der Oberwelt der Gegenstand von mancher Unterredung zu seyn, und diejenigen Freunde, deren langer Umgang mit mir sie an
meine Denkart und Sitten gewöhnt hat, eilen nun,
die Welt mit allem zu beschenken, was sie von dem
verstorbenen Samuel Johnson wissen. Kaum darf

ich es sagen, daß der Nachruhm allermeist in bloßen
Worten besteht. Aber ein Werth in den Augen der
Tugendhaften ist unter allen Arten von Nachruhm der
beste; jedoch kann ein Gelehrter desselben nur theilhaft
werden, wenn in seinen Schriften der Tugend zu
Kraft und Wirkung verholfen, dem Laster aber sein Anschein von Fähigkeit, glücklich zu machen, benommen
wird.

Länger von dieser Sache zu reden, hieße in eine
Art von Diktiren verfallen, welche ich mir vielleicht in
meinem ehemaligen Leben zu sehr angewöhnt habe.
Um also noch zu sagen, was Sie, meine Herren,
insonderheit angeht, muß ich bitten, keine meiner
Handlungen aus Beweggründen herzuleiten, deren ich
mir nicht bewußt seyn konnte, und wenn Sie zu
Steuer der Wahrheit meiner Irrthümer und Gebrechen gedenken müßen, deren ich schuldig war, und
wovon niemand sich frey wissen kann, so zeigen Sie
dieselben in dem hellsten Lichte; verschweigen Sie keins
davon, und nennen Sie dieselben Fehler, Schwachheiten und Vorurtheile, deren sich jedermann zu
schämen, aber nicht eigensinnig sie zu beschönigen und
zu unterhalten hat. Wollen Sie mich loben, so ver-
weilen Sie hauptsächlich bey denjenigen Perioden meines
Lebens, worinn ich alles anwendete, um Tugend,
Wahrheit und Frömmigkeit in ihrem vollen Glanze
darzustellen. Und was meine Sitten betrift, so enthalten Sie sich eines ausschweifenden Anpreisens derselben. Ich war weder ein Chesterfield noch ein
Diogen von Sinope, aber eine besondere Temperatur
meines Leibes und Geistes nöthigte mich, zu eben der

K 4

Zeit die rauhen Sitten des letztern zu kopiren, worinn ich die Schicklichkeit und den Nutzen der Sitten
für die bürgerliche Gesellschaft anerkannte, von denen
uns jener das Vorbild gab.

Manche Schriftsteller finden Vergnügen daran,
andre zu loben. Und eben so giebt es welche, die
einen Ruhm darinn suchen, alle Gelegenheiten zu
ergreifen, um einen Verstorbenen anzuschwärzen. —
Beyde mögen kunstreiche, schöngeschriebene ja sogar
gelehrte Biographien liefern, aber es fehlt ihnen
Lehrreiches und Wahrheit. Man sieht in solchen
Aufsätzen zwar die Talente des Schriftstellers, aber
sein bearbeiteter Gegenstand verliert sich dabey aus
den Augen. Die Zeitgenossen mögen dergleichen
Schriften mit Vergnügen lesen, weil auch sie von
Vorurtheilen eingenommen sind, und Nachsicht dagegen haben. Die Nachwelt wird ebenfalls vielleicht
solche Werke nicht ungelesen lassen, wird aber dabey
mit Unwahrheiten hintergangen.

Mit einem Worte, meine Herren, lassen Sie
Ihre Feder durch nichts regieren, als was Wahrheit Ihnen eingeben wird. Bedenken Sie, daß
Sie für andre, und nicht für sich selbst schreiben.
Vergrößern Sie nichts aus Enthusiasmus, und
verkleinern oder verschweigen Sie nichts aus Bosheit. Mit unbegränzter Schmeicheley werden Sie
zwar Ihre Zeitgenossen amüsiren und täuschen, aber
nicht Ihren jetzt in der Unsterblichkeit lebenden

Samuel Johnson.

An die Freundschaft.

Nach dem Englischen des Harwood.

Nomen inane vale.

O Freundschaft, täuschendes und theures Gut,
Von wenigen gekannt, deß heilger Name
Zu oft beschimpft wird, leb' ach lebe wohl!
Wie mancher Heuchler lügt ein Recht auf dich,
Und, Fliegen gleich, umschwärmet er den Sommer
Von unserm Leben, wärmt im Sonnenschein
Von unserm Glücke sich; doch wenn der Winter
In düstre Schatten unsre Tage hüllt,
Verschwindet er, gleich jenem Mückenschwarme,
Verrätherisch, läßt uns elend und allein.

F. A. W.

Nachricht

von

einigen englischen Dichtern

vom

zweyten Range *)

(Aus dem Spirit of the Englisch Magazines.
y. 1785. N. 4.)

Es wäre fürwahr ein eckelhaftes Geschäfte, wenn
man von allen Dichtern sprechen sollte, die den Schild
des dichterischen Verdienstes aushängten, und ihr
Recht dazu von nichts, als von der Nachahmung herleiten konnten. Doch verdient Philips und Smith,
sein Freund ausgenommen zu werden, da klassische
und korrekte Sprache sie höchst rühmlich von ihren
Zeitgenossen unterscheiden. Jener ist ein so vortreflicher

---

*) Seit es in Schwaben keine Sünde mehr ist, englisch zu
verstehen, darf man auch nicht fürchten, daß in einer
diesem Lande vorzüglich bestimmten Schrift, Aufsätze von
der englischen Litteratur übel angesehen werden. So viel
zur Einleitung zu obigem Texte.   F. A. W.

Nachahmer, daß unter allen keiner, so wie er, die
Aehnlichkeit seiner Urbilder erreichte, als Browne
unter seinen Nachfolgern. Und die Phädre und Hippo-
lithus von Smith sind jederzeit für ein schönes Ge-
dicht gehalten worden, so daß die Schönheit der
Schreibart und der harmonische Versbau desselben,
bedauren lassen, daß der Verfasser nur so lang lebte,
als zur Endigung davon nöthig war.

Mehr als die Hälfte des letzt verflossenen Jahr-
hunderts vermehrte sich durch die Sucht, die berühm-
testen ältern englischen Dichter nachzuahmen, die
Menge der Dichter von zweytem Rang allzusehr, als
daß einer unter ihnen sich einen besondern Ruhm hätte
erwerben können. Ein solcher Dichter stand nach dem
andern auf, und ward hinwiederum von einem Nach-
folger verdrungen, etwa so wie sich die letzte Welle
des Meeres ihre Vorgängerinn anzuschwellen scheint.
Viele von jenen Dichtern haben wohlklingende Verse
und gutgewählte glänzende Ausdrücke; allein es mangelt ihnen allen das edle Feuer und die ungesuchte
Annehmlichkeit in ihren Gedichten, woran sich ein
Originalgenie erkennen läßt. Demohngeachtet liest
man sie mit Vergnügen, und sie dienen zu einer angenehmen Ausfüllung der Nebenstunden unstudierter
Leute, die mit den Schönheiten der Werke von Rö-
mern und Griechen nicht bekannt sind, und bey welchen
der Reiz der Neuheit öfters mehr, als der von Schönheit, Würkung thut.

In den Gedichten des Tickell ist eine gewisse
Kraft und Würde, wodurch er mit seinem Muster
als Dichter in eine nicht streitige Gleichheit kömmt.
Sein Colin und Lucia ist eines der angenehmsten
und rührendsten Gedichte, welche die englische Sprache
nur immer aufweisen kann.

Broome darf als Uebersetzer in Versen dem
Pope mit Ehren an die Seite gesetzt werden, der
ihn zum Gehülfen brauchte, doch scheint sein ganzes
Verdienst darauf zu beruhen, daß Pope ihn auf seinen
stärkern Schultern durch den Strom der Zeit hin-
durchtrug.

Trapp schrieb einen zierlichen lateinischen Vers,
und war ein guter Kunstrichter, man hat aber bey
seinem Virgil mit Recht die Anmerkung gemacht,
er hätte klug gehandelt, es nur bey der Vorrede be-
wenden zu lassen.

In einigen Stücken findet sich zwischen dem Genie
des Collins und Tickell eine auffallende Aehnlichkeit.
Würde, Feyerlichkeit und Pathos sind die starken
Züge, wodurch seine Gedichte sich auszeichnen. Nur
ein wahrer Dichter konnte die Romanze von der
Fidelia in Shakespear's Cymbelins schreiben.

Hammond, der englische Tibull schrieb in der
That schöne Verse, obschon aber seine Darstellung
weder die Kritik noch Imagination beleidigt, so weis
ich doch nicht, ob sie viel Eindruck im Herzen

machen kann. Dem ohngeachtet haben ihn liebesieche Nymphen und Dichterschwäne zum Muster genommen, wenn sie ihre Paroxysmen von Erotomenie in Versen vorstellen wollten.

Der empfindsame und schönschreibende Lord Lyttolton hat die Liebe und ihre Würkungen sehr reitzend zu schildern gewußt. Wollte man ihn als berühmt seines Dichtergenies wegen preisen, so hieß das sein Lob auf das thörrichtste übertreiben wollen. Kraft, Feuer und Reichthum in den Erfindungen, sind seine Vorzüge gewiß nicht; aber eine sich immer gleich bleibende Schönheit im Ausdruck und den Empfindungen, als Resultate eines feindenkenden Gemüthes. Grazie bezeichnet seine Schriften in eben so hohem Grade, als Tugend sein ruhmwürdiges Leben.

In den Fabeln des Moore entdeckt man unzweifelhafte Merkmale von Genie; aber die edle Simplicität eines Gay oder la Fontain mangelt ihnen. Sein Talent zu Beschreibungen ist groß, und es wäre zu wünschen, er hätte es in höhern Arten der Dichtkunst zeigen können; auch findet man bey ihm eine gewiße Delikatesse der Denkungsart, von der man glauben könnte, er habe sie sich in einer höhern Stuffe des bürgerlichen Lebens eigen gemacht, als die ist, worinn er gebohren und erzogen war.

Merrick besaß in einem sehr hohen Grade Genie und Gelehrsamkeit. Vorzüglich bestimmten ihn seine Fähigkeiten zur religiösen Dichtkunst, worinn er auch vortreflich ist. Und es wäre zu wünschen, seine Ueberſetzung der Pſalmen würde in den Kirchen eingeführt, nicht allein für die von Sternhold und Hopkius *) ſondern auch an der Stelle der von Brady und Tate. **) Solch ein Vorfall würde nicht allein dem guten Geſchmack in der Dichtkunſt, ſondern aus der Religion ſelbſt nicht unvortheilhaft ſeyn.

---

*) Männer in geiſtlichen Poeſien etwa wie Schmolke und Neander in Teutſchland.   F. A. W.

**) Geiſtliche Dichter etwa wie Zollikofer und Schlegel, das heißt, noch lange keine Schlegel und Huber.
                                                        F. A. W.

Ueber die

Verfassung

der

würtembergischen teutschen Schulen.

Fortsetzung.

Ueber die

Verfassung

der

würtembergischen teutschen Schulen.

Fortsetzung.

Ich habe nun den Hauptmangel, der durch die ganze
Anstalt verwebt ist, nemlich daß man allen Unterricht
ins Christenthum, d. h. ins Auswendiglernen christ-
licher, oder vielmehr lutherischer Dogmatik setzte,
gerügt. Vielleicht bin ich etwas zu heftig gewesen,
aber man sage mir, ob ein Herz, dem an Menschen-
glückseligkeit gelegen ist, bey einer Sache, die so unmittelbar das Wohl der Menschheit betrift, und w9

man nach seiner Ueberzeugung durch ein unglückliches
Misverständniß diesem Wohl geradezu entgegen arbeitet,
so kalt bleiben könne, als etwa bey der Erörterung
einer historischen oder kritischen Frage, die höchstens
eine zwecklose Wißbegierde zu befriedigen dient. Ich
habe die Absicht und den Erfolg gegeneinander gehalten: Ich habe gezeigt, daß die Absicht gut seyn möge,
aber daß ihr keine helle und entwickelte Begriffe
zum Grunde liegen: daß der Erfolg dieser Absicht
geradezu widersprochen und — widersprechen
müsse. Ich werde nun vollends einen Auszug aus
der Schulordnung mittheilen, dann die Zweckmässigkeit
der gewöhnlichen Schulbücher beurtheilen, dann die
Methode des Unterrichts, soweit sie mir bekannt ist,
im Detail darlegen, und mit einigen frommen Wünschen zur Verbesserung schließen. Von S. 58. der
Schulordnung an kommt der **praktische Theil** :-

1) **Lesen** :

a) Erste Klasse. Hier muß mit den Kindern
pur noch gleichsam gespielt und auf allerley Vorstellungen und Manieren gesonnen werden, bis sie die
Buchstaben kennen lernen. Nicht nur das a b c Buch
muß man ihnen in die Hände geben, sondern auch sie
zusammen an die Tafel führen, an welcher die Buchstaben groß und deutlich gemacht sind. Bald hier,
bald im Buch, muß man sie bald diesen bald jenen
Buchstaben suchen lassen. — Diese Klasse läßt der
Schulmeister vor seinen Katheder kommen.

b) Andre Klaſſe. a b ab und das Namenbüch-
lein. In der andern Rotte die zweyſilbige Namen
bis zu den ſechsſilbigen. Die nun fertig buchſtabiren
können, jedesmal einen Spruch und zwar ſolange
buchſtabiren, bis ſie ihn auswendig gelernt. Die erſte
und zweyte Rotte tritt auch an den Katheder des
Schulmeiſters. Zum dritten kommt Er.

c) In der dritten Klaſſe iſt das Leſen ſelbſt zu
treiben, und wenn ein Kind an einem Wort ſtutzet,
muß ers ſolange buchſtabiren laſſen, bis es kann fortkommen und nicht gleich (ſogleich) einreden. Der
Schulmeiſter ſoll die Lektionen der dritten weiter ge-
kommnen Rotte recht vorleſen, weil ſo das Vorge-
leſne durch das Geſicht und Gehör zugleich ins Ge-
müth einfällt. Auch dieſe bleiben ſitzen. Der Schulmeiſter ſtellt ſich, oder ſetzt ſich ſo, daß er allen ins
Geſicht ſehen kann. Auch lateiniſche Worte ſoll er ſie
wo möglich, leſen lehren.

2) Schreiben. Nutzen deſſelben. Wegräu-
mung des Vorurtheils, die Mägdlein beſonders haben
nicht nöthig ſchreiben zu lernen. — Nicht allzu
frühe, weil man ihnen wegen ihrer Schwäche ſonſt
allerhand Unarten noch nachſehen müßte, die ſie mithin nicht ſo leicht wieder ablegen würden. Man warte,
bis ſie mit dem Leſen in der dritten Klaſſe anfangen
können, zu ſchreiben. Da will faſt vonnöthen ſeyn,
daß die Schuldiener ſich im ordentlichen und ſaubern
Schreiben fein ſelbſten feſtſetzen, dazu etliche Kupfer-
vorſchriften ſich anſchaffen, und nicht mit Fraktur und
Zügen ſich lange aufhalten. —

Nebenvortheile: Sich recht setzen, Papier recht legen, Federn recht halten ꝛc. — Grundregeln: Strichlein, Züge, Linien; aus i, a, und c: n, m, u, o, v, r, u, w. — Buchstaben über sich: b, d, k, l, ll, ß, t. unter sich, g, p, q, x, y, z. über sich und unter sich, f, ff, s, ss, h, ß. Vormalen auf der Tafel: — Die Kinder selbst Hand anlegen lassen, erst auf der Tafel, dann die Feder in der Hand, auf dem Papier. Nach den einzelnen Buchstaben ihr aneinander hängen vom leichtern zum schwerern.

Vorschriften erst bey der andern Rotte der Schreibenden. Ungelernige sollen sie unter ihre Schrift legen und nachmahlen. (Wer giebt ihnen dazu das Postpapier?) — In der dritten Rotte giebt man erstlich lauter Substantiva, um der großen Buchstaben willen und des Unterschieds: dann eine einzige ganze Linie von einem Spruch, dann einen ganzen Spruch. Alle Vierteljahre jeder Rotte einerley Vorschrift, aber alle Wochen die Kinder untereinander die Vorschriften wechseln lassen: So kommen sie zu einem Ganzen. — Gerade Linien sie ziehen lassen, durch Unterlegung schwarzer Fraktur-Linien. — Den Weitergekommnen giebt man etwas aus dem Gedruckten abzuschreiben, oder vom Diktiren nachzuschreiben, oder zuletzt auch aus dem Kopf etwa einen auswendig gelernten Spruch. Mitunter mag man sie einen Brief an Eltern oder christliche Freunde von freyen Stücken zu schreiben anhalten. — In Gegenwart des Kindes das Geschriebne fleißig durchsehen und verschiedne Handschriften sie kennen lehren.

3) Rechnen. Erst in der dritten Klasse zu treiben. Bey der ersten Rotte das Einmal Eins, bey der zweyten die vier geringern Spezies, bey der dritten Dividiren, Regelbetri und Brüche, „ bey welchen es in einer teutschen Schul gar wohl zu laſſen iſt. "

S. 73. Kap. 5. Von richtiger Eintheilung der Zeit und Stunden. Erſte Stunde ¼ Stunde Geſang, ¼ Stunde Gebeth und andre geiſtliche Uebungen. 2te Stunde: Auffagen der 1ſten und 2ten Klaſſe, jedes Kind beſonders: — Aus der dritten läßt man nur etliche leſen. 3te Stunde: Auswendiglernen und herfagen, „ nicht ein jeder alles, ſondern ein Verslein um das andre, ein Geſetzlein um das andre, und ſo, daß jeder ſich gefaßt halten muß, auf jedesmaliges Aufrufen fortzufahren.

So Vormittags alle fünf Wochentage, den Freytag ausgenommen. „ Nachmittags iſt die erſte „ Stunde mit dem gemeinen Gebeth und einem Seuf- „ zerlein: O Herr, Hilf! zc. oder: Herr! leſe „ uns thun nach deinem Wohlgefallen! anzufangen, „ hernach läßt man die aus der erſten und andern „ Klaſſe auffagen, und die aus der dritten indeſſen „ das aufgegebene auswendig lernen auf den Freytag. „ In der zweyten Stunde fordert man von denen in der „ dritten Klaſſe ihre Schriften, korrigirt ſie, läßt ſie „ in Briefen leſen, und ſchließt ſo dann mit Singen „ und Bethen. "

„ Kommt dann der Freytag, so ist derselbe über
„ die erste nach der gemeinen Ordnung angewendete
„ Stunde noch ferners zu dem Christenthum ganz ge-
„ widmet. Kommt Vormittags der Gottesdienst da-
„ zwischen, so kann doch etwa nach der Kirche noch
„ ein ganzes oder halbes Stünblein erobriget werden,
„ wenigstens aus der Predigt zu sagen. Nachmittags
„ aber muß nach dem Gebeth sogleich von denen in
„ der dritten Klasse die Kinderlehre, nebst dieser
„ einer von denen auserlesnen Psalmen, und endlich
„ auch ein geistliches Lied erfordert werden. Von denen
„ in der mittlern läßt man den Kathechismum auf-
„ sagen, und was sie sonst gelernt: Es ist aber nicht
„ nöthig, daß jedes Paar den ganzen Kathechismum
„ spreche. Die in der ersten Klasse aber können das-
„ jenige auffagen, was sie gelernt, und nachsprechen,
„ was ihnen noch weiter zu lernen wird vorgesprochen,
„ dessen ein Schuldiener, ob es schon Mühe kostet,
„ doch nicht soll überdrüssig werden. “

Kap. 17. Von Erhaltung guter Zucht. „ Bey
„ allem Fleiß, Geschicklichkeit ꝛc. wird kein Schul-
„ meister ohne Zwang und Zucht zu recht kommen
„ können. Alle Kinder seynd von Natur nicht zu
„ dem Guten, sondern vielmehr zum Bösen geneigt.
„ Dasselbe zeiget sich an den Allerkleinsten in Worten
„ und Werken, ja auch in Gebehrden, dazu kommt
„ die Welt von aussen — böse Beyspiele. —
„ Da wird nun ein sehr vorsichtiges und kluges
„ Traktament erfordert, damit es mit der Zucht
„ nicht mehr verderbe. “ — Solang und möglich,
Liebe, Freundlichkeit und Sanftmuth. —

„ „ Dieser fanfte und gelinde Weg muß fon-
„ derlich bey Erlernung des Christenthums ge-
„ braucht werden: Das läßt sichs insgemein, wie
„ auch sonsten das übrige Lernen, nicht mit harten
„ Worten und vielen Streichen einzwingen. Anders
„ aber verhält es sich mit dem Leben und den
„ Sitten der Kinder. Hier ist scharfe Zucht schon
„ ehender zur Hand zu nehmen, und vor allen Din-
„ gen muß das Böse verhütet *) werden. „

1) Lust durch Gebeth und bewegliche Vorstellungen,
2) Gelegenheit durch beständige Beschäftigung,
auf für zu Haus, und durch Aufsicht. — Ins besondere die besondere Neigung eines Kinds zu dieser oder jener Sünde beobachten, und vor ihr zu
verwahren suchen, vornehmlich wenns bey den Eltern
selbst nicht allzurichtig hergeht. Wenn aber all solchen
Warnens und Hütens ungeachtet die Kinder dennoch
mit ihrem Muthwillen und Bosheit durchbrechen,

L 4

---

*) Verhütet. Dieses ist nicht konsequent. — Hat das
Kind Neigung zum Bösen im Herzen, so können nur
die Ausbrüche des Bösen verhütet werden, das Böse
selbst aber tobt innen nur heftiger, wie eine verschloßne
Flamme. — Es muß also heißen, das Böse muß ausgerottet werden, und das ist schwerer. — Aber es
scheint, sobald man einen Augenblick die Dogmatik ver-
gißt, sey man wirklich der Meynung, das Böse brauche
nur verhütet zu werden.

so muß die Schärfe nothwendig gebraucht werden, und zwar am heftigsten, wenn sich ein grobes Laster äufferte, wobey der Pfarrer zu Hülfe zu ziehen ist. „ Aber er muß auch die sonst gemeine, doch meistens „ unerkannte Jugendsünden nicht in ihrem Herzen auf „ kommen lassen, als da ist unnöthige Versäumniß des „ Gottesdienstes, Schlafen, Schwatzen in demselben : „ den lüderlichen und unbedachtsamen Mißbrauch des „ theuren Jesus Namen, die Kaltsinnig = und Schläf= „ rigkeit im Gebeth, das Läugnen und Lügen *), „ grobe unsläthige Reden, Annahmen, Scheltwort, „ Fuggern und Mätzeln, dadurch sie öfters gewohnt „ werden, den Eltern abzutragen, Spielen **), „ Balgen, Vermessenheit, Muthwillen, Rasche= „ reyen und Unmässigkeit im Essen und Trinken, Faul= „ heit ꝛc. ꝛc. Gegen all diese Dinge Zucht, doch nicht „ ohne vorhergegangne Ueberlegung, was dem „ Kind für Gelegenheit gegeben worden, ob es sonst „ folgsam und fromm, oder mehrmals boshaftig, „ ob es Vorsatz oder Schwachheit, frech und ver= „ messen, oder aus Unbedachtsamkeit, ob es vor an= „ dern und öffentlich, oder nur für sich und allein „ gesündigt! Ob es nach der Sünde sich demüthig „ und reuend, oder unverschämt und halsstarrig „ zeige. “ — Die Strafe kann bestehen in Wor=

---

*) Läugnen und lügen würde ich unmaßgeblich zu den groben Lastern rechnen.

**) Spielen?

ten, nicht zwar dem Kind zu suchen, oder wüste Namen zu geben, sondern es zu überzeugen und nachdrücklich auch mit Bedrohung zu verweisen: oder in Streichen, wozu aber nie zu schreiten, das Kind wisse dann vorher, warum es gezüchtiget werde und sey überzeugt, es habe die Zucht verdient. Alsdann kann zur Ruthe gegriffen werden, in welcher nach dem Zeugnis der Schrift ein besonderer Segen stecket, und mit welcher man dem Kind zwar wehe thun, aber nicht so leicht schaden kann, wie mit Stecken, sonderlich, wenn die wider den Kopf gehn. — Man muß sich aber hiebey wohl in acht nehmen vor dem Zorn. Besser ists, man begleite solche Zucht mit Seufzern zu Gott, und umbinde gleichsam die Ruthe der Zucht mit einem andächtigen V. U. Uebrigens alles ohn' Ansehen der Person. — Hingegen muß bey allen und jeden Gelegenheiten auf das Gute gedrungen werden. Pflichten gegen Gott und seinen Dienern, *) ihre Vorgesetzte, und sich selbst, ihre Seelen unbefleckt von der Welt zu erhalten, ein gutes Gewissen zu bewahren, ihre Zeit wohl anzulegen,

---

*) Ich wünschte, daß die protestantitische Geistlichkeit für jetzt und immer auf diesen Titel Verzicht thäte, der ihr durchaus in keinem vorzüglichen Sinne zukommt und so schädlichem Misverstand und Misbrauch unterworfen ist. Der aufgeklärte, d. h. von Rechtswegen der protestantische Geistliche macht hoffentlich um seiner Pflicht willen die Menschen zu unterrichten auf kein näheres Verhältnis zur Gottheit Anspruch, als jeder andre Mensch hat, der seine Pflichten kennt und erfüllt.

ihres Berufs zu warten, auch ihren Leib als einen
Tempel des guten Geistes wohl in acht zu nehmen,
dazu soll sie alle Morgen der Schuldiener antreiben,
mit Erneurung des Taufgelübdes: An kräftigen
Formularen dazu wird es ihm sein Pfarrer und Deka-
nus nicht fehlen lassen. „Er muß aber auch die
„Kinder in solch erneuertem Taufbunde getreulich
„erhalten und fortsetzen, muß ihnen die Laster ver-
„haßt und die Tugenden beliebt und angenehm ma-
„chen. Durch Vorstellungen von den Eigenschaften
„Gottes und ihrem eignen Glück auch mit Sprüchen
„und Exempeln in und außer der Schrift. Auch
„muß er den Kindern an die Hand geben, wie sie
„alltäglich sollen ihr Gewissen vor Gott prüfen. "

Die Seele einer guten Disziplin giebt des Schulmeisters Autorität mit Ansehen. Die erhält er, wenn
er vorderst Gott selbsten darum anrufet, weil
von ihm alle Ehre kommen muß. Ferner für seine
Person exemplarisch lebet, weil die Jugend doch
immer mehrers aufs Werk als auf Worte sieht, wenn
er auch weiter weis, die Herzen der Kinder klüg-
lich zu gewinnen, und zu solchem Ende Ernst und
Freundlichkeit miteinander verbindet, und wenn er
endlich in seinem Umgang bedachtsam verfährt, auch
in seiner Kleidung und Gebehrden den Wohlstand
beobachtet. Da er hingegen durch Uebereilung, Ge-
waltthätigkeit, Gemächlichkeitsliebe, Menschenfurcht,
auch durch Scherzen und Kurzweilen mit ihnen leicht
um alle seine Achtung kommen kann.

Der Schuldiener soll Herz und Auge nicht nur an die Schul binden, sondern auch auſſer derselben Aufſicht tragen. — Mit den Eltern kommuniziren, bey andern, sonderlich ihren Mitschülern sorgfältig ſich erkundigen, wie ſie ſich hier und da verhalten, auch alle ſeine Schüler so gewöhnen, daß keiner von dem andern nichts ungebührliches leide, ſondern, wenn es etwas erhebliches iſt, dem Schulmeiſter in der Stille anzeige. Dazu nicht nur öffentliche Cenſores, in und auſſer der Schule, ſondern auch, wenn er in ſeiner Schule Kinder hat, die von beſonders guter Conduite, Frömmigkeit, Redlichkeit ſind, ſo ſoll er ihnen insgeheim beſonders befehlen, ihm von allem, was ſie ſowohl Gutes, als Böſes an ihren Mitschülern ſehen, Nachricht zu geben, mit der Verſicherung, daß ihrer keines von ihm ſoll verrathen werden. — Alle Gelegenheit, Böſes zu hören und zu ſehen, ihnen ab-ſchneiden, deswegen ſie nicht zu üppigen Dingen Licht-kärzen, Spielen, Gauklereyen und Eitelkeiten laſſen, ſondern daran ſeyn, daß ſie mit böſen ausgezeichneten Kindern keine Gemeinſchaft haben — In den Va-kanzzeiten ſoll er ihnen erlaubte Ergötzlichkeiten unter ſeiner Aufſicht machen, auch wo er ihnen auſ-ſerordentlich eine Belohnung zuwege bringen kann, es thun. — Endlich ſoll er ſie auch in der äuſſer-lichen Aufführung die Proben ihrer Tugend ablegen laſſen, in Beweiſung der Ehrbarkeit, Reinlichkeit, Höflichkeit. — Daher er ſie anzugewöhnen, daß ſie im Gottesdienſt andächtig und ſittſam gegen alten und fremden Leuten ehrerbietig, auch beym Ausgehen aus Schul und Kirche artig ſeyn ſollen. ꝛc. ꝛc.

Man sieht ohne mein Erinnern, daß dieser zweyte
Theil der Schulordnung, in dem Verhältnis, so wie
er auf die schon gerügte Idee weniger Beziehung
hat, besser sey, und sogar manchen fruchtbaren Keim,
von neuern Erziehungsschriftstellern mehr entwickelter,
pädagogischer Anleitungen und Wahrheiten enthalte.
Ich bin mit Absicht in meinem Auszug weitläufiger
gewesen, und habe manchen guten Wink und manche
passende Stelle ausgehoben, um zu zeigen, daß man
mich sehr verkennen würde, wenn man mir die Absicht,
blos zu tadeln, zutraute. Es ist übrigens ganz natürlich, daß bey so großer Verschiedenheit des Prinzi-
piums, von dem diese Schulordnung ausgeht, mit
dem, von welchem ich ausgehen würde, manche Behauptungen eben gar nicht nach meinem Sinn seyn
können. Indessen wird, was ich einzuwenden habe,
theils, wenn ich die gewöhnliche Methode des Unterrichts darstellen, theils, wenn ich einige Vorschläge
zur Verbesserung thun werde, von selbst in die Augen
fallen: Folglich hier nur einige allgemeinen Bemerkungen: —

1) Diese ganze Anleitung enthält blos Winke,
deren Benützung den Fähigkeiten, den Einsichten und
dem Menschenverstand der Schulmeister überlassen ist.
Sie setzt folglich, um brauchbar zu seyn, Ueberle-
gungsfähigkeit und Kultur voraus, die der Schulmeister, im Ganzen genommen, bey der gegenwärtigen Verfassung nicht hat. Folglich ist im Grunde
nichts damit gewonnen. — Die Regel mag er zuweilen wohl fassen: Aber wird er dann nicht die

Ausnahme vernachläßigen? — Den guten Willen,
sich nach diesen Vorschriften zu bilden, wird er zuweilen wohl haben: Aber wird er diese Vorschriften
nicht misverstehen? Wird er sie auf die tausend
verschiedene Fälle wohl anzuwenden wissen!

2) Vorzüglich mißfallen mir eben um dieser
geringen Fähigkeiten willen, die sich bey unsern Schulmeistern voraus setzen lassen, die viele unbestimmte
Ausdrücke, die dann vorkommen. Z. B. Was ist
dann grobes Laster? Und ist dann Lügen und
Läugnen, das unter die gemeine Jugendsünden gerechnet wird, keines? Wird denn alles Spielen
für unerlaubt erklärt? — Giebts dann gar keine
Art von Scherzen und Kurzweilen, welche der
Schulmeister, und wohl gar mit sehr glücklichem Erfolg, sich erlauben könnte, oder wohl gar müßte?
Besteht nicht die ganze große Kunst des Unterrichts
darinn, allen Unterricht den Kindern kurzweilig
zu machen? — Ferner: Man verbiethet den Kindern Lichtkerzen, Spielen, Gaukeleyen und Eitelkeiten! Was wird ein Pedant oder ein Frömmling
von Schulmeister nicht alles unter diese Rubrik bringen! — Oder wenn den Kindern Uunamen, Scheltworte, Juggern und Merzeln, Spielen, Balgen,
Vermessenheit, Muthwillen, untersagt wird, ist
jede Aeusserung ihrer Lebhaftigkeit Muthwillen? Ein
unglückliches Kind, das nie muthwillig ist, und noch
unglücklicher das, welches nie muthwillig seyn
darf!

3) Aus dem nemlichen Grunde ists auch äufferst mislich, in eine solche Anleitung bildliche Redensarten zu mischen , wie z. B. sich unbefleckt von der Welt erhalten , Schäflein auf grüner Waide u. s. w.

Schulbücher.

Eh' ich etwas von der gebräuchlichen Methode des Unterrichts sagen kann, muß ich mit meiner bisherigen Freymüthigkeit den Werth der Bücher, in denen und aus denen buchstabirt, gelesen und auswendig gelernt wird, taxiren. — Es kann nicht vom Werth ihres Innhalts an sich die Rede seyn, das versteht sich, son- dern blos von seinem relativen Werth für Kinder. Diesen Gesichtspunkt muß man niemals aus den Augen verlieren, oder ich bin in Gefahr ungerecht beurtheilt zu werden.

Da ist nun das erste, das eingeführte Buchstabier- buch. Es hat den Titel :

Neu eingerichtetes A B C Büchlein. In einer ordentlichen Sammlung von auserlesenen Wörtern, Namen, biblischen Sprüch = und Gebethlein samt dem brenzischen Katechismo — — zum Gebrauch der Schulen im Herzogthum Wirtemberg. Mit gn. Privil. Stutgardt. Druckts und verlegts Christoph Gottfried Mäntler.

Man findet hier 1.) die Buchstaben, zum theil mit Rücksicht auf die Ordnung, wie sie beym Schreiben einer aus den Zügen des andern entstehen. 2.) Ganz einfache Silben. 3) Worte 1 — 6 silbige, mit Rücksicht auf die Verschiedenheiten im Verhältnis der Selbstlauter und Mitlauter. — In der Wahl der Worte ist hier oft sehr viel zu tadeln, ausser einigen Provinzialismen z. B. Gölte, Kübel, Pfifferling, Scheue rc. einigen Sprachunrichtigkeiten z. B. Kruke (statt Krüke) Finsternuß (statt Finsterniß) Burger (statt Bürger) Ohnerfahrenheit (statt Unerfahrenheit) Kantengiesen (statt Kannengiesen) Galge (statt Galgen) Mödel (statt Modell) rc. rc. — Unverständliche Ausdrücke, wie Galone, Wiedertäufer, kommen selten vor. — Hingegen sehr viele Namen von Personen und Ländern theils aus dem alten Testament, theils aus apokryphischen Büchern hätten doch offenbar weniger eine Stelle verdient, als Teutschland, Schwaben, Wirtemberg, Josef, Friederich Karl rc. rc. Auch das ist ein Fehler, daß Worte, deren Akzent auf der letzten Silbe liegt, wie Canal, Rubin, Metall, mit andern, die ihn auf der ersten Silbe haben, in eine Klasse gesetzt sind.

Ferner konnte sogleich hier Gelegenheit genommen werden, auf den Unterschied zwischen Nenn = Zeit = Beywörtern, ein wenig aufmerksam zu machen, wär' es auch nur, weil wir doch einmal es beybehalten haben, Nennwörter mit großen Anfangsbuchstaben zu schreiben. Aber gerade die Ausübung dieser Regel

wird hier dadurch erschwert, daß nur immer das
sechste Wort (und es sind lauter Nennwörter abge-
druckt) einen großen Anfangsbuchstaben hat.   -

Dann kommt der Katechismus, wo ich mir doch
wohl wenigstens das letzte Hauptstück von den Schlüs-
seln des Himmelreichs, verbitten darf? — Doch
davon nachher.

Dann einige kleine meistens gut gewählte Sprüche,
worunter ich freylich z. B. Rom. X. 4. nicht rechne: Christus ist des Gesetzes Ende: Wer an ihn
glaubet, der ist gerecht,
        welchen schwerlich ein Schulmeister und noch
weniger ein Kind, versteht.

Oder Eph. II. 30. Betrübet nicht den heiligen
Geist Gottes, damit ihr versiegelt seyd auf den Tag
der Erlösung.

Oder Sprüchw. XXII. 15. Thorheit steckt dem
Knaben im Herzen, aber die Rute der Zucht wird sie
fern von ihm treiben. — Dies mag wohl zu Salo-
mo's Zeiten wahr gewesen seyn, dessen Vater eine so
unglückliche Kinderzucht hielte: Aber ich hoffe, jetzt
haben wir andere und bessere Mittel. Es ist, dünkt
mich, oder sollte wenigstens zwischen der alt = und
                                                    neu-

neutestamentlichen Pädagogik der nemliche Unterschied
seyn, wie zwischen der alt = und neutestamentlichen
Religion, die ja nichts anders, als göttliche Päda=
gogik ist. In der Religion keine Opfer mehr, und
in der Erziehung, von Rechtswegen, d. h. wenn
alles andere so wäre, wie es seyn sollte, keine
Ruthe.

Eben so hätte, dünkt mich, um der bildlichen
Ausdrücke und um eines gewißen Nebenbegriffes
willen, Röm. XIII. 14. wegbleiben sollen. ——
1. Joh. III. 7. ist ziemlich gedankenlos abgeschrieben:
Kindlein! lasset euch niemand verführen. Wer recht
thut, der ist gerecht (gut, from) gleichwie er (wer?)
gerecht ist.

Ueber die Gebethlein möcht' ich gerne nichts sa=
gen, wenn nicht gerade dieser Punkt mir so sehr
am Herzen läge. Aber wer kanns verdauen, wenn er
hier, in einem Buch für den Unterricht der zartesten
Kinder, ließt:

Des Vaters Huld mich heut' anblick,
Des Sohnes Güte mich erquick,
Des heiligen Geistes Glanz und Schein
Erleuchte meines Herzens Schrein. *) Amen!

---

*) Ich weiß noch aus eigner Erfahrung, wie das Wörtchen
Schrein mich ehemals gekreuzigt hat. Aus der Analogie

oder :

Gott Vater ! nimm mich in deine Hut !
Gott Sohn ! wasch mich mit deinem Blut !
Gott heil'ger Geist leite mich,
Daß in den Himmel komme ich, Amen !

Wenn ich auch von der Geschmacklosigkeit solches Zeugs abstrahire, welche schiefe, falsche Vorstellungen erzeugen sich dadurch und setzen sich unausbleiblich fest in den Seelen der Kinder!

Am Ende nach den Zahlen V. 1 — 1000, auch Römische.

Ist man mit diesem zu Ende, so kommt die Reihe ans wirtembergische Schätzkästlein.

Bey künftigen Außagen möcht' ich zur Ehre meines Vaterlandes, sehr bitten, doch ja die drey erste Seiten wegzulassen, die ohnehin durchs A B C Büchlein, gottlob ! entbehrlich werden. — Da findet man S. 1. das teutsche und lateinische Alphabeth, nebst der Eintheilung der Buchstaben in Stimme oder

---

begreif ich zwar, daß es etwas ähnliches mit Kasten bedeuten müßte: Aber wie das Herz ein Kasten seyn könnte, das hätt' ich wissen mögen.

selbst lautende (einfache und zweyfache) und in
Stumme oder mitlautende Buchstaben. S. 2. u. 3.
1) Silben. 2) Namen. 3) Gebundne Silben.
Dies ist die ganze teutsche Sprachlehre in nuce.
Ueber die zwey letztern Nummern muß ich noch etwas
sagen :

Die Namen, sind zwar in Rücksicht auf die
Anfangsbuchstaben alphabetisch, aber nach keinem Uebergang vom leichtern aufs schwehrere geordnet, und
noch überdies enthalten sie beynahe lauter Ausdrücke,
wobey kein Kind, und überhaupt kein Mann, der
nicht jüdischen Sprachgebrauch studirt hat, etwas er-
trägliches denken kann. Mit allen Ständen spricht
man doch verständlich : Man hälts für eine Sünde
gegen den Wohlstand und gegen den Menschenverstand,
mit jemand, der kein Gelehrter von Profession
ist, in metaphisischen Kunstwörtern zu sprechen: Aber
mit dem Kinde spricht man hieroglyphisch, und mit
dem christlichen Kinde spricht man jüdisch. Fast kein
Wort, das der ersten Fassungskraft des Kindes gemäß, durchaus keines, das aus seiner Sfäre genommen wäre, wie, Vater, Mutter, Kind, Brey,
Steckenpferd ec. ec. sondern : Adam, Altar, Bischof,
Creutzigung, Durchbrecher, Friedenfürst (statt Frie-
densfürst) Gnadenstuhl, Heiligthum, Hohnpriester
(statt Hohenpriester) Immanuel, Kältertretter, *)

M 2

*) Ich machte mir wunderliche Begriffe von einem Kälter-
tretter. Bey mir trieb man die Kälter, man trat sie
nicht. — Und hätt' ich vollends gewußt, daß aus dieser Kälter Blut flöße, und — —

Meſſias, Opfer, Opferlamm, Zebaoth. Auch die
meiſte andere Worte enthalten wenigſtens, wenn ſie auch
an ſich verſtändlich wären, bibliſche Anſpielungen, ſo,
daß man zum voraus wetten kann, das Kind werde,
wenn es mit dieſem bekannt wird, einen falſchen Sinn
hineintragen. — Aber luſtiger ſind die gebundene
Silben, die weder Adelung noch Moritz ſoviel ich
weis, in ihre Sprachlehren aufgenommen haben.

Bſcheid, Bſucht, Bſchirmt, bſonder, Gſund,
Gſchmükt, Gſtraft, Gſchnitt, (exiſtirt denn ſo ein
Wort?) Gſchlagen. — Folglich füllen hier die
Anfangsgründe zum Leſen zwo Seiten in drey Rubriken, wobon Eine in der Sprache ſelbſt gar nicht zu
finden iſt. — — — Von 4. an, wie in
allen übrigen Schulbüchern, kommt Vorrath zum
Auswendiglernen. 1) Katechismus bis S. 22. —
Bis S. 8. 43. Gemeinen (?) Sprüche nach dem
Alphabeth. (Von jedem Buchſtaben vier) — Sie
enthalten freylich weit weniger Sitten = als Glaubens=
lehren, wobey ſich dann auch von dieſem Alter keine,
ſelbſt nur klare Vorſtellungen erwarten laſſen, ſogar
wenn man, was man nicht thut, ſie erklären wollte
oder könnte. — Man erlaube mir nur über einen
Einzigen dieſer Sprüche einige Bemerkungen, um an-
ſchaulich zu machen, wie vorſichtig man bey der Auswahl deſſen ſeyn müſſe, was man Kindern in die
Hände oder ins Gedächtnis bringen will.

Alle, die Gottſelig leben wollen in Chriſto
Jeſu, müſſen Verfolgung leiden.

Dies hatte unstreitig mehr Wahrheit zu Pauls
Zeiten, als jetzt, wo man diesen Sentenz einen Ana-
chronismus nennen könnte. — Damals war auf das
Bekenntniß des Christenthums Marter, Tod und Verfolgung gesetzt: — Aber gegenwärtig noch daraus
folgern wollen, daß der ächte Verehrer Jesu sich müßte
verfolgen lassen, wäre nicht nur ein großer Verstoß
gegen die Erfahrung, sondern auch an die Weisheit
der göttlichen Regierung lästernder Gedanke, die nicht
nur nach philosophischen Begriffen, sondern selbst nach
der Lehre Jesu mit der Ausübung unserer Pflichten
unsere Glückseligkeit, davon einen großen Theil
auch die Achtung und die Liebe der Rechtschaf-
nen ausmacht, (und dies kann dem wahren Christen niemals fehlen,) unzertrennlich verbunden hat.
Wenn Gott Gott und des Christenthums Stifter seyn
soll, so muß dies wahr seyn: Das Christenthum
muß schon in unsern gegenwärtigen Verhältnißen uns
ruhig, zufrieden und glücklich machen, wogegen die
Verfolgungen in den Zeiten seiner Gründung kein
Einwurf sind: Denn fast immer sind für die Bewir-
kung eines allgemeinen Vortheils einige das Opfer
geworden: Auch muß ja bey unserer Verfassung allen
oder doch die meiste Veranlassung zur Verfolgung
schlechterdings wegfallen, selbst wenn man nach einer
engherzigen Orthodoxie treue Anhänglichkeit an ehrliche
Lehrmeynungen unter Christenthum verstehen wollte. —
Nun denkt bey dieser Stelle das Kind entweder gar
nichts, und dann ists ein Beweis, daß sie nicht zu
seiner Fassungskraft stimme, oder es nimmt die Worte,
wie sie da sind, und dann erhälts einen falschen Begrif, welcher noch überdies der Keim einer schädlichen

M 3

Schwärmerey werden kann: Oder es zieh gar noch
Folgerungen, und da scheint mir dann keine natürli-
chere als diese: So muß es also recht gut seyn
nicht gottselig leben, damit man keine Verfolgung
leide. —

Ich weiß wohl, daß man diese und ähnliche Ausdrücke der Apostel gewöhnlich misverstehe, und daß
jeder Schwärmer und jeder Heuchler sie im Munde
führe, wenn jener verlacht oder dieser verachtet wird:
Aber man frage jeden wahrhaftig frommen Mann,
ob er, als frommer Mann, verfolgt worden, und
ob ihm nicht die Liebe aller Guten reichlicher Ersatz
für alle Schickanen des Schurken gewesen sey, die
doch ins alte Nichts zurückfallen mußten, wenn die
Rechtschaffenheit weder rechts nach links weicht, und so
gerade zum Ziel gelangt?

S. 43 — 98. Auserlesene Sprüche nach der
Heilsordnung: 1) Glaubenssprüche: Die Marginalien
bezeichnen ihren Innhalt: Der ewige Gott, der da ist
einig im Wesen, und dreyfaltig (statt dreyeinig) in Personen, hat von Anfang die ganze Welt erschaffen, Gen. I.
1 — 3. darinn aber auch den Menschen, Gen. II. 7.
und zwar in einem recht seligen Stand, Gen. I. 27.
Er ist aber durch Verführung des Satans heraus,
und ins Verderben gefallen, Röm. V. 12. und hätt'
ihm niemand helfen können, P. XLIX. 8. 9. *) ꝛc. ꝛc.

---

*) Guter Gott! das nenn' ich Exegese!

2) Lebens = Sprüche: 1. Nach dem Christenberufe demnach zu meiden : des Satans Einraunungen Eph. 17. 11. 12. (ich sehe nicht , wie ich Einrau= nungen eines Wesens meiden könne , das ich nicht sehe nicht empfinde nicht einmal höre.) 3) Leidens Sprüche. 4) Sterbens = Sprüche. 5) Fest = Sprü= che , die auf jeden Fest = und Feyertag können gelernt werden. 6) Gemeiner Zeit = Sprüche , z. B. auf die Wochentage , wo der zureichende Grund der Aus= wahl in Wortspielen liegt. Z. B. Dienstag : P. II. 11. 12. dienet dem Herrn 2c. Mittwoch : P. 88. 7. Wenn ich mitten in der Angst wandle 2c. Donnerstag: Hiob. 32. 5. Gott donnert 2c. Freytag : Gal. V. 1 So bestehet nun in der Freyheit 2c. S. 99. — 126. Beweis = und Erläuterungs = Stellen für die sechs Hauptstücke des Katechismus. S. 127 — 133. Eine christliche Haus = Tafel , d. h. Sittenlehre in biblischen Stellen für die verschiedene Verhältniße der Menschen. *)

Dann kommen die sieben Bußpsalmen. — Ich weis , daß man einen vorzüglichen Werth auf diese

M 4

---

*) Sie beginnt , wenn ich mich noch erinnere , so. Den Bi= schöffen , Pfarrern und Predigern welchs billig , die erste sind. — Uns war dieser Anfang merkwürdig um des fremden Klangs willen von Bischof. Wenns da ans Aufsagen kam , so riefen wir : Gebt acht : Man sage den Bischof.
d. h.

sezt und besonders wegen der besondern Achtung , die
Luther für sie hatte. Aber man sollte doch bedenken,
daß Luther damals seine guten Gründe hatte sie anzupreisen, weil er sie für andere, sinnlose äusserliche
Busübungen für Tezeliaden ꝛc. substituiren wollte;
Daraus, und aus der ganzen Art, wie dieser große
Mann sich seine Denkungsart und sein System bilde-
te, läst sich erklären, daß er mit einer gewissen Vorliebe
diese Psalmen aus der Zahl der übrigen aushob. —
Aber wir — sollten doch andere Begriffe von Busse
haben, als David und Luther! Für alle Menschen
können sie unmöglich passen (denn nicht alle Menschen
befinden sich in Lagen, wie David) und am wenigsten für Kinder, die über ihre Sünden jammern
sollen, ehe sie noch recht wissen, was Sünde sey.
Wenn der Dichter im ersten Buspsalm sagt: Wer
wird dir in der Hölle danken? — Welche schiefe
Begriffe für ein Kind! Oder: „ Es müssen alle
meine Feinde zu Schanden werden, und sehr erschrecken: “ — Welcher Kontrast in seinem Gehirn
mit der sanften Sittenlehre Jesu! — Wie übertrieben für die Lage eines Kindes sind die Bilder im
dritten! — „ Meine Wunden stinken und eitern vor
meiner Thorheit! “ — Ich erinnere mich, daß ich
dies niemals ohne Widerwillen und Eckel sagen konnte. — Eben so wars im vierten Buspsalm V. 5.
„ Siehe, ich bin aus sündlichem Samen gezeugt,
und meine Mutter hat mich in Sünden empfangen,
eben nicht die brauchbarste Maxime für ein Kind, um
Ehrfurcht für seine Eltern zu lernen, wenn zum Glück
das Kind nicht beynah' eben so unfähig wäre „ das
Böse zu begreifen, das drinn liegt, als das Gute,

das drinn liegen soll! — Am liebsten war mir der
fünfte: Denn ich gefiel mir als Rohrdommel in der
Wüsten und als Käuzlein in den zerstörten Städten,
wenn ich schon weder wußte was Rohrdommel noch
was Käuzlein wäre. Weiterhin hat der Psalm etwas
feyerlich — sehnsuchtsvolles, das mich anzog. Dem
sechsten und siebenten konnte ich schlechterdings keinen
Geschmack abgewinnen, vielleicht weil sie weniger bil-
derreich sind. — Ich weis nicht, ob andere glücklicher
waren, und vielleicht neue Erleuchtung erfuhren, die
niemals mir zu theil ward.

Nun folgen die nöthige Gebethe und Seufzer
für die christliche Schuljugend, die Verse ganz im
Geschmack der obenangeführten: — Dawider, daß
man in der Taufbundserneuerung der Jugend liest:

Ich sag' hierauf dem Satan ab,
Und seinem ganzen Höllentrab;
Verflucht sind seine Werke,

läßt sich freylich nichts sagen, so lang es in der
ganzen protestantischen Kirche noch eingeführt ist, zum
Schibboleth der allerersten Aufnahm in die christliche
Gesellschaft die Frage zu machen:

Widersagst du dem Teufel und allen seinen
Werken?

Nach dem Schatzkästlein kommt die Reihe des Auswendiglernens an die Pfalmen, das Gesangbuch, und die Kinderlehre.

Was die Pfalmen betrift, so kann man, dünkt mich, sie in ihrem ganzen dichterischen, prophetischen und kanonischen Werth laffen, und doch behaupten, sie seyen, ohne Auswahl derjenigen, die für unsere Zeit und Sittenlehre paffen, für den gemeinen Christen überhaupt, und folglich wohl auch für Kinder, eine nicht nur unverständliche sondern zum theil auch schädliche Lektüre. Unverständlich wegen der kühnen orientalischen Metaphern der Anspielungen auf orientalisches Klima, Gebräuche, Geschichte, worinn selbst noch für Gelehrte so manche Lücken sind. Schädlich, weil die mit dem Geist der Religion Jefu schlechterdings unverträgliche engherzige National = Begriffe der hebräischen Dichter, ihre Klagen, ihre Flüche, ihre Verwünschungen das Kind und den gemeinen Mann aus allem Zusammenhang seiner Begriffe herauswerfen, und ihn in die sichtbarste (gefühlte, oder nicht gefühlte? thut nichts zur Sache) Widersprüche verwickeln. — Ich möchte wissen, wie der sich herauswinden könne, dem sein Prediger am Charfreytag Jefum den göttlichen Propheten dargestellt, wie er um Vergebnng für seine Feinde bittet, und der an nemlichen Tag zu weiterer Erbauung einen Fluchpfalm Davids auch des göttlichen Propheten liest. Denkt er nun weiter nach, wer am meisten Recht gehabt hätte, zu fluchen, und die Wage neigt sich so sichtbar auf Jefu Seite, so muß seine Verlegenheit noch

größer werden. Daß und wie Gelehrte diesen Widerspruch zu vereinigen suchen, oder vereinigen können,
davon ist ja die Rede nicht, sondern vom Kinde, dem
hier mit der Einen Hand genommen wird, was man
ihm mit der andern giebt. Oder sagt man: Die Kinder denken nicht so weit: Nun dieser Meynung bin
ich auch! Also hat man leer Stroh gedroschen! —
und im Grund heißt dies nichts weiter, als einem
Kind ein scharfes Messer in die Hand geben, in der
Hoffnung, daß es sich nicht damit schneiden werde!
Oder man sagt vielleicht: Man darf den Kindern ja
nur erklären, aus welchem Gesichtspunkt David ge-
flucht habe und habe fluchen müssen, den Feinden der
Theokratie, die folglich auch Feinde Gottes waren.
Darauf antwort' ich: 1) Angenommen, daß dies
wirklich überall der Fall sey, Angenommen selbst die
Möglichkeit, einem Kinde so etwas zu erklären, und
die Fähigkeit des Schulmeisters, es erklären zu wollen
oder zu können, so muß man also dem Kinde sagen:
Dies ist jetzt nicht Recht: Aber es waren damals
andere Zeiten, wo es Recht war. — Gut! und
was gehen das Kind jene Zeiten an, wo es Recht
war, d. h. jene Zeiten in dieser Beziehung? Und
warum soll das Kind Gesinnungen auswendig lernen,
die es nicht annehmen darf, und unter lauter Materialien, woraus es sich Muster und Vorschriften für
sein Verhalten ziehen soll? 2) Wie will man bey
aller Vorsicht verhüten, daß es nicht den Begriff:
Wer nicht von der wahren Religion ist, der ist Gottes
Feind, wenigstens dunkel auf seine Religion übertra-
gen, und so den ersten Grund zur Intoleranz lege,
der eben von unserer Jugend her uns allen so

gewöhnlich und beynah' in Empfindung übergegangen iſt, ſo daß nur der Aufgeklärtere, und nur durch Nach- tenken und helle Begriffe ihre erſte Bewegungen unter- drücken, und vielleicht niemals ganz ausrotten kann. — Denn es iſt eine Erfahrung, die ich zu meiner Befrem- dung immer noch an mir ſelber mache, deſſen Grundſätze wenigſtens gewis das Gegengift aller Intoleranz ſind, daß der erſte Eindruck, den ein Menſch von einer andern Sekte, ſey es ein Jude, oder ein Katholike, oder ein Reformirter ſogar, auf mich zu machen pflegt, mit einem gewiſſen unfreywilligen widrigen Gefühl ver- bunden ſey, wo ich nun zu verhüten habe, daß es auf die Perſon übergehe, und deſſen Urſprung nicht nirgends anders, als in den dunkeln Vorſtellungen von der Kindheit ſuchen und finden kann.

Eben ſo zuverläßig läßt ſichs vom wirtembergiſchen Geſangbuch ſagen, daß es kaum ein einziges Lied enthalte, welches der Faſſungskraft der Kinder ange- meſſen wäre, und der Schaden iſt hier um ſo bedeu- tender, da ich Lieder um ihres Rythmus willen dem Gedächtniße ſo leicht einprägen, und folglich nicht einmal das tröſtliche „ in ſpem oblivionis „ anſchlägt. Zu dem, welche Menge treflicher Kinderlieder, die Tugend und Sittenlehre von der ſchönſten und faſ- lichſten Seite darſtellen und empfehlen, beſitzen wir! Aber von dieſen allen wird kein Gebrauch gemacht! Es iſt hier nicht der Ort, von den Mängeln dieſes Geſangbuchs, das einen ſo wichtigen Theil unſers Gottesdienſtes umfaßt, im Allgemeinen zu reden, auch nicht die Zeit, weil ſeine Verbeſſerung ſchon ſeit eini-

gen Jahren zur Sprache gekommen ist, und weil wir
folglich nahe Hoffnung haben, die Anstösse unsrer
Erbauung, die sich so häufig darinn befinden, aus dem
Wege geräumt zu sehen: Aber niemand wird, selbst
alsdann, dies Buch ein Buch für Kinder, und für
die Uebung ihres Gedächtnisses seyn. Immer noch
werden seine Begriffe und Vorstellungen dorten ausser
dieser Sfäre liegen, und man wird befürchten müssen,
daß es alsdann, wenn die Entwicklung seiner Kräfte
bis zur Fähigkeit, positive Religionswahrheiten nicht
mißzuverstehen, fortgeschritten seyn wird, theils seine
kindische Begriffe, theils eine gewisse Abneigung gegen
das, was es einst zu lernen gezwungen war, als
Hindernisse seiner künftigen Erbauung, d. h. seines
Unterrichts und seiner Besserung, mitbringen werde.
Wir sind nun einmal so: Was wir thun müssen,
thun wir ungern, und wenn man uns tausendmal
sagte, daß es zu unsrer Wohlfahrt unentbehrlich sey,
solange thun wirs ungern, als unsre eigne Ueberzeugung, unsre eigne Anschauung der Zweckmässigkeit
der Sache den Zwang nicht aufhebt. Und dies ist
bey Kindern nicht und kann bey Kindern nicht seyn.
Ihre Lebhaftigkeit ist zu groß, um sich an eine
Sache zu heften, die ihnen Langeweile macht, und
alles, was sie nicht verstehen, macht ihnen nothwendig
Langeweile. Eben so wenig hat ihr Geist das Um-
fassungsvermögen, um etwas deswegen gerne zu thun,
weil es ihnen für die Zukunft nützlich seyn wird.
Das Kind kennt keine Zukunft und Gegenwart.
Daher sind die Versprechungen so unnütz, die man sie
thun läßt, und wodurch man sie gegen ihren Willen
zum Lügen gewöhnt: Daher sind die Vorstellungen

so zwecklos, die man aus ihren künftigen Verhältnißen hernimmt. — Es giebt nur einen einzigen Weg, Kinder aufmerksam zu machen, den, daß man der Sache für sie einen gegenwärtigen Reiz gebe! Jeder andere führt entweder nicht zum Ziel, oder ist Tiranney.

Sobald nun bewiesen ist, daß Kinder die Lieder im Gesangbuch nicht verstehen, so ist bewiesen, daß die Uebung ihres Gedächtnißes, die man daraus hernimmt, für sie zwecklos und schädlich sey. Man erlasse mir für letzt den Beweis, daß sie auch die meisten Lieder des künftigen bessern Gesangbuchs nicht verstehen werden, und lasse mich vom gegenwärtigen reden. —

Die Ordnung, nach welcher man die Lieder auswendig lernen läßt, ist verschieden. Entweder man fängt vorne an, und so ist das erste Lied:

Nun kommt der Heyden Heyland,
der Jungfrauen Kind erkannt ꝛc.

Oder man ordnet die Lieder nach dem Alphabeth und dann ist das erste:

Ach! alles, was Himmel und Erde umschliesset,
Sey von mir viel tausendmal schönstens ge-
grüsset!
Was hören kann, höre: Ich will sonst nichts
wissen,
Als meinen gekreuzigten Jesum zu küssen.

Ich weis nicht, ob diese Strophe Kindern etwa
verständlich seyn mag: Aber wenigstens mein ganzes
exegetisches Talent geht dabey zu Schanden. — Eine
Konjektur doch: das „ sey gegrüsset „ ist vermuthlich
eine Anspielung aufs lateinische " valeat.

Oder man ordnet sie nach der geringern oder
grössern Strophen und Zeilen = Menge, und dann
gehört unter die erste:

> Die Seele Christi heilge mich!
> Sein Geist versetze mich in sich!
> Sein Leichnam, der für mich verwundt,
> Der mach mir Leib und Seel gesund!

Soviel Worte beynahe soviel Ungeräumtheiten!
Dies muß ich beweisen: Die Seele Christi heilge
mich „ — Ich will ganz nach dem System sprechen: Christus ist also 1) Gott, 2) Mensch, und
als Mensch hat er a) eine Seele. — Diese Seele
nun soll uns heiligen. —

Laß meine Seele heilig, (gut und unschuldig)
werden, wie die deinige: das hätte Sinn und
Wahrheit. Indessen jenes geschieht per communica-
tionem idiomatum: d. h. Eigentlich heiligt uns die
dritte Person der Gottheit. Weil aber die zweyte mit
ihr im Wesen Eins ist, und weil die Gottheit sich
der Menschheit Jesu, folglich auch seine Seele mit-
getheilt hat, so heiligt uns die Seele Christi. W. Z. E.

So mags hingehen, so fremd es auch klänge, wenn ein Kind sagte: deine Seele lieber Vater soll mir meine Unart abgewöhnen. „Sein Geist verseße mich in sich“ So hat also Christus, b) einen Geist. — Aus der Gedankenfolge erhellt deutlich, daß beyleibe dies der Sinn nicht sey: Seine Gesinnungen sollen die meinige werden: Sondern sein Geist, der nicht seine Seele ist, verseße mich in sich! — Es ist der Begriff der umgekehrten unio mystica! Sein Geist wohnt sonst in uns: Hier wohnen wir in ihm. —

„ Sein Leichnam, der für mich verwundt,
Der mach mir Leib und Seel gesund „

c) Hat Christus einen Leib. — Man sieht hier die Begriffe gewisser frommer Bibelerklärer, nach ihrer eignen Art, die im Menschen eine Dreyeinigkeit annehmen, Seele, Geist und Leib. ($\pi\nu\epsilon\nu\mu\alpha$, $\psi\nu\chi\eta$, $\varsigma\omega\mu\alpha$) welches freylich nicht auf der glücklichsten Exegese beruht. — Indessen ist hier von seinem Leichnam die Rede, und jene Vorstellung ist dabey nur Nebenbegriff. — Menschlich also ausgedruckt, hieße dies:

Sein Tod äussere seine glückliche Folgen für die Gesundheit meines Körpers und die Besserung meiner Seele.

Daß

Daß die Menschen auch gesünder werden sollen,
weil Christus gekreutzigt worden ist, davon sagt die
Bibel nichts. — Freylich zieht die Gesundheit der
Seele Gesundheit des Körpers nach sich, in sofern zur
Gesundheit der Seele auch Mässigung in allen Trieben und Leidenschaften gehört, aber dies war gewiß
nicht der Sinn des Liederdichters — Indessen jenes
kann man dabey denken, aber ob mans denken sollte,
ist eine andere Frage. Denn es ist bloße Spielerey
mit Begebenheiten bey der Leidensgeschichte. — Der
Denker bedauert dabey die unglückliche Einhüllung der
Gedanken, weis, was der Dichter gedacht habe, und
was Er denken müsse: Aber der gemeine Mann und
vollends das Kind! Sie denken entweder nichts,
oder Unsinn, das heist auf beyde Fälle nichts. —
Weiterhin wird dann mit den Wunden Jesu Unfug
getrieben:

„ Schlies mich in deine Wunden ein,
   Daß ich vorm Feind kann sicher seyn. “

Unfug, sag' ich, mit allem Vorbedacht. —
Wer mit gemeinen Christen Umgang hat, wer an
Krankenbetten gestanden ist, der weis, wie verliebt
solche Leute in dergleichen Vorstellungsarten werden,
und wie schwer es ihm dann sey, ihre dunkle Vorstellungen auf nur etwas helle Begriffe zurückzuführen.
Wenn ich sagen kann, daß die Wunden Jesu mich
selig machen, so ist dies bildlich oder vielmehr syneb-
dotisch gesprochen, in sofern seine Wunden ein Theil
vom Ganzen seiner Lebens- Leidens- und Sterbensge-

Sch. Mus. II. B.   N

schichte sind. Aber der Pöbel, durch dergleichen Vorstellungen verleitet, schreibt jedem Theil des Leidens
Jesu seine besondere Kraft zu, versetzt sich körperlich in
seine Wunden, und an die unumgängliche Bedingung
eigner Besserung kommt ihm kein Gedanke!

Ein anders:

> Höchster Priester, der du dich
> Selbst geopfert hast für mich!
> Laß doch, bitt' ich, noch auf Erden
> Auch mein Herz dein Opfer werden!

Meinetwegen mögen diese jüdische Begriffe beybehalten werden, aber nur nicht für das Kind: Denn
sie setzen doch unwidersprechlich mehr Kenntniß der jüdischen Gebräuche, und mehr Vergleichungsvermögen
voraus, als das Kind hat. Aber man höre weiter.

> Drum so tödt' und schlachte hin
> Meinen Willen, meinen Sinn.
> Reis mein Herz aus meinem Herzen,
> Solls auch seyn mit tausend Schmerzen.
> Trage Holz auf den Altar,
> Und verbrenn mich ganz und gar.
> O du allerliebste Liebe,
> Wenn doch nichts mehr von mir bliebe.

Also ich, meine Seele, mit allen ihren Trieben, Empfindungen und Ideen ist böse, und muß vernichtet werden! — Das Werk Gottes, das Meisterstück der irrdischen Schöpfung? Vernichtet? — Die Gottheit mit sich selber im Widerspruch? — Daß durch die Lehre Jesu unsere Seelenfähigkeiten, unsere Triebe, unser Verstand, unsre Vernunft, unsere Fantasie, unser Selbst — unsere Ehre — Liebe zc. eine andere Richtung bekommen müssen, wer läugnet dies? — Aber daß sie ausgerottet, und andere angeschafft werden müssen, welche Ideen! — Dies sey genug vom Gesangbuch in Beziehung auf Kinder!

Noch weit unglücklicher aber ist der Gedanke, die Kinderlehre auswendig lernen zu lassen.

Die wirtembergische Kinderlehre ist der Inbegriff fast der ganzen lutherischen Dogmatik, in Fragen und Antworten, nach einer eignen Ordnung. Die sechs Hauptstücke des Kathechismus nemlich sind zum Grunde gesetzt und überall sind dann die dogmatische Bestimmungen eingeschaltet und angebracht. — Der locus de Religione kommt vorn unter der Rubrik vom Eingang des Kat. de Scriptura sacra vom Kathechismo insgemein. De Deo. Vom Glauben. Erster Art. de trinitate, ebendas. de Creatione ebendas. zc. zc. De peccato originali, viertes Hauptst. neuntes und zehentes Geboth zc. zc. Die Moral ist in die Erklärung der zehen Gebothe hineingedrängt, und ihre spezielle Anwendung auf die verschiednen Verhältnisse des Menschen in der Erklärung der soge-

nannten Zaustafel weiter ausgeführt — Natürlicherweise haben dadurch die theoretische und praktische
Religionswahrheiten nicht das gehörige Verhältnis
unter sich selbst und gegen einander erlangt, und von
der Höllenfahrt und Himmelfahrt und Abgötterey
z. B. kommen eigene Abschnitte vor, während die
weit wichtigere Lehren von der Vorsehung, von der
Pflicht der Menschenliebe, der Duldung, der Versöhnlichkeit ꝛc. kaum berühret sind. Zu dem kommen
unrichtige Vorstellungsarten die Menge: Z. B. drittes
Hauptst. Dritte Bitte. Wie geschieht Gottes Will im
Himmel? A. Willig hurtig und mit Freuden. —
Beweisstelle: Baruch III. 34. 35. Die Sterne
leuchten in ihrer Ordnung mit Freuden, und wenn
er sie herfür ruft, antworten sie: Hier sind wir!
und leuchten mit Freuden um deßwillen der sie geschaffen hat. — (Als ob auf der Erde Gottes Willen
nicht eben so hurtig willig und mit Freuden geschähe,
als ob die Erde, die Pflanzen, die thierische Körper ꝛc.
nicht den nemlichen Gesetzen der Bewegung, der An-
ziehung ꝛc. folgten!) Oder: Viertes Hauptst. erstes
Geboth. Den Teufeln dienen nicht allein die blinde
Heyden, Hexen und Unholden: Sondern auch alle
die, welche bey Gespenstern und Zauberern sich Raths
erhohlen, und sonst unordentliche Mittel gebrauchen,
auch insgemein alle muthwillige Sünder.

Es ist aber zu meiner Absicht genug, daß man
wisse, die Kinderlehre enthalte den lutherischen Religions-
unterricht, vor alten Jahren aufgesetzt, welcher in
den Kathechisationen, die in der Kirche mit den

Kindern gehalten werden, erklärt, und zu diesem Behuf von ihnen in den Schulen auswendig gelernt wird. — Dagegen ist nun zweyerley zu sagen.

1) **Die Kinder verstehen ihn nicht.** — Dies ist klar theils aus der Fassungskraft der Kinder, theils aus der Erfahrung. — Fürs erste findet sich da wieder die theologische Kunstsprache, z. B. Gerechtigkeit, Rechtfertigung, Heiligung, Vergebung der Sünden, Erbsünde, die nichts weniger als überall erklärt ist. Fürs andere ist hier ein ganzes System abstrackter Begriffe, wo es gleich schlimm ist, ob die Kinder sie sich versinnlichen oder nicht versinnlichen. Im ersten Fall denken sie etwas unrichtiges, und im andern nichts. — Nehme man z. B. Dreyeinigkeit. Ich ärgere mich allemal, sagte neulich ein zehenjähriger Knabe, so oft ich denken will, wie Drey Eins seyn könne, und nicht ergründe. — Sie werden doch nicht auf einander, oder in einander hucken! — Ein Knabe von minderer Fähigkeit hätte freylich dies Aergernis nicht gehabt! Fürs dritte sind diese Begriffe nicht einmal faßlich entwickelt: Jede Erklärung enthält wieder andere, die auch erklärt werden müssen, und die Erklärung von diesen eben so. Soviel können die Kinder nicht umfassen, nicht sich vergegenwärtigen. Fürs vierte, die Beweis = und Erläuterungs = Stellen sind ihnen meistens eben so dunkel wie ich oben gezeigt habe. — Aus der Erfahrung erhellt dies noch unwidersprechlicher. — Die Kinder sind zwar fertig im Herlesen oder im Herplappern, aber sobald man sie anhalten will, einen einzigen

Begriff zu entwickeln, eine einzige Folgerung zu
machen, einen einzigen Einwurf zu lösen, so sind sie
weg. Wenn mans ihnen aber erklärt? — Man
kanns ihnen nicht erklären, sondern man giebt ihnen
nur neuen Stoff für ihr Gedächtnis. Die Fähigen
werdens zwar alsdann zu beantworten wissen, aber
sobald man ihnen die nemliche Frage mit andern Ausdrücken macht, sobald man die nemliche Sache in
einen andern Gesichtspunkt rückt, so verstummen
sie. — Wir hatten einen Präzeptor, der auch zuweilen die Grille hatte, in seiner Schule Kinderlehre
zu halten. Aber er hielt sie anders als der Prediger,
und so wußten wir nichts, entweder in der Schule
oder in der Kirche. Ich kenne einen Prediger, der
Wunder glaubte, wie vortreflich er seine Sachen gemacht hätte. Er bracht es durch lange Uebung dahin,
daß seine Kinder, sobald zu antworten war, einen
Spruch oder einen aus andern Theilen der Kinderlehre genommne Antwort wörtlich herzusagen wußten.
Meistens sagt' er ihnen die Anfangssilben der Antwort,
und dann giengs, wie am Schnürchen. Man sieht
wohl, daß dies zwar nicht die Hebammen aber die
Taschenspielerkunst der Seele war. — Dies ist nun
der Fall, wies die Prediger erklären? — Und nun
nehme man unsere Dorfschulmeister.

2) Die Kinder verliehren durch dies auswendig
lernen nicht nur den guten Willen, sondern auch die
Fähigkeit, selbst zu prüfen.

Was daß erste betrift, so müßt ich mich hier wiederholen, wenn ichs beweisen wollte. — Man betrachte die Marter, die es sie kosten muß, etwas auswendig zu lernen, was sie eben so gut verstehen, als ich Arabisch. Man erwäge die Furcht vor dem rächenden Stabe des Schulmeisters! Man überzähle die fürchterliche Stunden, die sie unter jener Marter und Angst hinbringen. Man bedenke endlich, daß durch eine ganz unwillkührliche, vielleicht ihnen selbst unbekannte, und eben deswegen um so minder verdrängbare Ideenverbindung alle jene widrige Empfindungen auf das übertrage, um deſſentwillen sie sie hatten. Hierinn, und hierinn allein muß man den Grund von dem unerklärbaren Räthsel suchen, warum z. B. so wenige Latein lernen, ungeachtet sie sich eine halbe Lebenszeit damit beschäftigen. Warum unser gemeines Volk so unwissend, und so stupid ist in Dingen, worinn der ganze Unterricht ihrer Jugend bestand. Das Kind schlägt den Boden, auf dem es fällt. Das ist doch einmal die unläugbarste Thatsache, daß von Religion in den wenigsten Köpfen ein heller Begriff sey! Wenn jedes Ding eine Ursache hat, so muß es wohl auch davon eine geben. Und welche, da man sie immer darinn unterichtet? — Eben das Fehlerhafte dieses Unterrichts.

Aber auch die Fähigkeit, selbst zu prüfen, verliehren sie. — Jede Seelenkraft, die einzig geübt wird, verdrängt und schwächt die andere. Daher zeigt der Schwärmer, der nur seine Fantasie übt, so wenig Beurtheilungskraft. Daher werden aus Mangel an Scharfsinn die Vergleichungen des Wiz-

lings oft so schief. — Daher hindert auch ein star-
kes Gedächtnis das Nachdenken. Man behauptet,
daß eine gleich starke Beurtheilungskraft mit einem
gleich starken Gedächtnis nicht bestehen könne, und
man hat Recht. Aber ich glaube nicht, daß der Grund
davon in der Natur unsere Seele, oder besser, in der
Struktur unserer Fibern liege, sondern vielmehr in dem
Selbstbetrug desjenigen, welcher die Dinge leicht faßt,
und dann glaubt, daß er sie eben so leicht verstehe. —
Nun findet nach der gewöhnlichen Methode für keine
andere Seelenkraft der Kinder Uebung statt, als fürs
Gedächtnis. Diese Uebung ist noch überall mit der
größten Anstrengung verbunden, und das Kind, welches
keine Anleitung hat, wird nicht auf die philosophische
Hilfsmittel, sondern auf die mechanische fallen, wird
also nicht durch Ueberdenken und verstehenlernen des
Aufgegebenen, sondern durch Ideenverbindung und
Fantasie sich zu erleichtern suchen. Folglich tragen
selbst diese Hilfsmittel dazu bey, die andere Seelenkräfte vollends zu unterdrücken. Immer noch liegen
sie dann in ihm, wie ein vergrabner, verrosteter Schatz,
der immer tiefer in die Erde sinkt, und endlich gar
nicht mehr zu heben ist, wenn nicht ein wohlthätiger
Geist ihn anzeigt, und Anleitung giebt, ihn zu be-
schwören. — So werden sie also, was sie auswendig lernen, auch zu verstehen glauben, oder, wenn
dies nicht ist, es nicht prüfen wollen, oder, wenn sie
wollen, es nicht können. Daher kommt jene Unmöglichkeit, den Bauer zu belehren und zu überzeugen;
jene unerwartete Absprünge auf den Punkt, von dem
man ausgieng, wenn man eben glaubte, mit ihm am
Ziele zu seyn; daher jene Beruhigung beym Köhler-

glauben; jene Abneigung gegen alles neue in der
Polizey, der Oekonomie der Religion; jener blinde,
dumme Räsonnirgeist, der immer die beste Einrichtungen tadelt, und immer die vernünftigste Vorstellungsarten verwirft. Kurz jenes felices erore suo in
allen Ständen und in allen Klassen und der Wahn,
gesund zu seyn, wenn man im heftigsten Fieber liegt!

Endlich ist in unsern Schulen das Elementarbuch
der Kinder zum Lesen das Neue Testament. Man macht
nicht etwa eine Auswahl der verständlichsten Stellen,
sondern man liest fort, vom Geschlechtsregister Jesu
an bis zur Beschreibung des neuen Jerusalems. —
Also die schwere Dialektik im Brief an die Römer,
und die Bergpredigt, die Demonstrationen κατ' ανθρωπον
im Brief an die Hebräer, und die sanften Lehren
Johannes, die Dunkelheiten der Apokalypse und die
Leidensgeschichte, alles ist Eins, wird fortgelesen,
von Abschnitt zu Abschnitt, buchstabirt, geradebrecht,
eingeprügelt, aber nicht verstanden und nicht erklärt. —
Ich will hier mit einer sehr allgemeinen Bemerkung
anfangen. Alle Bibelleser unter dem gemeinen Volk,
und diese machen freylich bey weitem den kleinsten Theil
aus, vertiefen sich in die Geheimnisse der Apokalypse. — Ein neuer Beweis, daß sie nur für diejenige Seelenkraft Nahrung suchen, die mit dem Gedächtnis am meisten verschwistert ist, für die Fantasie.
Eben dies ist auch eine Hauptquelle der Liebe zum
Wunderbaren, und der Neigung zum Aberglauben
überhaupt. Daß Kinder das dogmatische des Neuen
Testaments nicht, und auch das Historische sehr oft

falsch verstehen, erhellt aus den Vorstellungsarten der Erwachsenen, und die Beweise a priori liegen in meinen obigen Behauptungen. Nun ist freylich die unangenehme Empfindung beym blossen Lesen nicht so stark, als beym Auswendiglernen: Aber immer doch entsteht Ueberdruß und Langeweile, und der Schaden ist hier auch um so grösser, weil er das betrift, was Christen das wichtigste und ehrwürdigste seyn sollte, die Urkunde ihrer Religion. Wenn man also Kindern diese Ehrfurcht einpflanzen und erhalten will, so gebe man ihnen doch ja das Neue Testament nicht zum Lesebuch, ehe sies verstehen. Schon daß ihnen diese wichtige Sache dadurch alltäglich wird, ist ein Nachtheil. Denn das Alltägliche ist nicht mehr ehrwürdig. Z. B. Das Vater Unser.

Also allen Religions-Unterricht soll man aufheben? Nein! sondern nur verständlich machen, und dabey eine gewisse Stuffenfolge beobachten.

Gewöhnliche Methode des Unterrichts.

Davon kann ich nun freylich nur Fragmente liefern. Denn um vollständig zu seyn, müßte man zu allen Zeiten, an sehr verschiedenen Orten, und unter verschiedenen Umständen dem Unterricht beygewohnt haben. Indessen halt' ich wenigstens das, was ich sagen werde, für zuverläßig, je mehr man bey unserer Verfassung sagen kann: Wer Eine Schule gesehen hat, hat alle gesehen. Die Methode pflanzt sich fort durch Tradition: Nirgends vielleicht finden sich bis jetzt Hilfsmittel zu ihrer Verbesserung, wenigstens keine solche, die über eine einzige Schule hinauswirken sollten. Und die Männer, die ich kenne, wenn sie nicht eben die Besten sind, so sind sie doch auch nicht die schlechtesten.

Gleich zum Anfang muß ich anmerken, daß selbst die unzureichenden Anweisungen und Winke, die in der Schulordnung gegeben sind, grossentheils vernachlässigt werden, theils wegen der Sorglosigkeit der Schulmeister, die ihre Schulordnung oft so wenig lesen, *) als der Jurist sein Corpus; oder der Theologe sein Kompendium, theils wegen der Menge von Schulkindern, deren Unterricht Einem Mann auf den Schultern liegt. **) Es ist nicht möglich! sagen sie! Wir müssen den kürzesten Weg gehen, damit wir herumkommen und fertig werden! — Und so bleibts beym Schlendrian: dem a b c Kinde wirds a b c vorgesagt: Dem Buchstabirenden und Lesenden wird eingeholfen: Das Schreibende bekommt für die

---

*) Dies ist Thatsache, nach dem eigenen Geständnisse verschiedener, die ich gefragt habe.

**) Im Durchschnitt kann man immer rechnen, daß 70—80 Schulkinder auf Einen Schulmeister kommen.

Fehler seine Schmisse, und damit ists gut. — Es giebt wenige ganz kleine Dörfer, wo Ein Mann für die Schulkinder hinreichend wäre, und hier sind, wegen des gewöhnlich gar zu geringen Ertrags, die unbrauchbarste Schullehrer. Also bleiben die Umstände sich gleich. Die Kenntniß der Buchstaben ist das Erste. — In den wenigsten Schulen vielleicht, und, wie ich gewiß weis, in vielen nicht, ist eine Tafel. — Die Kunstgriffe? — Die Spielmanieren? — Wie schreyt der Bauer — O! Wie heißt das Strichlein mit dem Düpfelein — J. — Wie thuts, wenn du dich in den Finger schneidest? W!

Damit bringen die Kinder nach dem Verhältnis ihrer Fähigkeit 3 — 6 Wochen zu.

Dann das Buchstabiren, das 1 — 2 Jahr erfordert. Ich will eben nicht mit Herrn Zeinike sagen, dies, und dies allein sey die leibhaftige Erbsünde. Aber davon bin ich überzeugt, daß es ein Umweg sey, und daß mans eine Krücke nennen könnte, die man den Kindern giebt, damit sie desto leichter gehen lernen. Die Erfahrung ist alle Tage zu machen, wie schwer es Kindern, die ans Buchstabiren gewöhnt sind, werde, auf Einen Blick ein ganzes Wort zu übersehen. Sie müssen erst lange noch in Gedanken buchstabiren, und mit Mühe gewöhnen sie sich, davon sich loßzureissen. — Wenigstens also diese Zeit wäre gewonnen, wenn man die könnte wegwerfen. — Man hat noch sehr wenige Versuche gemacht, sogleich mit dem Lesen anzufangen; diese müßten freylich entscheiden, und ich denke, recht angelegt, müßten sie zum Nachtheil des Buchstabirens ausfallen. Der einzige Vortheil, den man vom Buchstabiren hat, ist der, daß die Kinder dadurch zugleich im Schreiben recht absetzen lernen sollen, und selbst dieser wird bey unserer Methode nicht erreicht. Dieses recht absetzen aber läßt sich auf so wenige Regeln zurückführen, die man beym Anfang des Schreibens, durch Uebung den Kindern beyzubringen hat, daß auch dieser Einwurf gänzlich verschwindet. — Und 1 — 2 Jahre sind doch wahrhaftig eine ungeheure Zeit, wo man unglaublich gewinnt, wenn auch das Lesen ohne Buchstabiren um die Hälfte langsamer gehen sollte. *) Indessen betrachten wir für jetzt die Sachen wie sie sind.

Das Buchstabiren selbst wird wieder ganz als Gedächtnis-Sache behandelt, d. h. man sagt den Kindern vor, a, b, ab, G, e, Ge, f, u, n, d, fund, h, e, i, t, heit, Gesundheit, und das ist die Methode. Kein einziges Erleichterungs-Mittel, keine einzige Regel, deren noch fürs Buchstabiren so wenige sind. Das Kind muß jedes einzelne Wort gleichsam auch einzeln buchstabiren lernen, und endlich durch eine ungeheure Menge analogischer Fälle sich von

*) Es ist Factum, daß in einer gewissen Schule von zwey Lehrern nur von fünf Stunden drey aufs Buchstabiren hingehen, und dies Tag für Tag!

selbst gewisse dunkle Vorstellungen von Regeln
bilden, denen es beym Buchstabiren zu folgen hat.
Wenn das Kind z. B. „ Gerechtigkeit " zu Buchstabiren hat, und absetzt, Ger — echt — igk — eit —
so korrigirt der Schulmeister, Ge — rech — tig —
keit, aber weiter thut er nichts. — Gebt ihr dann
den Kindern für diese Fälle keine Regeln? Fragt'
ich. — „ Nein! wir wissen selbst keine „ Wie
lernen sies dann? — Durch Uebung. — Mir
fiel hier bey, was der weise Mendelsohn in seinem
Orakel an Abbt sagt: „ Der Schritt vom Embryo
zum Lallenden Kind ist weiter, als von da an vielleicht
zum ausgebildeten Mann. "

Und ganz gewiß kann ich mit noch größerm Rechte
sagen: Der Schritt des Kindes vom ersten Buchstaben des Alphabeths an, bis zur Fertigkeit, das
Wort „ Unversöhnlichkeit oder Bartholomäus " zu
Buchstabiren, ist weiter, als von da an zum völligen
Auswendigwissen des Gesangbuchs und der Kinderlehre. — Man denke sich, wenn wir für die Alge-
ber z. B. keine Regeln hätten, jede einzelne Formel
uns müßten einzeln vordemonstriren lassen, und alsdann den ganzen Umfang der Regeln selber erfinden! — Wahrhaftig, es ist unglaublich; was Kinder lernen müssen und lernen! Hier zeigt sich also
wieder ein höchst wichtiger Mangel, der Mangel einer
zweckmässigen Sprachlehre für Landschulmeister. —
Denn freylich, wenn diese sagen müssen: Wir wissen
die Regeln selbst nicht, was kann man da fordern. —
Aber um aller Welt willen keine Philosophie der

Sprache! Keine Normal = Methode! Sobald die
Regeln wieder zur blossen Gedächtnißsache, sobald sie
nicht auf helle Begriffe zurückgebracht werden, sobald
ihre Anwendung nicht durch die zweckmäßigste Uebung
erleichtert und anschaulich gemacht wird, so ist der
zweyte Schaden schlimmer als der erste, und man
verfällt in den entgegengesetzten Fehler, der in unsern
Lateinischen Landschulen so fürchterlich wüthet, man
hat eine unzwecklose Marter erfunden! — Man
muß die nemliche Regel immer mit verschiedenen Ausdrücken, immer mit Zurückführung auf ehemalige An-
wendungen, immer mit Anschaulichmachung der
Aehnlichkeit der Fälle so oft vorsagen, bis das Kind
sie gefaßt hat, und dann von selbst auswendig lernt:
Nur nicht vor der Erklärung, vor der Anwendung
auswendig lernen lassen! Ich würde mein Gewissen
nicht mehr beruhigen können, wenn ich fürchten müßte,
daß, was ich hier sage, im Kopf irgend eines meiner
Leser diese Warnung hervorbrächte! Fünf bis sechs
Regeln würden das ganze Buchstabiren umfassen,
wenn erst das Kind Mitlauter und Selbstlauter unterscheiden kann, welches ganz leicht ist.

Wenn das Buchstabiren vorüber ist, so bedarf es
etwa noch ein halbes Jahr, bis die Fähigern mit
einer Fertigkeit lesen, und die Unfähigern stammeln
können. Das Lesebuch für den ersten Anfang ist,
wie ich gesagt habe, das Schatzkästlein. Alsdann
führt man sie sogleich ins Neue Testament. — Noch
einmal! Man erinnere sich, was ich von der Methode unserer Schulmeister im Allgemeinen gesagt habe,

und bedenke dann, wie viel Verdruß, Langeweile, Thränen, Wuth des Kindes der ersten Urkunde seiner Religion ankleben müssen! Kann mans ihm noch verdenken, wenn es sie, sobald die Furcht vor der Ruthe vorüber ist, gleichgültig in einen Winkel legt?

Auch hier wieder keine andere Wege, als bloſſer, lauterer Mechanismus! — Das unangenehme Stammeln, das vom Buchstabiren, das Singen oder das sinnlose Plappern, und das unerträglich dumme Absetzen, das vom Mangel an Begriffen herkommt, läßt schon auf die Methode zurückschlieſſen! — Vorlesen soll der Schulmeister? Wenn er doch erst selbst lesen könnte. — Und zu dem, es wäre Zeitverderb. Er muß machen, daß er fertig werde!

Wie ist es möglich, daß die Kinder erträglich Lesen lernen, da sie keinen einzigen Begriff vom Unterschied der Nenn = Zeit = Bey = und Fürwörter ꝛc. ꝛc. vom Werth der Unterscheidungs = Zeichen, von den Bestandtheilen eines logischen Satzes bekommen? Ich setze meinen Kopf, ob in Wirtemberg zehen bloſſe Zöglinge der teutschen Schulen im Stande seyen, drey Linien zu schreiben, ohne falsche Unterscheidungs Zeichen gesetzt zu haben? Damit verbindet man zugleich die Anfangs = Gründe des Schreibens. Dies ist löblich und gut. Es ist noch gar nicht lange, daß das Vorurtheil noch allgemein herrschte, und nicht nur von Eltern, sondern selbst von Schulmeistern und einigen artigen Predigern begünstigt wurde, es sey,

für

für die Mädchen wenigstens, eben nicht so sehr nöthig, schreiben zu lernen, oder wohl gar schädlich, weil sie dann nur Liebesbriefe schreiben. Dies Vorurtheil ist durch eine rühmenswürdige Beharrlichkeit des Konsistoriums bey seinen Verordnungen nun endlich verdrängt, zum Beweis, daß nur der Anfang schwer sey, und daß man alles könne, wenn man will. Zum Schreiben-lernen kommen nun zwar in der Schulordnung einige Anleitungen, und besonders dringt sie auf ein Fortschreiten vom leichtern zum schwerern, vom Einfachern zum Zusammengesetztern: Auch geschieht es immer, daß man das i vor dem ß vormahlt: Aber im Ganzen zeigt sich auch hier wieder der durchgängige Mangel an deutlichen Begriffen der Schulmeister und an Fähigkeit, den Kindern faßlich zu werden. — Ich habe schon gesagt, daß in sehr vielen Schulen noch die so nöthige Tafel fehle, durch die man doch so vieles erleichtern, und mehrern auf Einmal faßlich werden könnte. Alsdann liegt wieder eine Hauptschwierigkeit in der Menge der Kinder und der Mannigfaltigkeit der Geschäfte. — Die Schulmeister eilen daher, sobald sie können, zu Vorschriften, und überlassens den Kindern, wie sie zu rechtkommen, oder dem Privatfleis der Eltern, der sich gewöhnlich auf nichts reduzirt.

Zuerst von Vorschriften. Diese bestehen Anfangs in einzelnen Buchstaben, dann in Fragmenten von Sprüchen oder Lieder = Strophen. Ueber das letztere hab' ich mich schon oft geärgert. Denn man schreibt

auf jede Linie ein einzelnes Wort, und fährt damit
fort, soweit die Quart = Seite reicht, alsdann schreibt
man wieder etwas anderes. Folglich wird niemals
darauf Rücksicht genommen, ob auch der Sinn vollständig sey, oder nicht, kurz man scheint sichs überall
zur Regel gemacht zu haben, den Kindern ja nichts
aufzugeben, wobey sie etwas denken könnten.

Die Schulordnung redet auch von Kupfervorschriften, welche die Schulmeister sich anschaffen sollen.
Dies ist auf Verordnung des Konsistoriums vor einiger Zeit auch geschehen, und darauf zielt, wie ich
glaube, eine Frage im Jahrgang 84 des Journals
von und für Teutschland, ob es wahr sey, daß
man im wirtembergischen überall einerley Handschrift
einführen wolle? Zu allem Unglück aber enthalten
diese Kupfervorschriften selbst zum Theil wahren Unsinn.
Z. B. eine Tafel davon hat folgenden Innhalt.
„ Ludwig dem Vierzehenten König von Frankreich,
„ suchten alle seine Hofleute, jeder nach seinem Ver-
„ mögen und seinen Einsichten zu gefallen, jedoch that
„ es keiner dem Herzog von Antin vor: Dieser gab
„ zu Fontainebleau dem König und der Herzogin von
„ Bourgogne ein ganz besonderes Schauspiel, und
„ legte dadurch ein Beyspiel der zärtlichsten und fein-
„ sten Schmeicheley ab. " — Und weiter nichts! —
Als hätte der Verfasser wollen lüstern machen, die
feine Erzählung von seiner zärtlichen Schmeicheley
auch vollends in Kupferschrift zu haben! — Unsere
teutsche Schulmeister haben die ganze Nation bey dieser

Gelegenheit gerächt. Denn so hat noch kein Franz-
mann die Namen unserer Gelehrten verketzert, als sie
und ihre Bauerkindern Fontainebleau und Bourgogne. — Und eben um dieser fremden, prächtigen
Namen willen fand man in allen Schulen nur diese
Vorschrift: Denn es ist noch eine dabey, die Menschenverstand hat.

Ausser diesem stehen die in der Schulordnung
untersagte Fraktur-Schriften noch in grossem Ansehen,
und ein Schulmeister, der sich irgend ein wenig hervor thun will, wird ja nicht versäumen, sich einige
Jungen zuzuziehen, die schöne grosse Schnörkel, worinn
sich der Buchstaben selbst, wie Theseus im Labyrinthe,
ohne Faden verliehrt, mit schönen hellen Farben mah-
len können. Klügere Superintendenten billigen freylich
diesen Zeitverderb nicht, aber zuweilen können sies
doch nicht übers Herz bringen, den armen Mann, der
mit so sichtbarer Erwartung eines treflichen Lobes da
steht, in seiner Hoffnung so grausam zu täuschen.

Nun vom Rechtschreiben. Der Mangel an bestimmten Begriffen, den ich schon beym Lesen gerügt
habe, ist hier noch fühlbarer und auch folgenvoller. —
Dafür hat nun der Schulmeister schlechterdings keine
einzige Regel. Er korrigirt das Wort, wenn es etwa
falsch geschrieben ist, und damit ists gethan. Nichts
von Grammatik, Etymologie, Unterscheidungs-Zeichen.
Nur Ein Beyspiel: Alle Kinder, die teutsche Schulen
besucht haben, lernen niemals die Fälle fassen, wo

man Worte mit grossen Anfangs = Buchstaben schreiben
müsse. Man sagt ihnen erstens: du mußt einen gros=
sen Anfangs = Buchstaben schreiben, wenn ein Punkt
vorhergeht. Wenn macht man denn einen Punkt? —
Wenn der Verstand aus ist. — Und wenn ein
Komma? — Auch, wenn der Verstand aus ist! —
Ferner: „ Was du mit Augen siehst, mußt du groß
schreiben. “ Da gaffen sich dann die Kinder die
Augen weg, um alles zu sehen, was sie groß schreiben
sollen, und sehens doch nicht! Und wenn sie dann
etwas sehen, wie z. B. den blauen Himmel, und sie
schreiben Blau, so bekommen sie Schmisse! —
Ferner alle abstrakte Begriffe, z. B. Tugend, passen
nicht in diese Regel. Da suppliren dann einige
Selbstdenker unter den Schulmeistern: Alle Wörter,
die sich auf ung, iß, eit, endigen, schreibe man
auch groß, wie auch alle, vor die man der, die, das,
setzen könne. Dann kommen sie aber in Kollision mit
den Beywörtern, und die arme Kinder büssen die
Verwirrung im Gehirn ihrer Pädagogen!

Auch hier hindert dann wieder die Menge der
Kinder und Personen das Geschriebene nach allen
Rücksichten der Kalligraphie, Orthographie, Interpunk=
tion gehörig durchzusehen. Ueberhaupt wird eben des=
wegen aufs Schreiben verhältnismässig viel zu wenig
Zeit, und beyweitem nicht einmal soviel verwendet,
als in der Schulordnung vorgeschrieben ist. — Auch
das Handschriften kennen lernen wird in den Städten
ziemlich, und auf den Dörfern beynahe völlig ver=

säumt. — Wie viel das Auswendigschreiben Schwierigkeiten und Mängel habe, läßt sich aus dem bisher gesagten hinreichend genug schliessen, und weis der aus Erfahrung, der Gelegenheit hat, Zeuge davon zu seyn. Und nun komm' ich wieder auf einen höchst wichtigen Klagpunkt. Eigene Aufsätze die Kinder machen zu lassen, daran denkt man nicht, wenn schon in der Schulordnung auch ein Wink dazu gegeben ist. Unter hunderten sind daher selten fünf im Stande, nur einen Einzigen Satz grammatisch und logisch richtig zu Papier zu bringen. Die traurige Verwirrung, die in den Köpfen des Pöbels herrscht, zeigt sich nirgends deutlicher, als wenn man einen ihrer Briefe liest, selbst von Personen, die im Ruf weder der Dummheit noch der Unwissenheit stehen. Entweder sind sie studirt, superklug, und unverständlich, oder sie haben überall gar keinen Menschenverstand und Zusammenhang. Nur ein Zettelchen von fünf Linien, worinn sie etwa eine Leiche oder eine Taufe anzeigen, übersteigt ihre Fähigkeiten, und ist ein wahres Chaos. — Was man thut, besteht theils in obengenannten Vorschriften, kleinere und grössere, die der Schulmeister, an einigen Orten um die Gebühr, als Anleitung zum Schönschreiben austheilt, und die von den Kindern ein Vierteljahr lang nachgemahlt werden, theils darinn, daß man die grössere, um sie in der Rechtschreibung zu üben, auswendig schreiben läßt, und auch dieses ist erst seit einigen Jahren, wo nicht erst eingeführt, doch erst neu eingeschärft und allgemein gemacht worden. Nach der Geschiklichkeit, die sie hierinn beweisen, lozirt man, und in

der That ist dies hier auch am schicklichsten, weil doch
dies das einzige ist, wo die Beurtheilungskraft der
Kinder, wenigstens unmittelbar sich äussern kann. —
Aber dies ist nur, auch von ferne noch keine Anleitung zum eignen Aufsätzemachen.

Wenn es aus nichts klar wäre, mit welcher
ungeheuren Anstrengung die Seele strebe, sich selbst zu
entwickeln, und wie leicht der Saame aufgehe, wenn
er auch nur verlohren hingestreut wird, so könnte es
der auffallende Unterschied beweisen, den man zwischen
der Ordnung in den Begriffen und den Aufsätzen der
Kinder antrift, die unsere lateinische und teutsche
Schulen besuchen. — Der Knabe in den lateinischen
Schulen wird eben so wenig geübt, eigene Aufsätze
zu machen: Aber durch den Schlendrian des Kon-
struirens gewöhnt er sich doch an eine gewisse Ordnung
der Begriffe, und lernt nach und nach selbst etwas
schreiben, ohne zu wissen wie? — So wird zwar
der Zweck, daß er lateinisch lernen soll, den man hat,
meistens erreicht, und dies ist für gewöhnlich kein
Schade: Aber der Zweck, den man nicht hat, daß
er teutsch lernen soll, wirds, und dies bedeutet für
jeden Fall mehr. — Freylich heißt dies hebräisch
lernen, damit man das griechische Vater Unser
verstehe!

Auch das Rechnen ist erst seit einigen Jahren in
einiger Uebung. In manchen Landschulen, besonders
auf Filial-Dörfern, liegt freylich noch das Haupt-

Hinderniß in der Unwissenheit der Schulmeister: Doch sind diese weit der geringere Theil. Uebrigens hat man Beyspiele, daß selbst schon Eltern sich wiedersetzt haben, daß ihre Kinder sollten rechnen lernen, weil es — einst nicht so gewesen sey. — In einer Schule findet man etwa vier bis fünf, die es bis zum Dividiren, und noch weniger, die es bis zur Regeldetri bringen.

Hierinn nun besteht der ganze Unterricht vom Anfang des siebenten bis zum Ausgang des vierzehenten Jahres. Wenn es ein Vorzug ist, so hat Wirtemberg wenigstens den Vorzug, daß alle *) seine Einwohner lesen, d. h. Silben zusammensetzen und schreiben, d. h. Buchstabenmahlen, lernen. Aber es ist zum wenigsten kein ruhmwürdiger Vorzug, etwas gethan zu haben, weil es noch Gegenden giebt, wo gar nichts gethan ist. Indessen erhellt doch soviel, daß die Anlage da sey. Jede Gemeinde, jedes noch so kleine Oertchen hat seinen Schulmeister, und dieser hat seine Besoldung. Der Grund ist schon gelegt. Man darf nur aufbauen. Aber freylich müßte man erst einige Leimenwände niederreissen, die höchst baufällig sind, und weder vor Kälte noch vor Hitze, weder vor Wind

O 4

*) Nicht ganz alle: Denn es giebt noch auf dem Schwarzwald, wo die Einwohner in zerstreuten Höfen wohnen, einige hierinn verwahrloste Gegenden.

noch vor Regen sichern. Von den Mitteln zur Erhaltung der Aufmerksamkeit, die man in unsern Schulen kennt, prügeln und loziren mag ich kaum noch mehr sagen, als ich schon gesagt habe. Die Schulen müssen erst eine durchaus verbesserte Einrichtung erhalten, eh' es sich der Mühe verlohnt, darüber zu sprechen. Indessen es sey! Ich habe die Ruthe biblisch genannt, und dies bezieht sich auf die Stelle der Schulordnung, daß selbst nach dem Zeugniß der Schrift ein besonderer Segen darinn stecke. Auch halten es wirklich manche für eine besondere Weisheit Gottes, daß er in seinem Wort sie hab' anpreisen lassen, weil man dem Kinde damit zwar wehe thun, aber doch nicht schaden könne. Siech oder zum Krüppel schlagen kann man damit freylich nicht, wie etwa schon mit dem Stecken oder mit den Fäusten geschehen seyn mag: Aber schadet dann nicht auch physisch die entsetzliche Furcht vor dem Schmerz, die wahre Todesangst, die bey Kindern von zarten Nerven eintritt? Schadet nicht moralisch die Erbitterung, die Beschimpfung, oder die endlich dadurch bewirkte Niederträchtigkeit, Gefühllosigkeit und Verstockung? — Und, wenn vollends der Fall einer Entblösung einträte? — Man erinnere sich doch hier aus Rousseaus Bekenntnissen an ihn und Mademoiselle Lambercire? *) —

---

*) R. bekam einst als ein kleiner Knabe von seiner Tante die Rute. Dadurch wurden in ihm gewisse Empfindungen rege, die ihm die Strafe beynahe wünschenswürdig machten, und Mad. L. fand von dem an nicht mehr für gut, ihn auf diese Art zu züchtigen.

und vollends wenn der Schulmeister — — ein Teufel wäre, wie es schon Teufel gegeben hat! Den Vorhang vor solche Szenen! — Indessen wofern ich auch zugebe, daß, wenn ja Schläge seyn müssen, und daß sie nicht seyn müssen, selbst bey Bauerkindern nicht seyn müssen, davon haben nur edle, aufgeklärte Menschenfreunde, wie Rochow, durch die unwidersprechlichste Erfahrungen überzeugt, und verdienen dafür mehr Ehrensäulen, als alle Erfinder neuer Finanz - oder Mord - Systeme *) die Ruthe mit der gehörigen Einschränkung gebraucht, dazu das schicklichste Werkzeug sey, so ists doch eben so gewiß, daß ich keine einzige Schule kenne, wo die Ruthe, und nicht der Stecken, im Gebrauch wäre.

Ausser den Schlägen gehört auch noch das Schimpfen, und zwar zu den gelindern Strafmitteln! — Dies läßt sich von Männern, für deren Bildung so durchaus nichts gethan worden ist, wohl nicht anders erwarten! — Aber jedes Schimpfwort des Schul

---

*) Ich mus hier einem würdigen Schulmanne meines Vaterlandes, dem Herrn Präzeptor Schmid zu Pfullingen, meine öffentliche Achtung und Dankbarkeit bezeugen, der es und soviel ich weis, zuerst, und mit gutem Erfolg gewagt haben soll, den Stecken aus seiner Schule zu verbannen. — Lieber Mann! Dieser Zug, wenn er wahr ist, macht Ihnen Ehre, so wie er wahres Verdienst ist.

meisters tödtet einen Theil des moralischen Gefühls im
Kinde. — Ich kenne Schulmänner, die sich angewöhnt hatten, jedem ihrer Kinder statt des gewöhnlichen Namens, einen eigenen Schimpfnamen zu geben. Die Kinder machtens nach, und so entstanden
ewige Neckereyen, die oft in blutige Schlägereyen aus-
arteten! — In gewisser Art war dies noch gut:
Die Beschimpfung verlohr einen Theil ihrer Kraft:
Aber bey all dem verlohr doch die Seele jedes Schü-
lers einen Theil des feinern Gefühls für Ehre! —
Nehme man dann noch die Flüche der Frömmlinge:
Du Teufelskind! Du Höllenbraten! — — O
Gott! wieviel Elend ist noch in der Welt!

Nichts ist gewöhnlicher, und nichts ist fürchterli-
cher, als das Zuschlagen eines ergrimmten Schulmeisters! — Ueber ein Kind zornig werden, ist freylich der höchste Grad der Dummheit, aber man findet
dies in allen Schulen, und in allen Familien, und
jeder meiner Leser muß aus seiner eigenen Erfahrung
wissen, wie weit hierinn die Wuth gehen könne, und
zu gehen pflege! — Ich will daher diesen Unfug nicht
ausmahlen, um so weniger, da er ohne Zweifel kein
eigenthümlicher der wirtembergischen Landschulen ist! —
Der Rath der Schulordnung für den Schulmeister,
wenn er sich zornig fühle, ein Vater Unser zu beten,
ist unverbesserlich, nur nicht aus dem frommen Gründe,
den vermuthlich ihr Verfasser im Sinn hatte, sondern
aus einem psychologischen, welchem zufolge auch
Zimmermann, der Arzt, dieses Hülfsmittel gegen

den Unwillen so bewährt findet. Aber Seufzer zu
Gott, wie leicht kann diese ein Schulmeister, der
ein Heuchler oder Andächtler ist, misbrauchen, und das
Kind auf die abscheulichste Idee führen, seine Rachsucht
mit der Maske der Frömmigkeit zu decken. Solche
Mittel wären wohl recht gut, wenn die Menschen
besser wären, denen man sie an die Hand giebt.!

Endlich muß ich zur Ehre meines Vaterlandes
noch sagen, daß, soviel ich weis, die abscheuliche Strafe
des Eseltragens und fast überall abgstellt sey. —
Wehe dem Knaben, der einmal den Esel getragen
hat, und nicht vor Wuth krank wird, oder ihn nicht
seinem Tyrannen vor die Füsse wirft! — Und überdies war dies meistens eine Strafe, die nicht sowohl
bey bösem Vorsatz, als bey einem Mangel an Natur-
gaben, d. h. wie man weis, an Gedächtnis, statt
fand! — In einer gewissen Schule befand sich ein
Simpel, dem sein Schulmeister alle Tage den Esel
anhieng! Der Esel! — Und freylich der Simpel
lachte dazu! Noch ist übrig, von der moralischen
Bildung der Kinder, wie man sie in den Schulen
zu erreichen sucht, einiges zu sagen. — Wer diesen
Aufsatz bis hieher gelesen hat, kann sich davon schon
einigen Begriff machen. Die ganze moralische Bildung
reduzirt sich eigentlich aufs Abwehren und Bestrafen
der Unarten. Jenes geschieht mit Scheltworten und
Drohungen, dieses mit Schlägen, und der Prozeß
ist kurz: Denn er fängt von der Exekution an.

Ohne Zwang und Zucht sagt die Schulordnung, kann der Schulmeister nicht zurecht kommen, und sie hat Recht! Alle Kinder, sagt sie ferner, sind von Natur nicht zum Guten, sondern vielmehr zum Bösen geneigt, und sie hat nicht Recht! Ich habe schon oft unsere Lehre von der Erbsünde, (und man könnte die Vergleichung vielleicht noch weiter ausdehnen) mit dem systema apparens verglichen! — Beym ersten Anblick scheints so! — Man sieht die Sonne sich bewegen, und man sieht die Kinder zum Bösen geneigt. Aber die Bewegung der Erde, welche der Grund jener scheinbaren Bewegung ist, und die Fehler der allerersten Erziehung, welche der Grund jener Neigung zum Bösen sind, sieht man nicht. Einer meiner Freunde war einst Zeuge von der ganzen Entwicklung der Seelenfähigkeiten eines Kindes. Die Erziehung in seinem Hause war die gewöhnliche. In diesem Kinde will ich die Erbsünde hervorkeimen sehen, schrieb er mir, und nach einiger Zeit wieder. O! ich sah sie! ich sah sie! Ich wollt' eine genetische Definition von der Erbsünde geben. Das Kind war so gut, so sanft, so gedultig, wie ein Engel. — So wie seine Sinne sich entwickelten, sein Begehrungsvermögen sich erweiterte, seine Kräfte zunahmen, so nahmen auch die Fehler der Erziehung zu. Nun ists eigensinnig, jähzornig, gebieterisch, und bey all dem auch das liebenswürdigste Kind, das ich gesehen habe, sobald man es zu behandeln weis! —

Es macht einen großen Unterschied in der Praxis, ob man sage: Man muß sorgen, daß nichts Böses in das Herz des Kindes hineinkomme, oder ob man sage: Man muß das Böse, das darinn ist, heraus= reissen und ausrotten! Darauf gründet sich die ganze Theorie der Schläge, des frühen Gebether = Lallens, und Christenthum=Auswendiglernen! Darauf gründen sich Stanzen, wie diese:

> Trage Holz auf den Altar,
> Und verbrenn mich ganz und gar!

Ich schreibe hier keine Polemik, und kann mich daher in keine theologische Gründe einlassen. Ich rede nur von dem, was für die Erziehung das Vortheil= hafteste wäre, und da ist meine Meynung, auf die ich lebe und sterbe: So lang der Grundsatz steht, daß die Menschen von Natur zum Bösen geneigt seyen, so fällt die gute Erziehung, wenigstens solange man ihn nicht bloß spekulativ betrachtet, sondern auch glaubt, ihn anwenden zu müssen!

Ich komme wieder zu meiner Materie. — Für die sittliche Bildung der Kinder ist in unsern Schulen gar nicht gesorgt. — Man scheint zwar alles dafür haben thun zu wollen, denn man hat ja alles aufs Christenthum zurückgeführt: — Aber eben deswegen hat man nichts gethan. — Die Schulordnung räth den sanften und gelinden Weg bey Erlernung des Christenthums, und Schärfe bey den Sitten. Jenes ist vortreflich, wenn es nur irgendwo geschähe. Der sanfte Weg ist wohl, Christenthum wechselweise durch

den Verstand ins Herz, und durchs Herz in den Ver=
stand zu bringen: Aber so sanft dieser für die Kinder
ist, so rauh ist er für die Schulmeister. — Schärfe
bey Sitten ist sehr nöthig, aber darüber wäre soviel
zu kommentiren, daß ichs lieber hier ganz erspare.
Den Weg der Belohnungen kennt man gar nicht.
Die Bestrafungen sind die obenangeführte, und zur
Bildung der Sitten gehört auch Kenntnis der Sitten,
und zur Kenntnis der Sitten gehört Kenntnis der Her=
zen, und dazu gehört — mehr, als vielleicht irgend
einer unserer Schulmeister versteht! — Ausser der
Schule hat der Schulmeister gewöhnlich keine
Jurisdiktion, und hin und wieder mischen sich die
Eltern darein, wenn er sich ihrer annassen will. Nur
noch dies Einzige: Unter den Sittenverbesserungs=
mitteln wird auch noch vorgeschlagen, öffentliche und
heimliche Censores zu bestellen, besonders Kinder,
die der Schulmeister vorzüglich fromm, gesetzt und
fleißig findet. — Diese sollen in der Stille anzeigen,
ohne Furcht verrathen zu werden. — Vor allen
Dingen traue man den vorzüglich frommen, stillen
und gesetzten Kindern nicht. — Tausend gegen Eins,
ihre Erziehung müßte dann ausserordentlich oder ihr
Temperament ganz rousseauisch seyn, sind sie entweder
Dummköpfe oder Heuchler! — Und wenn sie dies
letztere noch nicht sind, so ist Spionenhandwerk der
sicherste Weg, sie dazu zu machen. — Das Gute
mögen sie anzeigen, daß ist herrlich, aber darauf ach=
tet man nicht. Oeffentlich auch das Böse, und da=
zu kann es der kluge Schullehrer durch glückliche Rich=
tung des esprit de corps bringen, aber das ist gewiß,

wenn ich über eine Schule zu gebiethen hätte, wehe
den heimlichen Censoren.

Einige Vorschläge zur Verbesserung!

Tadeln ist leicht, und Verbesserungen vorschlagen
noch leichter : Aber Verbessern ist schwer! —
Verbessern kann ich freylich nicht, und selbst das
δος μι τεπον möcht' ich nicht sagen; weil ich der
Stärke des Hebers nie traute.

Verbesserungen vorschlagen, sag' ich, ist leicht;
und auch schwer, darf ich hinzusetzen. Das Ideal
einer vollkommenen Schul kostet die Fantasien
einiger Spaziergänge, aber die Erfindung eines am gegebenen Ort und unter gegebenen Umständen,
die leicht eben so viel Hindernisse sind, anwend-
baren Plans, die Anstrengung jeder Seelenkraft,
und den größten Aufwand von Erfahrung, von Men-
schen- und Lokalkenntnis. — Ich wage nicht, irgend
etwas mehr, als hingeworfene Ideen, vorzutragen,
die, gleich dem Saamen der Moose, der Wind um-
hertreiben mag, bis sie vielleicht irgendwo eine Stelle
finden, wo sie Wurzel fassen können, vielleicht auch
nicht.

Ich habe zwey Wege vor mir, die sich für einen
Verbesserungs-Plan einschlagen lassen. Entweder muß
ich zeigen, was sich, die ganze gegenwärtige Ver-

fassung beybehalten, verbessern ließen, oder gewisse Bedingungen vorausschicken, unter denen meine Vorschläge könnten ausgeführt werden.

Die ganze gegenwärtige Verfassung beybehalten, nenn' ich, das Christenthum ins Auswendiglernen setzen, und nichts für die glücklichere Bildung der Schulmeister thun. — Wer den Zirkel quadriren will, mag sich an diese Aufgabe wagen: Ich schlage den zweyten Weg vor.

Meine Bedingungen sind folgende:

1) Man muß sich vor allen Dingen von gewissen höchstschädlichen höchstungegründeten Vorurtheilen loswinden, die man in und von der Religion hat. — Das Hauptvorurtheil könnte man so ausdrücken: Man betrachtet die Religion als Zweck, da man sie doch als Mittel betrachten sollte, d. h. man scheint zu glauben, daß Kenntniß der Religion an sich, auch ohne Anwendung auf unser Leben und auf unsere Gesinnungen, das wichtigste und unentbehrlichste sey. — Man kann wenigstens nicht läugnen, daß diese Art, wie man Religion vorträgt und einprägt, diesem Schein eine große Wahrscheinlichkeit geben. — Denn wenn man selbst den kleinsten Kindern die allerabstrackteste und geheimnißvollste Sätze des Christenthums und der Theologie beyzubringen sucht, ohne Rücksicht auf ihre Fassungskraft,

folg-

folglich auch nothwendig ohne? Rücksicht auf ihnen
mögliche Anwendbarkeit dieser Sätze , so seh' ich
nicht , wie man den Vorwurf ablehnen könne , daß
man diese Lehren, bloß in so fern es diese Lehren sind ,
für wichtig halten , und nicht glaube , daß sie es erst
alsdann werden, wenn sie zur Erhöhung unserer guten
moralischen Fertigkeiten , und folglich zu unserer
Glückseligkeit beytragen. — Man glaubt nicht genug
eilen zu können , daß sie wissen , was Dreyeinigkeit ,
Versöhnung, Glaube, Busse, Sakramente ꝛc. sey. —
Ueberall und selbst da , wo es ungegründet ist , läßt
man ja doch den Einwurf gelten , die Kinder verste-
hens noch nicht : Folglich muß man ihnen auch noch
nichts davon sagen , nur in der Religion nicht ! —
Dieser Verdacht erhält auch dadurch noch größere
Stärke , daß man so häufig auf den unglücklichen
Irrthum stößt , als wären bürgerliche Rechtschaffenheit und Christenthum wesentlich unterschiedene Dinge ,
als könnte jemand seine Lebenspflichten mit großer
Pünktlichkeit erfüllen , ohne zugleich einen Werth in
den Augen Gottes zu haben , und auf sein Wohlgefallen Anspruch machen zu können. *) — Man be-

---

*) Es giebt freylich falsche Gesichtspunkte, aus denen man
   scheinbar gut handeln kann, z. B. Eigennuß, Ehrgeiß.
   Aber der Mensch, der blos nach solchen von ihren ursprünglichen guten Gottgefälligen, und mit dem Christenthum selbst harmonirenden Richtung ausgearteten Trieben
   handelt, wird nicht fähig seyn, seine Menschenpflicht nach

trachtet es daher, wie Resewi; sagt, als etwas abge-
sondertes. Es steht mit unsern bürgerlichen Verhältnissen nicht in der nöthigen Verbindung, und gilt folglich nicht als Mittel, uns weise, gut und nützlich zu
machen, sondern als Zweck für sich. Wenigstens
muß man mir zugeben, daß unsere Art der Behandlung des Christenthums das gemeine Volk nothwendig
zu diesem Irrthum verleite, daß mans von dem öffentlichen Unterricht herleiten müsse, wenn man so oft
sagen hört, oder so oft wenigstens aus den Handlungen schliessen kann, daß es herrschende Denkungsart
sey : Ich glaube, was die Bibel sagt. Ich besuche
den öffentlichen Gottesdienst, gehe zum Abendmahl,
bethe, singe, 1c. Folglich bin ich ein guter Christ.

Das Christenthum hat zwey Theile : 1) Kenntniß seiner Religions - Wahrheiten und äusserliche Beobachtung der ihm vorgeschriebenen Uebungen. 2) Ihre
Anwendung auf unser Verhalten. — Wer den
zweyten Theil vom ersten trennt, und den ersten für
wichtig hält, wenn gleich der andere nicht erreicht wird
und nicht erreicht werden kann, von dem sag' ich,

---

ihrem ganzen Umfang auszuüben, und z. B. Arbeitsamkeit mit Wohlthätigkeit, Mässigkeit mit Gefälligkeit,
Duldung, Nachgiebigkeit zu verbinden. Folglich wird er im
bürgerlichen Sinne so gut noch unvollkommen und fehler-
haft handeln, als im christlichen.

er behandle die Religion als Zweck: Er glaube, daß
er um der Religion willen da sey, nicht die Religion
um seinetwillen: Eben so, wie derjenige z. B. die
Mathematik als Zweck behandeln würde, der immer und
immer sie studirte, ohne jemals in seinem Leben von
ihr Gebrauch zu machen, oder, wie man die lateinische Sprache als Zweck behandelt, wenn man immer
nur sie treibt, insofern sie Sprache ist, ohne sie auf
Bildung des Geschmacks und Erweiterung der Kenntnisse
anzuwenden.

Alles kommt also darauf an, daß man die Kenntniß immer mit der Anwendung verbinde, immer auf
Anwendung zurückführe. — Wäre folglich eine
Zeit, oder ließen sich Umstände denken, unter welchen
die erlangte Kenntniß des Christenthums seine Anwendung erschwerte, so hätte man, wenn man
diese Zeit und solche Umstände wählte, was nicht zu
trennen war, getrennt, man hätte gezeigt, daß man
dem Christenthum, isolirt, einen Werth beylege, den
es alsdann nicht hat. — Nun hab' ich bisher zu
zeigen gesucht, daß es eine solche Zeit und solche Umstände gebe, wo Kenntniß des Christenthums deswegen
nicht wirksam seyn kann, weil man es noch nicht verstehe, und mit Einem Wort, weil man Auswendiglernen noch keineKenntniß nennen kann.

Angenommen, unsere Glückseligkeit sey unsere
Bestimmung, so gehört dazu auch unsere irrdische
wahre Glückseligkeit, und die ewige folgt daraus,

wie die Konklusion aus den Prämissen: Alsdann ist
Christenthum das Mittel, unsere Bestimmung zu erreichen. Schränken wir unsere Bestimmung auf künftige Seligkeit ein, so ist unser mit Gottes Absichten
übereinstimmendes Verhalten in diesem Leben das
Mittel, sie zu erhalten, und das Christenthum ist das
Mittel, unser gegenwärtiges Verhalten mit den Absichten Gottes übereinstimmend zu machen. Im ersten
Fall bewirkt also das Christenthum unmittelbar, im
andern mittelbar die Erreichung unserer Bestimmung.
Es muß uns also genau in dem Grade schätzbar und
wichtig seyn, in dem es zu diesem Zwecke beyträgt.
Diejenige seiner Lehren sind die wichtigsten, die darauf
in unmittelbarer, diejenige sinds weniger, die darauf
in entfernterer oder in keiner Beziehung stehen. Daraus
folgt, daß es zweckmässig seyn müsse, einen gewissen
Unterschied, eine gewisse Rangordnung unter seinen
Lehren zu machen, und daß diese genau nach dem
Verhältniß eingerichtet werden müsse, in welchem sie
mit unserer sittlichen Verbesserung stehen. — Dieses
haben auch alle aufgeklärte Menschenkenner und Got-
tesverehrer schon lange eingesehen, und zwischen Religion und Theologie einen Unterschied gemacht.

Daraus folgt ferner, daß der Vortrag des Christenthums desto zweckmässiger sey, je minder spekulativ
und je praktischer er eingerichtet wird. — Der spe-
kulative Vortrag des Christenthums ist bloß zweckmässig für Gelehrte: Denn für sie ist es in dieser Rücksicht nicht Mittel zu Erreichung ihrer Bestimmung als

Menschen überhaupt, sondern als diese besondere Menschen = Klasse, wie die Kenntniß, den Pflug zu führen, für den Bauer nicht Mittel zu seiner Bestimmung als Mensch, sondern als Bauer ist. Daraus folgt ferner, daß der Vortrag des Christenthums unter gewissen Umständen sogar schädlich werden könne, wenn es durch diese Umstände für seinen Zweck unbrauchbar wird.

Was von der Kenntniß der Religionslehren gesagt worden ist, gilt auch von dem Gebrauch der äusserlichen Religions = Uebungen. Sie haben gleichfalls ihren Werth nicht als Zweck, sondern als Mittel. Nicht um zu bethen, muß der Mensch bethen, sondern um besser zu werden. Auch hier, wenn es Zeiten und Umstände geben sollte, wodurch ihr Zweck nicht erreicht werden könnte, verlören sie ihren Werth, z. B. das Abendmahl, das wir einem Fieberkranken während einer Zerrüttung in seinem Gehirn reichten, wäre selbst nach den Sätzen unserer Kirche verschwendet, warum? weil es seinen Zweck nicht erreichen würde. Denn seine unmittelbare Wirkung soll auf die Gesinnungen des Menschen gehen, und erst von da aus verbreitet sie sich mittelbar auf seinen ganzen Zustand. — Lasse man mich nun die Anwendung aufs Gebeth machen. Warum versagt man dem Kranken, während des Irreredens das Abendmahl. Ohne Zweifel, weil man glaubt, daß es ihm nichts nützen werde, so lang er des Gebrauchs seiner Vernunft nicht mächt=

tig ist. Denn seine Wirkung ist nicht physisch, nicht
mechanisch, sondern moralisch. Alles moralische beruht auf der, durch Erkenntnißgründe bewirkten,
freyen Entschliessung unserer Seele. Diese findet unterm
Fantasiren nicht statt: Folglich reicht man das Abendmahl nicht.

Das Abendmahl ist ein Sakrament, folglich,
nach der Lehre unserer Kirche, eines der kräftigsten
Beförderungsmittel unserer Seligkeit. Was von ihm
gilt, muß eben so sehr vom Gebeth gelten. —
Also ein Kranker, den man wegen des Irreredens
veranlaßt, ein Gebeth nachzusprechen, würde davon
eben so wenig Vortheil haben, als vom Genus des
Abendmahls. — Warum? — Weil der Gebrauch
seiner Vernunft erfordert würde, um den im Gebeth
enthaltenen Empfindungen, Entschliessungen und Bitten beyzustimmen. — Nun ist folglich die Bedingung von der Nothwendigkeit und dem Nutzen des
Gebeths die Möglichkeit des Gebrauchs der Vernunft
beym Bethenden. — Sobald dieser Gebrauch nicht
vorhanden ist, so ist das Gebeth unnütz. — Folglich
ist es auch für Kinder unnütz, sobald und solang ihre
Seele nicht die Fähigkeit hat, dem Innhalt des Gebeths durch seine Entschliessung beyzustimmen. —
Ehe man also die Kinder bethen lehrt, so muß erst
die Empfindlichkeit ihrer Vernunft dafür erweckt werden, d. h. sie müssen erst verstehen lernen, was der
Zweck und der Innhalt des Gebeths sey, ehe sie

bethen. *) Folglich wenn für Kinder eine Zeit wäre, wo sie dies noch nicht verstehen könnten, oder wenn es eine Methode gäbe, durch die sie gar an diesem Verstehen gehindert werden, so — müßten die Kinder noch nicht bethen, so — müßte man diese Methode verbannen.

Der Satz also, über den man, ehe man an eine Verbesserung denken kann einig werden müßte, wäre der:

1) Das Christenthum und seine Uebungen an sich haben für das Kind keinen Werth, so lang es noch nicht auf sein Herz und seine Gesinnungen sie anzuwenden versteht.

P 4

---

*) Aber der Psalm sagt: Aus dem Munde der jungen Kinder und Säuglinge hast du dir ein Lob zubereitet? — Der Psalm sagt auch: Der dem Vieh sein Futter giebt, den jungen Raben die ihn anrufen. — Ich gebe von Herzen gerne zu, daß man jenes wörtlich verstehen müsse, sobald man mirs auch von diesem zugiebt. Und die vollkommene Analogie dieser Stellen wird man doch nicht läugnen wollen!

Ist dies, so hat man freye Hand in der Wahl der Methode und der Zeit des Unterrichts in der Religion, und man ist kein Ketzer, wenn man die Gegenstände der Unterweisung wieder ins Gleichgewicht bringt, der Vernunft wieder ihr Recht, dem Christenthum wieder seine Kraft giebt, und auf spätern Unterricht von Gott und seine minder häufige sogenannte Verehrung dringt, weil man ihn besser gekannt und inniger verehrt wünschte.

2) Ein grosser Theil des Christenthums besteht auch in der Brauchbarkeit für diese Welt und sogar: das Christenthum mus das Mittel werden, diese Brauchbarkeit im höchstmöglichen Grade zu erreichen. —

Wenn das Christenthum blos eine Wissenschaft für den Himmel ist, und wenn Gott nichts als Christenthum von uns fordert, so seh' ich nicht ein, warum er uns auf die Erde gesetzet hat, so seh' ich in seinem Plan eine Lücke, die mir unbegreiflich ist! Diese ganze Schönheit der Natur, die so einladend vor unsern Sinnen da liegt, und durch tausend Wege sich vor unsere Seele stellt, diese Seelenkräfte, die durch das Betrachten und Erkennen jener Reitze nach und nach sich entwickeln und erweitern, dieser unser Körper mit all seinen Trieben und Anlagen, alles dieses ist nur da, mich von meinem Zweck abzuführen, mich in ein gefahrvolles Labirinth zu verleiten! Wenn Gott

nach Absichten gehandelt hat, so muß seine Absicht
gewesen seyn, daß wir unsern Weltkörper und die
Güter, die er uns darbeut, empfinden, anschauen,
genießen sollten! — Und Erkenntniß und Benuzung
der Naturkräfte muß ein Theil unserer Bestimmung
seyn! Noch weit mehr gilt dies von den gesellschaft=
lichen Verhältnissen, worinn Menschen gegen Menschen
stehen. — Auch diese gehörten zum Zweck des
Schöpfers, und die Einstimmung unserer Denkungsart
und unserer Handlungen zu diesen Verhältnissen muß
ein Theil unserer Bestimmung seyn. — Auch dazu gehört
erst Kenntniß, ehe wir handeln können. Kenntniß also
dessen, was auf Menschen und ihre Verhältnisse ge=
geneinander Beziehung hat, ist unsere Pflicht.

Durch Religion erkennen wir unser Verhältniß
gegen Gott, und lernen dieser gemäß unsere Handlun=
gen einrichten. Durch sie erkennen wir auch das
Verhältniß aller andern Dinge zu ihm, und folglich
durch eine sehr leichte Vergleichung auch ihr wahres
Verhältniß zu uns. — Die Religion giebt folglich
unserm Gebrauch der Naturkräfte, unserer gesellschaft=
lichen Denkungs = und Handlungsart die rechte und
die glücklichste Richtung! Sie schränkt den Gebrauch
der Güter dieser Erde und unsere Fähigkeiten hier ein,
und dort erweitert sie ihn, mit Einem Wort, sie be=
stimmt ihn. Also Religion lernen, ehe wir uns mit
unserer Erde, und was dahin gehört, bekannt ma=
chen, unser Verhältniß zu Gott wissen, ohne von un=
serm Verhältniß zu seiner Schöpfung unterrichtet zu

seyn, heißt, die Bestimmungen einer Sache lernen, ehe wir die Sache selbst kennen. Also ein neuer Beweis, daß man mit dem Vortrag der Religion wenigstens nicht den Anfang machen müsse.

Man sieht aber nun, in wie fern es wahr seyn müsse, daß ein grosser Theil des Christenthums in der Brauchbarkeit für diese Welt bestehe, in so fern wir den Werth der Dinge richtiger schätzen lernen, insofern wir diese Erde in Beziehung auf den Himmel, die Gegenwart in Beziehung auf die Zukunft betrachten.

Aber Einschränkung hebt den Gebrauch nicht auf, sondern bestättigt ihn. Religion ist der Keuntniß irrdischer Dinge nicht entgegengesetzt, sondern beygeordnet, und man sieht, daß je grösser unsere Kenntniß jener Dinge sey, desto brauchbarer und nützlicher die Religion uns werden müsse. Also von allen Seiten betrachtet, erscheint es als Pflicht, Kenntniß der Natur den Kindern beyzubringen, und liegt selbst ein grosser, und ohne Zweifel der größte Theil vom Nutzen der Religion in der Anwendung ihrer Vorschriften auf jene Kenntnisse.

Daraus ist nun sehr klar, daß es nicht nur zweckmässig, sondern sogar Bedingung des höhern Werths der Religion sey, Kinder in der

Natur und dem gesellschaftlichen Leben, soweit beydes in ihrer Sphäre liegt, bekannt zu machen, und die Religion alsdann darauf anzuwenden und gröstentheils zurückzuführen.

3) Man muß, soviel möglich, dafür sorgen, daß die häusliche Erziehung der öffentlichen in die Hand arbeite, wenigstens sie nicht hindere, und daß überhaupt jeder Theil der Erziehung mit dem andern zusammenpasse.

Hier komme ich auf eine jener Schwierigkeiten, welche die beste Anstalten entweder vereiteln, oder wenigstens ihre Ausführung hemmen. Alle Mißbräuche, alle Thorheiten und Irrthümer stehen unter sich, wie das Reich der bösen Geister, trotz ihrer ewigen Widersprüche untereinander, dennoch in der engsten Verbindung. Ueberall ist Wirkung und Gegenwirkung! Die Mängel der öffentlichen Erziehung hindern die häusliche, und die Mängel der häuslichen hindern die öffentliche. — Der Aberglaube und die Vorurtheile der Eltern werden jedem Verbesserungs = Plan Schwierigkeiten in den Weg legen, an die man vielleicht nicht einmal denkt, und zu Hause wird niedergerissen werden, was man in der Schule aufbaut. Dies gilt besonders von den Vorschlägen, die ich gerne über den Vortrag des Christenthums thun möchte. — Man hilft, wenn man die Kinder von der Last und dem fürchterlichen Schaden des sinnlosen Betens in den Schulen befreyt, wenn sie zu Hause noch diesem

Jammer unterworfen sind? Zwang ist bey Religions-begriffen durchaus nicht zu rathen, nur Ueberzeu-gung. — Wie kann man den starrköpfigen Bauern überzeugen, dessen Gehirn durch unsere Schuld die Organisation für das Fassen jedes abstrakten, seinem Wahn widersprechenden Satzes verlohren hat? — So wird dann freylich hier noch eine große, vor dem Verlauf einiger Generationen nicht auszufüllende, höchst unbequeme Lücke bleiben! Indessen, jede Wi-dersetzlichkeit, die nicht unmittelbar von Religions-Begriffen herkommt, müßte scharf geahndet, und das Ansehen des Schulmeisters in seinem Wirkungskreis, wie das Ansehen des Fürsten selbst geschützt und ge-heiligt werden! — Der Prediger auf einem Dorf, der seine ganze Gemeinde übersieht und kennt, kann durch Privat = Eifer und Privat = Unterricht hier un-endlich viel thun! In den Städten und Städtchen, wo das Ansehen der Prediger geringer, und Selbst-dünkel und Kabbalenmachen größer ist, hält dies schon schwerer! — Indessen weise, mit Gründen unterstützte Verordnungen, gemeinschaftliche Thätigkeit der Beamten und der Prediger, erst durch Belehrung und Güte, dann durch die festeste Beharrlichkeit und durch Strenge, vor allen Dingen die in kurzer Zeit nothwendige Anschaulichkeit der Vortheile einer solchen Verbesserung werden für sie viel thun, und lasse man ein-mal die besser Unterrichteten sich mit dem rohen Hau-fen vermischen, so werden sie sich an einander abreiben, bis endlich durch beständigen Zufluß gebildeterer Bürger eine neue glückliche Generation entsteht.

Aber die Hindernisse von Seiten des Neuerungen-
hassenden Predigers? Und doch ist seine Mitwirkung
unentbehrlich, nicht sowohl, weil er die Aufsicht über
die Schule hat, eine Last, die man ihm im Fall
einer Widersetzlichkeit leicht abnehmen könnte, sondern,
weil auch ein Theil des öffentlichen Gottesdienstes zu
den Verbesserungen in der Schule passen müßte? Es
ist freylich meine Sache nicht, alle Schwierigkeiten
hier aus dem Weg zu räumen! Aber das ist meine
Pflicht, sie anzuzeigen, theils zum Beweis, daß ich sie
nicht übersehen habe, theils, weil gerade diese unter
die wichtigste gehören, auf die man vorzügliche Rücksicht nehmen muß. — Wenn nicht Einheit des Plans
da ist, wenn nicht alles in einander eingreift, so ist
das meiste vergebliche Mühe.

4) Schulmeister ohne bessern Unterricht
taugen nichts. Dies ist aus meiner bisherigen Beschreibung so klar, daß ich jedes Wort verlieren
würde, das ich noch darüber sagen könnte. — Aber
die alte, unbrauchbare? — Diese sind zum theil
reiche Bauern. Ich sehe keine Ungerechtigkeit, wenn
man diese ganz zu ihren Geschäften verwiese. Den
übrigen setzte man besser unterrichtete Provisoren an
die Seite, übertrüge jenen die Geschäfte, die mit
den bisherigen etwa noch einige Aehnlichkeit hätten,
und wo sie mit ihren Vorurtheilen am wenigsten schaden könnten, überließe ihnen die Aufsicht über die
Arbeiten der Kinder u. s. w. In den Städten ließe sich
dies noch leichter möglich machen, weil in den meisten

die Anzahl der Kinder so angewachsen ist, daß ohnehin zu den angestellten Lehrern ein anderer nöthig wird.

5) Schulmeister ohne bessere Besoldung taugen nichts. — Es giebt einige wenige Plätze, wo die Schulmeister auf 3 — 500 fl. zu stehen kommen, aber dafür wieder manche, wo ihre Besoldung nicht über 50 fl. oder Thlr. beträgt. — In unsern Zeiten, wo der überall gestiegene Preis der Dinge seine Wirkungen auch auf die geringste Dörfer erstreckt, ist eine Erhöhung der Einnahme auch hier durchaus nöthig, wenn nicht Ueberdruß, Unmuth, Kummer, Vernachlässigung seiner Pflicht die nothwendige Folge der unglücklichen ökonomischen Umstände des Schulmeisters seyn soll. Die Erhöhung ihrer Einnahme muß dann in solchen Einkünften bestehen, deren Ertrag mit dem Steigen und Fallen des Werths der Dinge im beständigen Verhältniß bleibt, d. h. in Grundstücken oder in Produkten, nicht in baarem Geld.

6) Zu wenige Lehrer für eine so grosse Menge der Kinder taugt nichts: Oder wenn dieser Unbequemlichkeit nicht abzuhelfen ist, so muß bey Eintheilung der Zeit und der Geschäfte, und bey Anordnung der Methode darauf Rücksicht genommen werden, daß ihr schädlicher Einfluß der möglich geringste sey. Auch dieses ist aus dem bishergesagten klar. Aus Mangel an Fond wird

sich dann freylich daran nicht denken lassen, mehrere Männer anzustellen, da von Rechtswegen freylich niemals über vierzig Kinder auf einen Mann fallen sollten. Indessen läßt sich dieser Schwierigkeit ausweichen. Denn wenn viel zu lernen ist, so hat man auch viel Zeit. Eine glückliche Methode wird die Aufmerksamkeit aller Kinder zu gleicher Zeit unterhalten, und der Schulmeister kann fast immer den Unterricht eines Einzigen zugleich zum Unterricht aller, wenigstens von seiner Klasse machen. — Bey der bisherigen Methode war dies freylich nicht möglich. Sie führte Langeweile und Ueberdruß unmittelbar in ihrem Gefolge: Jeden Augenblick, wo es durch Furcht nicht genöthigt ward, aufmerksam zu seyn, war dem Kinde Gewinn und das ewige Plappern und Hersagen lassen verschaffte dem Schulmeister keinen Raum, auch die übrige zugleich zu beschäftigen. — Daher das ausgelassene unbezwingliche Leere in unsern teutschen Schulen, das jeden, ders nicht gewohnt ist, betrübt, die Neckereyen der Kinder unter sich, das Zanken, Schimpfen, Peitschen und Vermaledeyen der Schulmeister, und in ihrer Lage die Unmöglichkeit, es anders zu machen.

Ueber diese sechs Punkte muß man mit mir einig seyn, wenn man nur eine einzige Idee von denen, die ich nur hinzuwerfen wage, billigen soll.

Das erſte, woran man denken muß, iſt ohne Zweifel beſſerer Unterricht der Schulmeiſter. Nur fragt ſichs: Wie iſt dieſer zu bewirken? — Und dieſe Frage zerfällt in zwey andere, von ſeiner äuſſern Möglichkeit, und von ſeiner innern Einrichtung. Ueber beyde zugleich will ich nun etwas, freylich noch ſehr unzureichendes ſagen. Wir haben für dieſen Zweck ſchlechterdings noch gar keine Anſtalt. Ein ganz neues Gebäude muß aufgeführt werden: Woher nimmt man den Platz, und wo die Materialien?

Es iſt bekannt, daß im Wirtembergiſchen für die Bildung künftiger Prediger ganz vorzüglich geſorgt ſey. Sie werden erſt in den Klöſtern, dann in dem ſogenannten Stipendium zu Tübingen neun Jahre lang auf Koſten des Fürſten unterhalten und unterrichtet. Beym Stift zu Tübingen ſind einige Nebenperſonen angeſtellt, die verſchiedene, die äuſſere Einrichtung des Stipendiums betreffende, Verrichtungen haben. Man nennt ſie Famuli. Dieſe wählt man gröſtentheils aus den ſogenannten Pauperknaben oder Chor = Schülern zu Tübingen und nach einer langen Reihe von Jahren erhalten ſie dann eine Präzeptorsoder Kollaborators Stelle. *)

In

---

*) So nennt man die Unterlehrer in den Latein = Schulen.

In ihrem vierzehenten Jahre wurden sie angenommen; zwischen dreyßigen und vierzigen wurden
sie bedienstet, und in dieser langen Zeit überließ man
ihre wissenschaftliche Bildung durchaus ihnen selber,
ein Examen ausgenommen, dem sie sich vierteljährig zu
unterwerfen hatten, und welches in der Ausarbeitung
eines lateinischen Exercitium, im griechisch = und
hebräisch = exponiren bestand.

Unter hundert jungen Männern, die sich in diesem Aufenthalt bilden, findet sich immer ein beträcht-
licher Theil voll solider Kenntnisse, und die Wissenschaften, welche da getrieben werden, sind mannig-
faltig genug. Ausser diesen hat das Stipendium seine
eigene Unteraufseher, welche man Repetenten nennt,
und zu denen man, der Anlage nach, immer die
fähigste und gebildetste Köpfe wählt.

Hier, dächt' ich, könnte man fürs erste, mit
dem wenigsten Aufwand, eine solche Anstalt im Kleinen errichten.

Doch vorher noch eine Erinnerung. In allen
unsern Provinzial = Städten haben wir lateinische
Schulen, wo schlechterdings nichts getrieben wird,
als Latein, und in Privatstunden das Griechische und
Hebräische. Immer sind dann einige Männer von
vorzüglichem Kredit, deren Schulen auch von Kost-
gängern, d. h. von Kindern vom Land oder aus

solchen Städtchen, wo der Präzeptor in keinem grossen
Ansehen steht, besucht werden, so daß unter den sie-
benzig lateinischen Schulen, welche wir etwa haben,
immer die Hälfte seyn mag, die bloß von solchen
Kindern besucht werden, die keiner gelehrten Erziehung, folglich auch nicht der lateinischen Sprache
nöthig haben. Die Hälfte der lateinischen Schulen
ist daher nach ihrer ganzen Einrichtung durchaus
zwecklos, und die übrige Hälfte ists gröstentheils, weil,
die höchste Zahl genommen, die Anzahl derer, die
studiren sollen, immer im Durchschnitt kaum den zehnten Theil beträgt. Nun fragt sichs also: Ist es recht
und billig, um der bey weitem geringern Anzahl willen
die grössere mit Dingen zu martern, die für sie schlechterdings keinen Nutzen haben? Oder ist es wirklich
wahr, daß es auch für den Bürger, den Handwerker,
den Kaufmann, den Schreiber, nichts wichtigers zu
lernen gebe, als die lateinische Sprache? — Oder
ist es nicht Erfahrung, daß von hunderten, die lateinisch lernen, immer neunzig es bis auf die allererste
Elemente hinaus wieder vergessen, und von den übrigen zehen die Hälfte es nicht so weit bringe, einen
lateinischen Schriftsteller mit Geschmack und Vergnügen zu lesen? — Und doch treibt man vom sechsten
bis zum vierzehnten, durchaus nichts, und in der
gelehrten Erziehung bis zum zwanzigsten Jahr beynahe
nichts, als lateinisch. — Wenn es eine grössere
Ungeräumtheit und ein grösseres Elend giebt, als
diesen Misbrauch, so muß es das seyn, daß ihn so
wenige dafür ansehen!

Ich rede nicht davon, ob es thunlich sey, diesem Jammer sogleich abzuhelfen? — Im Grunde sind schon wichtigere Verbesserungen mit noch grösserm Anschein von Unthunlichkeit thunlich gewesen, sobald man nur wollte. — Indessen gehört es noch zu den unbemerktesten und ergiebigsten Quellen des menschlichen Elendes, daß man über die Behauptung eines Mannes, der einen Mißbrauch rügt, dadurch den Stab gebrochen zu haben glaubt, daß man ihm entgegen hält, die Abänderung sey nicht thunlich.

Auf den Einwurf, daß die Einwohner der Provinzial = Städte, die einen oder einige Söhne gerne dem Studiren widmen möchten, dadurch zu viel verliehren würden, wenn sie ihre Kinder in Pension thun müßten, giebts vielfache Antworten: 1) Jeder ist schuldig, seinen Privatvortheil dem Vortheil des Ganzen nachzusetzen, 2) die nemliche Unbequemlichkeit trift einen eben so grossen oder den grössern Theil der Bürger, die Söhne studiren lassen, und auf Dörfern leben. 3) „Ich kann die Kosten für eine Pension nicht erschreiben, und meine Söhne müssen studiren" darauf läßt sich in den meisten Fällen mit jenem Polizeylieutenant von Paris antworten: Je n'en vois pas la necessité. — Haben sie Fähigkeiten, so werden ihnen diese in einer Lebensart eben so brauchbar seyn, und haben sie vorzügliches Talent zum Studiren, so wird sich ihnen forthelfen lassen. 4) Unterricht in einer todten Sprache fängt mit dem zwölften Jahre noch frühe genug an. Wird in der gelehrten Erziehungsanstalt darauf Rückficht genommen, so können die Kinder bis dahin bey den Eltern bleiben, und so beträgt der Unterschied gegen die vorigen Einrichtungen zwey, höchstens drey Jahre.

Nehmen wir noch eine ungeheure Menge von lateinischen Ignoranten, die den Schulen in den Land-städtchen vorstehen, von deren Unwissenheit ich Belege geben könnte, die man, selbst bey der unwiederfprech-lichsten Ueberzeugung von ihrer Wahrheit, noch un-glaublich finden würde. — — Ich kann und will nicht weiter schreiben! Ich fühle, daß ich zu warm werde!

Nun wär' also doch der Wunsch keine Schimäre und keine Unbilligkeit, daß man wenigstens der Hälfte der Schulen, wo gegenwärtig kein Kind für den ge-lehrten Stand erzogen wird, eine zweckmäffigere Ein-richtung gäbe, und hier diejenige Kenntniffe triebe, die für den Bürger am nöthigsten find.

So hätten wir zweyerley Schulen, für welche brauchbare Lehrer gebildet werden müßten, auf den Dörfern, und in den Provinzial = Städten. Sie würden in der Art und in den Gegenständen des Unterrichts von einander nicht sehr verschieden seyn: Denn der Hauptzweck in beyden wäre Bildung des Bürgers, und nur in dem Punkte würden sie sich trennen, wo auf die besondere Bildung des Land-

mannes oder des Handwerkers Rückſicht genommen werden muß. Der Unterſchied beträfe nur die Schüler,
und nicht die Lehrer, die für beyde Fälle eine gemein-
ſchaftliche Bildung erhalten könnten.

Wenn man nun den jungen Leuten, die im Stipendium Koſt und Wohnung frey haben, denjenigen
Theil ihrer Beſchäftigungen abnähme, der ihnen die
meiſte Zeit raubt, und zum Theil auch ihnen nicht
anſtändig iſt, ich meine, die beſondere Beobachtung
des äuſſerlichen Betragens der Stipendiaten, und dadurch auch den Haß und die Verachtung, die ſie
deswegen bisher tragen mußten, von ihnen abwälzte;
wenn man nach und nach ihre Anzahl vergrößerte,
wenn man den fähigſten und beſtgeſinnteſten unter den
Stipendiaten, durch Aufmunterung und Belohnungen,
zum Geſchäft machte, die zuverläſſigſten Kenntniſſe nach
einer klugen Auswahl ihnen beyzubringen, wenn man
für Lehrer und Lernende gleich vortheilhafte Uebungen damit verbände, wenn man vorzüglich mit derjenigen Sanftmuth, Liebe, Herablaſſung und Offenheit ſie behandelte, womit ſie einſt ſelbſt ihre Kinder
behandeln ſollen, wenn man dafür ſorgte, diejenige
ökonomiſche, und technologiſche praktiſche Kenntniſſe,
die gewöhnlich auſſer dem Kenntniskreis der Studiren-
den liegen, ihnen beyzubringen, wäre nicht wenigſtens
ein Anfang gemacht? Auch hätte dieſe Einrichtung
den großen Vortheil, daß die Jünglinge, denen künftig
die Aufſicht über die Schulen anvertraut werden ſoll,

von den Materien und der Art des Unterrichts eine
anschauende Kenntniß bekämen, vielleicht auch frühe
sich angewöhnten, mehr sich für die Schulen zu inte=
ressiren, als bisher geschehen ist.

Und was müßte dann gelehrt werden? Hier
will ich Resewizen reden lassen, so wie ich auch im
folgenden noch oft ihn nützen werde. Seine Vorschläge
sind größtentheils so natürlich, und beziehen sich so
ganz auf die Bestimmung, welche die Menschenklasse,
von der die Rede ist, zu erfüllen hat, daß jeder un=
befangene Denker auf die meiste davon von selbst fal=
len muß. Mir ist es sehr gleichgültig, ob man dies
mir zutraue, oder mich bloß für Nachbether halte:
Ich habe nur Wahrheit zu sagen, nur, was nützlich
ist, zu empfehlen, mag es dann herrühren, von wem
es wolle. Die Jugend auf dem Lande, sagt er, hat
bisher keinen andern Unterricht genossen, als welchen
sie aus dem Katechismus von einem Schulmeister, der
ihn oft selbst nicht versteht, empfangen hat. Die
Religion ist freylich des Menschen Hauptsache: Aber
das ist nicht Religion, was der geringe Haufen in den
gewöhnlichen Schulen erlernt; sondern meistens nur
auswendig gelernte Worte ohne Sinn und ohne
Kraft, deren Werth er nicht faßt, für deren Wahrheit
er sich nicht interessirt, deren Einfluß keine weitere
Beziehung auf sein Leben hat, und die er auch nicht
dazu zu brauchen weis. Doch soll die Religion mit
allen Pflichten und Verrichtungen des Menschen in

Verbindung stehen, wenn sie diesen würdigen Namen verdienen soll. Sie ist eine praktische Wissenschaft und kein Werk des Gedächtnisses.

Die Religion kann und soll auch nicht die einzige seyn, womit die gemeine Jugend beschäftigt wird. Im Anfange der Reformation war es lobenswürdig, daß man die Jugend in den niedrigen Schulen blos mit Religionsbüchern unterhielt, um die herrschende große Unwissenheit zu vertreiben. Die Zeiten waren auch so, daß man ihr keinen andern nützlichen Unterricht ertheilen könnte. Aber die Erfahrung sollte es gelehrt haben, daß die Religion der Jugend eben dadurch widrig, oder doch wenigstens gleichgültig werde, wenn sie Jahre lang immer einförmig damit beschäftigt wird: daß die mehrentheils plumpe und ungeschickte Art, sie dem Gedächtniß einzuzwingen, das Gefühl der Religion bey den meisten nur verfälsche, und vielmehr die Vorstellung eines beschwerlichen Frohndienstes, als einer tröstlichen und wohlthätigen Sache in ihrem Gemüthe zurücklasse: daß also am Ende durch den anhaltenden nur einförmigen Unterricht der Religion in der That mehr Schaden als Vortheil für die Jugend entstehe. Die muntere Jugend kann nicht ohne Ueberdruß immer zu einerley Geschäften angehalten werden, zumal wenn sie so abstrakt und unverständlich sind, als ihr die Religion großentheils vorgetragen wird.

Die Jugend ist überdem auch noch zu andern nützlichen Dingen in der Welt bestimmt: Dazu sie eben sowohl vorbereitet werden sollte, als zur Erkenntniß und Ausübung der Religion. Sie sollen nicht allein gute Christen, sie sollen auch brauchbare und verständige Bürger seyn: Ja sie können jenes nicht recht seyn, wenn sie nicht die Pflichten des letztern kennen, und auszuüben geneigt sind: Denn das Christenthum soll eben in den mannigfaltigen Verbindungen und Geschäften dieses Lebens seinen Einfluß beweisen und je aufgeklärter der Mensch als Bürger ist, desto mehr lernt er es verstehen, wann und wie er sein Christenthum brauchen soll. In unsern aufgeklärten Zeiten hat man über die Angelegenheiten und Geschäfte des menschlichen Lebens viel richtiger denken lernen, als zuvor: Aber das Licht leuchtet im Ganzen genommen nur noch wenigen, und der größte Theil des menschlichen Geschlechts schwebt noch in seiner alten angeerbten Unwissenheit, und wird durch falsche Vorurtheile und verkehrte Gewohnheiten in seinen Verrichtungen geleitet. Besonders ist das vom Landmann wahr: er kriecht noch immer in seinem alten irrigen Wahn; Obgleich der nachdenkende Theil der Welt anfängt, das Geschäft und die wohlgeleitete Arbeitsamkeit des Landmannes für die Grundsäule aller Wohlfahrt gesitteter Länder zu halten. Sollte man nun ihm nicht zu Hülfe kommen? Sollte man ihm nicht von dem Lichte, das da ist, mittheilen, soviel er bedarf? Sollte es nicht für die Menschheit und für die Politik eine angelegentliche Sache seyn, ihn zum verständigen Mann und zum geschicktern und tüchtigern Bauer zu

machen? Deswegen darf er nichts weniger, als gelehrt werden. Er soll nur mehr lernen, als seinen
Katechismus und die Religion muß er verstehen und
so verstehen lernen, daß er sie auf seinen Zustand und
seine Geschäfte auch anzuwenden wisse. Die ersten
Gründe des Aker- und Garten- (und, wo es seine
Lage erfordert, Wein-) Baues und der Viehzucht
sollte er aber auch durch Unterricht und Uebung in der
Jugend fassen. Die nöthigste Regeln der Rechenkunst,
und einige sehr begreifliche und zugleich sehr brauchbare
Erfahrungs-Sätze aus der Meß-Kunst und
Mechanik sollten ihm nicht unbekannt seyn. Die
Kenntnisse der Vortheile, die er in seinem Vaterlande genießt, und der nothwendigen und nützlichen Verbindung, darinn er mit andern Menschen steht, sollten ihn zum Gehorsam gegen die
Obrigkeit willig machen, und zur Billigkeit und Liebe
gegen andere Menschen vermögen. Er sollte auch seine
Gesundheit schätzen und bewahren lernen, um sich
vor den Lastern zu hüten, die sie zu Grunde richten;
vor den Marktschreyern die sie verderben; und vor
den falschen Vorurtheilen, die ihn bey zustoßenden
Krankheiten verführen. Das sind die Punkte, darüber
der junge Landmann Unterricht bedarf, wenn er für
seinen künftigen Stand verständiger und brauchbarer
werden soll, als er bisher gewesen ist. Die Abwechslung der Materien und das sichtbare Interesse derselben
würde der Jugend überdem auch den ganzen Unterricht
angenehm und werth machen.

Für die Handwerksschulen gehörte dann noch Kenntniß der Produkte der ihrer verschiedenen nützlichen Verarbeitnngen, Kenntniß der vorzüglichsten Beschäftigungen und Werkzeuge der vorzüglichsten Handwerker.

Resewitz schlägt die Materien und die Form eines nach unsern Absichten eingerichteten Lehrbuchs vor, und giebt dazu die vortreflichste und brauchbarste Vorschläge.

Allerdings ist ein Lehrbuch für Kinder unentbehrlich: Aber noch unentbehrlicher ist ein, in der genauesten Beziehung darauf stehendes, besonderes Lehrbuch für Schulmeister, solange besonders, als noch nicht Raum und Fond genug da wäre, um alle Schulmeister im Seminarium zu bilden. — Dieses Lehrbuch müßte dann auf die faßlichste Weise die beste Methode des Unterrichts, die deutlich erklärten Regeln des Buchstabirens, Lesens, Schreibens, und zu allem, was das Lehrbuch für Kinder enthält, die passendsten und gewähltesten Beyspiele enthalten. Im Seminarium selbst müßte dieses Lehrbuch bey ihnen zum Grunde gelegt werden, damit es für sie der beständige Faden bliebe, woran sie alles Gehörte und Gelernte anknüpfen könnten. — Noch eines besondern Umstandes muß ich Erwähnung thun: In diesem Lehrbuch wünsch' ich auch einen Anhang, der eine kurze Beschreibung und Widerlegung der unter dem Landvolk gangbarsten politischen, ökonomischen,

diätetischen, moralischen und religiösen Vorurtheile enthielte. Im letzten Fache könnte Kellners
Grab des Aberglaubens, vorzüglich gute Dienste
thun.

Der Wirtemberger müßt in diesem Lehrbuch
besonders einen faßlichen Auszug seines Landrechts,
einige Kenntnisse von den Verhältnissen und Verrichtungen der Beamten zu den Dikasterien, und der
Landstände zum Fürsten, und vom Umfang und den
Gränzen ihrer Verrichtungen finden. Oft wird der Bauer
über seinen Beamten ungeduldig, und gegen ihn miß-
trauisch, weil er verlangt, daß dieser ihm etwas
erlauben soll, was er nicht erlauben kann. 2c. 2c. —

In einigen Gegenden müßte man bey der Anwendung vorzügliche Rücksicht auf den Weinbau, in andern auf die Vieh- und Baumzucht nehmen 2c. 2c.

Dies ist für meinen Zweck hinreichend, um einen
Begrif von dem zu geben, was erst den Schulmeistern
beygebracht, und dann von diesen in diesen Schulen
gelehrt werden muß. Nun noch einiges von der
Einrichtung der Schulen selbst.

Man muß alles vor den gesunden Menschenverstand bringen, sagt Resewiz, d. h. man
muß alles auf Erfahrungen zurückführen, die sie schon
selbst gemacht haben, oder die sie gleich machen kön-

nen. — Was sie lernen, und dem Fond von Begriffen und Empfindungen, den sie schon sich gesammelt haben, sich anpassen, müssen sie damit vergleichen; müssen sie darinn aufnehmen können. Daher muß man Kindern alles anschaulich machen, alles, was irgend möglich ist, vor ihre Sinne bringen, und das übrige durch Beyspiele erläutern, die aus ihrer Sfäre genommen sind. Also keinen abstrakten Begrif, keine Regel ohne Erklärung und Anwendung! Keine Theorie ohne Praxis, dies beym Buchstabiren, wie beym Vortrag des Christenthums, beym Unterricht vom Landbau, wie beym Unterricht vom Rechnen.

Der gesunde Menschenverstand verwirft anfangs, was nicht mit ihm zusammenpaßt, und darunter gehört beym Kind alles, was es nicht versteht. Sobald nun ein Kind irgend eine Sache schwer ins Gedächtniß faßt, so erregt dies schon starken Verdacht, daß es die Sache nicht verstehe. — Durch Furcht und Strafen kann man das Auswendiglernen erzwingen: Aber die Thätigkeit des Menschenverstandes ist nun gelähmt! Nun ist die Anlage da zu allem Aberglauben, und zu der sinnlosen und dreusten Leichtgläubigkeit auf der einen Seite, wie zu der unbiegsamsten Starrköpfigkeit auf der andern. Denn das Kind hat durch Zwang und Marter einen Vorrath von Ideen in sein Gedächtniß gesammelt, die an die andere von keiner Seite sich anschliessen. Dies ist nur eine Menge von dunkeln Vorstellungen, wobey die Seele weder

Gewalt hat, sie aufzuhellen, noch sie wegzuwer-
fen. — Verräth nun irgend ein neuer Begrif, den
sie auffangen, Analogie mit jenen dunkeln Vorstellungen, so vereinigt er sich, ungeprüft und unaufgehellt
mit dieser Masse. Steht ein anderer damit im Widerspruch, so ist alle Ueberzeugung verlohren, und er
wird verworfen, nicht aus erkannten Gründen, sondern
aus einem widerstrebenden dunkeln Gefühl. Gewöhnt
man hingegen die Kinder, nichts unter ihre Begriffe
aufzunehmen, was sie nicht für wahr erkannt, d. h.
was sie mit ihren bis jetzt gesammelten Begriffen und
Erfahrungen noch nicht übereinstimmend gefunden
haben, so bleibt ihr Menschenverstand in seiner vollen,
unverderbenen Thätigkeit. Und ihr Gedächtniß wird
dadurch so wenig unterdrückt werden, daß es vielmehr
in ihrem Nachdenken eine neue, und die haltbarste
Stütze finden, und noch überdies mit den andern
Seelenkräften im glücklichsten Verhältniß bleiben wird.
Man hat dann, um das Gedächtniß zu üben, durchaus nichts nöthig, als den Kindern, was sie lernen
sollen, faßlich und — unterhaltend zu machen. —
Warum behalten wir so leicht Stellen aus Schriftstellern, die uns gefallen, warum vergessen wir Begebenheiten nicht, woran unser Herz Theil nimmt, während es uns z. B. so schwer wird, Redensarten
einer Sprache zu behalten, die wir nicht verstehen,
oder während derjenige, der in einer Kaffeevisite sich
ennuirt hat, die Stunde darauf keine Silbe mehr
von all dem weis, was darinn verhandelt worden
ist?

Also man muß niemals vom Auswendiglernen anfangen, und zum Erklären fortschreiten, sondern nur das muß man Kinder ins Gedächtnis fassen lassen, wovon man gewiß weis, daß sie's verstehen. Das Gedächtniß ist ohnehin die stärkste Seelenkraft bey Kindern: Nicht zu befördern hat man sie, sondern zu leiten, und manchmal gar einzuschränken. Wie umgekehrt ist nach diesen Voraussetzungen unsere Methode!

Die Fähigern werden also ganz gewiß von selbst auswendiglernen. Aber die Unfähigern? — Gut, wenn es Mangel an Fähigkeit ist (und Mangel an gutem Willen läßt sich bey einer glücklichen Methode kaum denken) so liegt der Fehler ohne Zweifel darinn, daß sie das Gesagte noch nicht begreifen. Aber begreifen lernen sie nicht durchs Auswendiglernen, sondern durchs Erklären! — Liegt aber der Fehler wirklich im Gedächtniß, dann sind freylich Uebungen dieser Seelenkraft nöthig, aber mit der äussersten Vorsicht, damit die Uebung nicht schade. — Also was man ihnen aufgiebt, müssen sie entweder verstehen, oder es müssen Hülfsmittel seyn, wodurch ihnen für die Zukunft das Lernen erleichtert wird, wie z. B. bey Sprachen die Paradigmen, beym Rechnen das Einmal Eins. Unerklärte Regeln z. B. oder unverständliche Bibelstellen u. s. w. sind keine Hilfsmittel.

Was man den Kindern beybringen wolle, müsse man ihnen, sagt' ich, auch unterhaltend machen. Es wäre traurig, wenn ich diese Wahrheit erst beweisen müßte, die sich jeden Augenblick durch die Erfahrung bestättigt! — Und doch sündigt man so häufig dagegen! — Unsere ganze wissenschaftliche und sittliche Erziehung ist eine zusammenhangende Sünde dieser Art! — Denke man sich z. B. den bejammernswürdigen Unsinn, wenn man ein Kind, das eben gepeitscht worden ist, wie man Hunde peitscht, zwingen will, im nemlichen Augenblick wieder, wie ein Hund, schmeichelnd und freundlich zu seyn! — Wenn man mitten unter finstern Gesichtern, mürrischen Befehlen, Vorwürfen, Schimpfworten, von ihm Gefälligkeit und Liebe verlangt! Oder Zutrauen, wo man ihm jede Freude verbittert, jeden seiner Schritte tadelt, jede Aeusserung seiner schuldlosen Triebe mißbilligt. — Eben so ist's mit dem Unterricht! — Aufmerksamkeit verlangen, und doch keine Theilnehmung erwecken, ist Widerspruch? — Und wie macht man etwas den Kindern unterhaltend? — Sobald man einer Sache für sie ein gegenwärtiges Interesse giebt, so bald man die ihm angenehme und nützliche Seite ihm anschaulich macht! — Es wird vielleicht keinen Fall geben, wo dies nicht möglich wäre: Denn von wie unendlich vielen Seiten läßt sich die Lebhaftigkeit der Kinder und ihre Neugierde nicht fassen und festhalten? — Aber wenn auch dieser Fall einträte, so kann die Heiterkeit und Gefälligkeit des Lehrers diesen Mangel vollständig ersetzen.

Diese Tugenden, mit dem gehörigen Ernst verbunden, sind die erste des Lehrers! Durch sie vermag er alles, und ohne sie — freylich auch alles, wie der Despote, vor dem alles zittert, und gehorcht, so lang man muß, und der dafür auch den Verdruß hat, zu sehen, daß man nichts thut, als weil man muß. — Aber wer alles durch den Zwang vermag, der vermag im Grunde nichts! Alles wird unvollkommen, und da wird nichts geschehen, wo sein Blick nicht hinreicht! — Ferner verachtet endlich der Sklave den Tod, und der Knabe die Schläge, und — hin ist das Phantom von Macht des Tyrannen! — Nun ist er unvermögend, wie ein Kind. Die Anwendung dieser Grundsätze zu zeigen, würde mich zu weit führen. Diese Materie ist unerschöpflich. — Man erlaube mir also nur einige Fragmente.

Der Aufenthalt in der Schule, der bisher den Kindern eine Marter war, muß ihnen zum Vergnügen werden! — Dazu ist fürs erste ein heiteres Zimmer für den Unterricht nöthig! Dazu ist nöthig, daß die Schulmeisterinn mit dem Kindergeschrey von ihnen entfernt werde. — Dazu ist nöthig, daß sie nicht so gedrängt aufeinander sitzen, wie Blattläuse, und nicht so gezwungen, wie Pagoden auf dem Gesimse, die mit dem Körper unbeweglich sind, und denen immer der Kopf wackelt! Dazu ist nöthig, daß kleine Kinder, sobald sie Langeweile bekommen, entweder in einem andern Zimmer angenehm beschäftigt, oder entlassen werden!

Sind

Sind ihnen auch die Gegenstände des Unterrichts angenehm, und ist die Art der Unterweisung die zweckmässige, so ist kein Zweifel, die Kinder werden die Schule suchen, wie sie sie bisher geflohen haben.

Ferner verträgt die Lebhaftigkeit der Kinder ein allzulanges Anheften an Einerley Gegenstand nicht. — Dies ist die Natur der menschlichen Seele! Deswegen verläßt das Kind mit Ueberdruß zulange getriebene Spiele, und eilt zu andern! Deswegen fühlt selbst die Seele des Denkers, auf die nemliche Materie zu lange angespannt, Abspannung, und bedarf der Abwechslung! — Folglich müssen die Gegenstände des Unterrichts gehörig abwechseln. — In der einen Stunde lesen, in der andern schreiben, in der dritten lernen u. s. w. dies versteht sich von selbst.

Aber selbst dieses ist zuviel: Es ist immer noch Anstrengung der Seele, und dieses fällt den Kindern drey Stunden lang schwer. Die Einrichtung der Natur ist diese, daß erst der Körper des Menschen sich entwickeln soll, und dann die Seele. Man stöhrt diese Einrichtung, wenn man die Seele so lange beschäftigt, und diese Beleidigung der Natur rächt sich, wie überall, so auch hier, durch Mangel an Aufmerksamkeit und durch Zerstreuung.

Nun hab ich gesagt, daß man Kinder, alles anschaulich, alles praktisch zeigen müsse. — So z. B. muß nun auch der Unterricht vom Landbau getrieben werden. Hier begegnet mir Resewitz, und alle, die über Verbesserung der Schulen nachgedacht haben, wieder. Die Kinder müssen einen Ort haben, wo sie das in der Natur sehen können, was ihnen der Unterricht vorträgt. — Dieser Ort mag ein Schulgarten heissen. Hier müssen sie die Pflanzen, die Art ihres Anbaus, u. s. w. durch eigene Beschäftigung, kennen lernen. — Dies ist nun theils fortgesetzter Unterricht, theils nöthige Beschäftigung des Körpers, theils Belohnung und Aufmunterung. Noch ein Vortheil: Die Menge der Kinder hindert den Schulmeister. — Wohl! er beschäftigt einen Theil von ihnen in der Schule, den andern im Garten! Hat er einen Gehülfen, so vertritt dieser irgendwo seine Stelle. — Mangelt ihm dieser, so hat er ein Weib, oder hat gesittete Schüler, die er zur Belohnung als Aufseher anstellt. Welche herrliche Aussichten gewährt dieser Vorschlag! Welche Quelle von Kenntnissen für die Neugierde, und von Freuden, für das zur Freude geschaffene Herz des Kindes! Welchen Sporn zum Fleisse, zur Aufmerksamkeit! — Hier ist der Ort, wo das Kind Religion lernen muß.

Freilich im Winter fällt diese Beschäftigung weg. Alsdann wähle man eine andere! — Unsere Pfarrer zählen, zum Glück oder Unglück, größtentheils den kleinen Zehenten unter ihre Einkünften. — Zum Unglück, sag' ich, weil der Pfarrer, nie so durchgängig gewinnen wird, wie, wenn er ihn nicht hätte: Zum Glück, weil er doch immer etwas besitzt, das unter allen Umständen seinen verhältnismässigen Werth behält. — Nun so gebe der Pfarrer den Kindern seinen Hanf oder Flachs zum Spinnen! — In den Städten können die Arbeiten vielfältiger und künstlicher seyn.

Eine andere Hauptsache, worauf man bey Schulen sein Augenmerk zu richten hat, sind Belohnungen und Strafen, sowohl bey Lehrern, als bey Kindern.

Die Besoldungen der Schulmeister müssen erhöht werden. Man könnte dies bey einer zweckmässigen Verwaltung unsers Kirchenguts ohne Zweifel möglich machen; Auch wär' es nicht nöthig, daß alle Gehalte gleich groß gemacht würden, damit Raum zu Beförderungen bliebe. Landschulmeister von vorzüglichen Fähigkeiten müßte man auch in Provinzial-Städten anstellen können, und auch hier müßt' es verschiedene Grade der Ehre und des Ansehens geben. Ich sehe nicht, warum die Schullehrer nicht so gut ihre eigene Aufseher haben sollten, als die Prediger. — Doch ich würde mich ins Land der Schimären verliehren, wenn ich diese Idee weiter verfolgen wollte, so wie ich überhaupt in dem, was sich über Besoldungs-Er-

R 2

höhung sagen läßt, mit Absicht nicht zu weitläufig seyn will, weil mans vielleicht doch nur radotiren nennen würde.

Da aber die Landschulmeister noch lange durch Geburt, eigenthümliche Besitzungen, Familie an einen gewissen Ort gebunden seyn werden, so wären für verdiente Männer dieser Art gewisse Prämien auszusetzen, die entweder in Geld, oder in Naturalien, oder in Grundstücken bestehen könnten. — Wenn irgend ein Aufwand nöthig, nützlich und Pflicht ist, so ist es dieser! Und wehe dem Lande, wo man dies erst noch beweisen muß! — Alle Kassen sollten sichs zum Geschäft machen, hierzu beyzutragen: Denn alle Glieder des Staats in allen möglichen Beziehungen haben vom verbesserten Schulunterricht den sichtbarsten Vortheil. Aber freylich die Gleichgültigkeit gegen diese Angelegenheit ist durch alle Stände verbreitet, und selbst der Bauer, welcher davon den unmittelbarsten Nutzen hätte, würde sich hier einer neuen Einrichtung theils aus seiner gewohnten Anhänglichkeit ans Alte, theils aus Neid und Mißgunst am meisten widersetzen. Beyspiele reden für mich! Es wäre auch traurig, sie anzuführen.

Ich habe von Grundstücken geredet, durch welche man die Besoldungen der Schulmeister am schicklichsten erhöhen könnte. — In der That ist diese Quelle der Einkünfte für sie und für Landprediger die angemessenste, weil sie dadurch in den Stand gesetzt werden, dem Landmann durch ihr Beyspiel in Verbesserungen voranzugehen, und dadurch zu einer glücklichen Unternehmung seines Wohlstandes und seiner Kenntnisse beyzutragen. Freylich, wie die beste Dinge immer auch dem Mißbrauch unterworfen sind, so wirds auch dieses seyn. Der Eigennuß kann manche in die Versuchung führen, die Pflichten ihres Amts den ökonomischen Geschäften nachzusetzen. — Indessen wäre dies keine neue Unbequemlichkeit, da die meiste Prediger und Schulmeister entweder eigenthümliche, oder Besoldungs-Grundstücke schon besitzen, und eine wahre durchgängige Verbesserung würde zugleich auch Mittel in sich enthalten, solchen Nachlässigkeiten zuvorzukommen.

Resewiz sagt: In verschiedenen Gegenden scheint der Zeitpunkt nahe zu seyn, die Gemeinheiten aufzuheben. Bey der daraus entstehenden Vertheilung der Aecker kann es weder dem Gutsherrn noch der Gemeine beträchtlich seyn, wenn ein Theil des Gemeinackers zum hinreichenden Lohne für einen geschickten Schulmeister bestimmt wird. Im Ganzen werden sie doch alle dabey gewinnen, und was sie auf einen Lehrer, der nach diesem Plan unterrichtet, verwenden, wird durch die beförderte Aufklärung und den verbesserten Landbau der folgenden Zeiten sattsam ersetzt werden. In solchem Zeitpunkte könnte die Erziehung am sichersten zum allgemeinen Besten vortheilhaft eingerichtet, und geschickte Lehrer nicht allein zugezogen, sondern auch ehrlich versorgt werden. Der zum

R 2

Schulamte gelegte Acker würde den Schulmeister näh=
ren, und fähige Köpfe erwecken, sich dazu tüchtig zu
machen, er würde einem verständigen, und vorher in
den Grundsätzen des Ackerbaues wohl unterrichteten
Manne Gelegenheit geben, Versuche und Erfahrungen
anzustellen, welche die Jugend belohnen, die Alten durch
den Erfolg aufmerksam machen, ihm selbst zum Vor=
theil, und nach und nach zur allgemeinen Verbesserung
des Ackerbaues gereichen könnten.

Ich bin weit entfernt, mich hier in ein fremdes
Feld zu wagen, und in die ökonomische Debatten über
die Nützlichkeit oder Schädlichkeit der Aufhebung der
Gemeinheiten mich einzulassen. So viel scheint indessen
erwiesen zu seyn, daß diese Aufhebung wenigstens für
die fruchtbaren Ebnen des Landes vom größten Vortheil
seyn würde. Und wenn dieser Zeitpunkt eintretten
sollte, so würde der gewiß der lobenswürdigste Vor=
gang eines seiner besten Regenten, der eine ähnliche
Aufhebung zur Verbesserung des Erziehungswesens
verwandte, es für Wirtemberg zur doppelten Pflicht
machen, in einem aufgeklärten Zeitalter diese aller=
wichtigste Angelegenheit nicht zu vernachlässigen. —
Gesetzt aber, daß auch dieß nicht geschähe, was würd'
es für ein grosser Schade seyn, von den Gemeinwei=
deplätzen ein so unbedeutendes Stück abzureissen, als
für unsern Zweck erfordert würde? — Das Vieh
würd' einen unbeträchtlichen Verlust, und die Men=
schen einen sehr beträchtlichen Gewinn haben? —
Können bey diesem Gegensatz die Wagschaalen einen
Augenblick im Gleichgewicht bleiben?

Ist dann auf diese Art der Schulmeister besser unterrichtet, vor Mangel geschützt, so hat man auch doppeltes Recht, die Erfüllung seiner Pflichten von ihm in ihrem ganzen Umfang zu fordern, und jede Vernachlässigung wird zum doppelten Verbrechen. Bisher könnte man weder gegen die Unwissenheit, noch gegen die Nachlässigkeit so strenge seyn, als man wohl sollte. Aber da kann mans, und Nachsicht wäre die unverzeyhlichste Schwäche! — Ich setze voraus, daß die Schulmeister nicht ohne geprüfte Tüchtigkeit angenomen werden müßten: Folglich müßte, was man zu strafen hätte, immer nur Nachlässigkeit seyn. Wäre diese im Unterricht, so müßten erst Ermunterungsmittel, dann Entziehung eines Theils der Vortheile seines Amts, und endlich völlige Entfernung davon in der unausbleiblichsten Gradation erfolgen. Wäre sie in den Sitten und im Charakter, so müßten die Warnungen noch schärfer, die Bestrafungen noch schneller, und die völlige Abschaffung noch unvermeidlicher seyn. Es ist eine unverzeyhliche Schwachheit, aus einem unzeitigen Mitleiden, einem einzelnen Menschen der nicht geschont seyn will, eine ganze Generation der Gefahr auszusetzen, daß sie an Leib und Seele zu Grunde gehet.

Zu diesem Zweck müßte jede Nachlässigkeit und noch mehr jede Partheilichkeit zum theil auf die Aufseher zurückfallen, und in diesen bestraft werden. Die Prüfungen müßten häufig, gewissenhaft, und strenge seyn, und der Schulmeister müßte sich nie mit der Hoffnung schmeicheln können, unbemerkt und unge= straft durchzukommen. Weder Gevatterschaft, noch Geschenke, weder Bequemlichkeit der Vorgesetzten, noch ihr Mitleiden müßt' ihn retten können! — Fromme Wünsche!

Und dazu gehörte dann ein Mann von Gewicht, Unabhängigkeit und Eifer, der für die teutsche Schulen das wäre, was die Pädagogarchen für die lateinischen seyn sollen. Dieser Mann müßt unangemeldet, zu jederzeit, bald hier, bald dort, eine Schule visitiren, und daß Resultat davon müßte für den Schulmeister unausbleiblich entweder vortheilhafte oder ungünstige Folgen haben. Freylich sobald auch diese Anstalt zum bloßen Zerimoniel würde — — dieser Mann müßte keinen andern, aber den Fürsten müßt' er fürchten müßen. — Der Fürst selbst müßte sich zur Pflicht herablassen, einmal etwa in zehen Jahren des Auf= sehers Stelle zu vertretten, und in einigen Orten des Landes selbst nachzusehen, wie jener sein Amt ver= waltete.

Soll ich auch noch etwas von Belohnungen und Strafen der Kinder sagen? — Diese Materie ist, wenn nicht die am wenigsten bearbeitete, doch die am wenigsten richtig ausgeübte in der Erziehung? — Und ob sie wichtig sey? — Die ganze Erreichung des Zwecks in der wissenschaftlichen und sittlichen Bildung hängt davon ab!

Man kann alles zur Belohnung, man kann alles zur Strafe machen! Oft wird das zur Strafe, was Belohnung, oft zur Belohnung, was Strafe seyn sollte! —

In unzähligen Stuffen können Belohnungen und Strafen fortschreiten! Ein Wort, ein Blick, eine Mine kann beydes werden: bey uns spannt man gleich zu Anfang die Saiten aufs höchste, und man hat sich erschöpft, ehe man angefangen hat!

An Belohnungen hat man beynahe gar nicht gedacht! — Lob des Schulmeisters, Lob des Aufsehers, Ergötzlichkeiten, Kinder = Feste, Prämien! — Wie leicht alles in Stand zu setzen, und von welcher Wirkung! — Sobald der Lehrer die Achtung und Liebe der Kinder hat, kann er sie leiten, wie er will.

Der vorgeschlagene Schulgarten böte die meiste und zweckmäßigste Gelegenheiten zu Belohnungen an! — Zu Anfang des Frühlings, bey Eröffnung der Feldgeschäfte! Zu Ausgang des Sommers bey ihrer Endigung! — Vertheilung der Arbeiten, wovon eine ehrenvoller, als die andre wäre nach dem Grade von Einsichten und Kräften, die dazu erfordert würden! Anvertrauung der Aufsicht über andere u. s. w. — Prämien: Antheil am Ertrage des Gartens, am Gewinn der Spinnerey! — Und sollte sich noch

ein kleiner Fond ausfinden lassen, von dem man diese
hernehmen könnte! Im ganzen Land ist es eingeführt, daß einige Paare von Schülern zu Anfang
des Sommers den Katechismus öffentlich in der Kirche
sprechen. — Ferner wird jährlich ein sogenanntes
grosses Kinderexamen gehalten, das, weis der
Himmel, wie? zu diesem Namen gekommen ist.
Alle Kinder, von denen an, die noch eben kaum lallen
können, bis zu denen, die konfirmirt werden sollen,
lernen hier ein vom Prediger aufgegebenes Kirchen-
lied und einen Psalm. — Dafür und fürs Katechismus = Sprechen ist ein gewisses Geld ausgesetzt.
Wie wenn man dies für einen edlern Zweck verwen-
dete, und nicht bloß eine leere Gedächtnißsache, sondern Aufmerksamkeit, Sittsamkeit, Fleiß und Nachdenken belohnte! — Dieses Geld beträgt doch immer
etwas: Kaufe man davon ein nützliches, unterhal-
tendes Buch, und gebe dies öffentlich zur Belohnung
der keimenden Tugend!

Die Lehrbücher müßten nicht als Belohnungen
ausgetheilt werden, sondern jeden Vater müßte man
anhalten, diesen Aufwand zu machen! — und die
Summe, die zu Anschaffung der bisherigen Schulbücher
für die bedürftigste ausgesetzt war, müßte nun dahin
verwandt werden! — Traurig genug, wenn diese
Last für den Landmann zu groß wäre, wie man wirklich befürchten muß! — Wär' indessen nur in
jeder Familie für den Anfang Ein solches Lehrbuch! —

Und — man lache doch nicht. — Einen Theil dieser Ausgabe rechne man ihnen bey Einziehung der Steuren ab!

Der Ertrag vom Verlage dieser Bücher käme bey uns freylich nicht dem Schulen = Fond, sondern fiscus charitativus *) zu Gute: Diesem kann und darf man nichts entziehen: Auch würd' er bey der neuen Einrichtung nichts verliehren.

Von Strafen. — Soll man die Methode des Prügelns abschaffen? — Ohne Rücksicht auf die Umstände zu nehmen, ist die Antwort ohn' allen Anstand: Ja! — Denn Prügeln ist der Menschheit unwürdig, und allen guten Trieben der Kinder= Seelen tödtlich!

Aber nun hat man bisher geprügelt, und nichts als geprügelt! — Die Gefühle der Kinder sind also für eine edlere Behandlung durch unsere Schuld größtentheils stumpf geworden! — Entfernen kann man

*) Der fiscus charitativus ist eine löbliche Anstalt, aus welchen die Wittwen der Prediger und Präzeptoren eine jährliche Pension, bisher von 25 fl. ziehen. Man sorgt gegenwärtig für seine Erhöhung.

die Ruthe nun gleich zum Anfang nicht: Eine plötzliche Revolution ist immer schädlich, und jeder, auch nur scheinbar Nachtheil, würde gegen die gute Sache im Ganzen Vorurtheile erregen! — Aber aus den Augen in die gehörige Entfernung rücken kann man sie! Sie spät und ungern und nur für wichtige Vergehungen gebrauchen. Sie als die höchste und letzte Stuffe der Strafen betrachten. Dadurch kommt sie wieder in ein Ansehen, das sie verlohren hat, und neue Strafen, die man einführt, Entfernung vom Antheil an den Gartenbeschäftigungen, Entziehung der Prämien, Ausschliessung von den gemeinschaftlichen Festen, werden eine unendlich größere Wirksamkeit haben! Nach und nach wird ein Wink des Schulmeisters mehr vermögen, als bisher zehen Hiebe auf den Hintern!

Aber doch ja niemals versäume man, die Kinder von ihrem Vergehen zu überzeugen, und daß man Recht habe, sie zu strafen! — Hierzu gehören nun keine lange Predigten, die vollends alles verderben! — Man muß den Fall durch analogische Beyspiele vor das moralische Gefühl des Kindes bringen, und wenn dieses schweigt, so muß mans bey den übrigen urtheilen lassen! — In gewissen Fällen könnt' es sogar von großem Nutzen seyn, wenn die Kinder selber, unter der Aufsicht des Lehrers, über einander das Urtheil sprächen, und einen solchen Vorgang könnt' er treflich zu mancher glücklichen moralischen Zurechtweisung und zu Erhöhung seiner eigenen Kenntniß von ihrem Karakter nützen! —

Wenig brohen, aber was einmal gedroht ist,
erfüllen, und so, daß das Kind selbst einen Begrif
von der Nothwendigkeit der Erfüllung bekomme! ꝛc. ꝛc. —

Schulenversäumnisse müssen ohne Nachsicht be=
straft werden, aber nicht an den Kindern, sondern
entweder an den Eltern, oder am Schulmeister. —
Bis jetzt könnte mans dem Kinde nicht verdenken,
wenn es jede Gelegenheit begierig ergrif, sich von der
Schule los zu machen. Bey einer Verbesserung der
Schulen, wo Lernen fürs Kind Vergnügen wird,
fällt dies weg. — Liegt dennoch die Schuld an den
Kindern, so ist, tausend gegen Eins, der Lehrer ein
schlechter Mann, der seine Pflicht entweder nicht
versteht oder nicht ausübt. — Halten die Eltern
das Kind ab, so begehen sie ein Staatsverbrechen:
Denn sie entziehen dem Vaterland einen künftigen,
brauchbaren Bürger.

Aber die Armuth und die Bedürfniß der Land=
leute? — Sind, wie ich zur Ehre meines Vater=
landes hoffe, selten so groß, daß sie die Beyhilfe der
Kinder unentbehrlich machten. — Indessen muß das
Kind dann wenigstens sich stellen. Bey der Eintheilung
der Lektionen wird es leicht seyn, die Sache so einzu=
richten, daß es nichts oder wenig versäume, und statt
der Arbeit im Schulgarten geht es dann zur Arbeit
nach Hause. Nun müßte man denen, welche fast nie=
mals hier sich hätten brauchen lassen, billigerweise

auch ihren Antheil an seinem Ertrag entziehen, und dies wird' auf die Eltern, wie auf die Kinder wirken. Den Sommer über sind ohnehin die Unterrichtstunden weniger, als im Winter. Zur Zeit allgemeiner Feldgeschäfte ist Vakanz, die aber niemals drey Wochen aneinander anhalten sollte, sondern zwischen hinein müßten wenigstens einige Stunden in der Woche der Wiederholung gewidmet seyn.

Ich bin weitläufiger geworden, als ich werden wollte, und ich habe doch das meiste nur berührt, und von manchem gar nichts gesagt. Nun ist aber noch ein Punkt übrig, den ich, zu meiner Rechtfertigung gleichsam, etwas weiter ausführen muß. Ich habe die ganze Basis unserer Schulenverfassung angegriffen, und zu zeigen gesucht, daß sie unbrauchbar und schädlich sey. — Ich habe den Mechanismus im Christenthum verdrängen wollen: Man könnte glauben, ich suchte den Unterricht im Christenthum selbst zu verdrängen. Ich bin es folglich mir selbst schuldig, meine Gedanken hierüber darzulegen, welches ich sonst nicht wagen würde, da dieser Punkt unter allen vielleicht der schwerste und der bedenklichste ist.

Bey all dem sind es lauter herrschende und zum theil geheiligte Vorurtheile, denen ich bey meinem Vorschlag werde auszuweichen suchen. Ich erwarte daher nichts weniger als allgemeinen Beyfall, aber desto mehr Tadel, und der größte Haufen wird sagen, ich habe zu wenig gethan. — Einige wenige werden vielleicht schweigend das Urtheil bey sich selber fällen: Es sey auch noch daran zu viel.

Etwas von Verbesserung des Religions-Unterrichts.

Ein Traum.

Alle Menschen, den durchaus rohen Wilden, und den durchaus leidenschaftlosen Denker ausgenommen, fühlen und haben das Bedürfniß *) einer Religion. Alle Begebenheiten dieser Welt sind wandelbar: Unser Glück und Unglück verschlingt sich in einander, und beydes keimt oft aus einem Boden, von welchem wir ein ganz anders Produkt erwarteten: So manche Gefahren, die wir nicht vermeiden, so manche Schmerzen, denen wir nicht ausweichen können, machen uns furchtsam und muthlos: Unser Glück selbst befriedigt uns nicht: Der Befriedigung unserer Leidenschaften folgt oft Reue, und unsern angenehmen Empfindungen folgt Ueberdruß: Die Menschen um uns her, und wenn

---

*) Das subjektive: Ich läugne nicht, daß auch diese das objektive haben.

die nicht, was sonst in der Natur? sind so selten die Geschöpfe, die uns in unserm Elend Ersatz seyn könnten. Und, dies uns sind, verlassen uns, und sind nicht mehr! Ihr Auge bricht, ihre Hand erkaltet, ihr Körper zerfällt: Und am Ende selbst unser Andenken an sie, wie ihr Staub! — Wir selber sind noch, aber wir wissen niemals, ob noch den nächsten Augenblick! Auch für uns kommt der Tod, und zieht eine Gränzlinie zwischen Gegenwart und Zukunft, über welche hinüber kein Blick und keine Erfahrung dringt.

Betrachten wir die Dinge um uns her, so entstehen sie zwar wie wir, ohne daß wir sehen könnten, woher! und vergehen, ohne daß wir wüßten, wie? aber dies alles geschieht doch nach unwandelbaren Gesetzen, und nach einer Ordnung, die selbst dem stumpfen Blick nicht entgehen kann. Wir sehen Wirkungen, und der Schluß von Wirkungen auf eine Ursache ist nur noch einen Schritt. Auf der andern Seite sehen wir, besonders in der moralischen Welt, soviel Disharmonie und Unordnung — Soviele Talents nicht entwickelt, und soviele Kräfte mißbraucht! — Laster und Tugend so selten in derjenigen Lage, die ihnen zukommt! — Wir lieben die Ordnung, und sehen sie doch nicht: Wir setzen also daß Ziel weiter hinaus, und hoffen eine Zukunft, und eine vergeltende Zukunft. Dazu kommt, daß wir selbst fühlen, wie es nicht gut wäre, wenn wir da ungestraft handeln könnten, wo Gesetze nicht zureichen, und daß doch der Arme der

Ge-

Gesetze weder in die verborgene Falten unsers
Herzens, noch in die Dunkelheit greife, die zuweis
len, wenn wir wollen, unsere Handlungen deckt.
So fühlen wir uns gedrungen, ein Wesen anzus
nehmen, welches gleichsam das Ende des Knotens sey,
den wir geschlungen sehen, ein Wesen, das über jenen
Wechsel erhaben, nur Beruhigung auch alsdann ges
wähnen könne, wenn sie von allen andern Seiten uns
versagt ist, ein Wesen, das die Ursache jener Ords
nung, die wir wahrnehmen, das der Gesetzgeber der
Natur sey, das auch unsere Schicksale leite, seine
Verwirrungen auseinander schlinge, und uns selbst
über jene Gränzlinie glücklich hinüberführe, die uns
anfangs so furchtbar ist, und deren jenseits so dunkel
vor uns da liegt, ein Wesen endlich, das auch seine
Zukunft beherrsche, und dort vergelte und richte.
So wird die Idee einer Gottheit uns zum Bedürfniß,
und dies Bedürfniß zu stillen, der Zweck der
Religion.

Diejenige Religion ist ohne Zweifel die beste, die
am glücklichsten alle jene Bedürfnisse befriedigt, ohne
Zweifel also die christliche.

Jeder Mensch wird und muß in Lagen kommen,
wo er solcher Beruhigungs-Gründe bedarf. Für jeden
Menschen folglich ists wichtig, Religion zu haben.
Alles nun, was uns jenen Zweck nicht erreichen hilft,

ist auch nicht Religion, und ihre Wahrheiten, ſelbſt
unmittelbar darauf zielen, verliehren ihren ſub...
Werth, ſobald ſie den Erfolg nicht haben, ...
haben ſollten.

Es kommt alles darauf an, daß die Religi...
uns wirkſam werde, d. h. daß ſie, wie die ...
lehre ſagt, im Leben, Leiden und Sterbe...
mächtigen Troſt gebe.

Dies geſchieht, wenn wir auf unſer ganzes ...
ſie anwenden lernen, wenn ſie, wie der Stab ...
Greiſe bey jedem Schritt, unter allen Umſtänden ...
gegenwärtig, mit unſerer Denkungs = und Hand...
art, mit allen Eindrücken, welche die Zufälle ...
Lebens auf uns zu machen pflegen, innigſt verbund...
Ueberall müſſen wir Gott und Vorſehung in der ...
undUnſterblichkeit in der Perſpektive ſehen. Nun ...
Welt, wie ſoll ein Chaos von Wörtern und Redens...
welche weder für unſern Verſtand Licht, noch für ...
Herz Wärme haben, dieſen Zweck erreichen! — ...
ſoll das uns wichtig und werth werden, deſſen ...
Eindrücke uns nichts als Ueberdruß und Langeweile,
nichts als Seufzer und Thränen gekoſtet haben?

Religion muß alſo ſchon vom erſten Anfang ...
dem Kinde das ſeyn, was ſie ihm im Alter ſeyn ſoll,
wichtig, ehrwürdig und werth, brauchbar für ...
Vorfälle ſeines kindiſchen Lebens, wie einſt anwendbar

auf die Begebenheiten seines männlichen. — Zum
letztern gehört, daß es sie verstehe, zum ersten,
daß es sich gerne damit beschäftige.

Man setze den Fall, daß man Kinder statt des
Neuen Testaments das Landrecht lesen, statt der Heils-
die Eheordnung auswendig lernen ließe. Risum tenea-
tis amici? — Warum lacht man dann im andern
Fall nicht? — Ach! die klügern, weil sie seufzen, und die andern, weil sie unfähig sind, das Lächerliche zu fühlen? — Und doch sind die Fälle gleich. —
Neues Testament und Landrecht sind wichtig für unser
ganzes Leben: Heils- und Eheordnung sind die Sporen
unsers Betragens für die Zukunft, von der wir uns
ohne schädliche Folgen nicht entfernen können. —
Sprache und Ausdrücke sind gleich, sie liegen gleich
weit auffer dem Fassungskreise der Kinder. Auch die
Verständlichkeit der Materien hat für sie ungefähr ganz
das gleiche Verhältniß: Vieles aus beyden kann man
ihnen verständlich machen, aber nicht alles, und nur
dann, wenn mans näher in ihren Gesichtskreis rückt. —
Doch warum soll ich eine so klare Sache von hundert
Seiten betrachten, und durch hundert Instanzen durch-
führen? — Wer bis jetzt nicht gewonnen ist, den
gewinne ich nicht mehr! — Man sieht nun schön:
Meine Methode würde von dem Grundsatz ausgehen;
Man sage den Kindern nicht eher von Religion,
bis sie ihnen brauchbar, und immer gerade soviel, als ihnen für ihr Alter, für ihre Fähigkeit, und
für ihre Lage brauchbar ist.

Dieses Brauchbare nun mache man ihnen so verständlich, als möglich, und so wichtig und ehrwürdig, als möglich. —

Dazu würd' ich auch gewisse äusserliche Mittel, gewisse Zeremonien zu Hülfe nehmen, um die Ehrfurcht und die Liebe für Religion dem Kinde recht sinnlich einzuprägen. Nur müßte der Schulmeister dazu kein Formular haben: Nur müßten diese Zeremonien durch Gewohnheit oder Schlendrian nicht gleichgültig werden. Doch ich gehe nun ins Detail:

Im sechsten Jahr also kommen die Kinder in die Schule. — Man lehrt sie Buchstaben kennen und lesen! — Die Materialien dazu sind Erzählungen aus ihrer Sphäre genommen, ländliche Gegenstände, die zugleich im Schulgarten ihnen vor die Sinne und die Erfahrung gebracht werden. Mit unter einige gleichsam nur hingeworfene Winke von dem Wesen, das dies alles hervor gebracht hat, aber mit einer Ehrerbiethung vorgetragen, die die Neugierde des Kindes reizt, und mit einer Feyerlichkeit, die ihm Achtung einflößt.

Ich vergesse hier, daß das Kind die Wörter Gott, Schöpfer, Allmacht, Allwissenheit ꝛc. schon zu einer Zeit im Kopfe gehabt habe, da es sie noch nicht lallen konnte. Ich vergesse, daß sein erstes Lallen nach den Worten: Vater, Mutter, Brod, Brey,

Waſſer, ein ſinnloſes Gebetlein geweſen ſey! —
Ich muß es vergeſſen, d. h. in meiner Schule nimmt
man davon keine Notiz, ſolange der traurige Schlendrian noch üblich iſt. Man arbeitet bloß darauf, daß
er einſt aufhöre. — Bis dahin wird zwar dieſer
Jammer beynahe alle Mühe vereiteln, dem Kinde ſeine
Religion lieb und ehrwürdig zu machen, aber doch
nicht ganz alle.

Ungefähr nach einem Jahre, etwa wenn das Kind
das erſtemal ſeine Lektion ohn' Anſtoß geleſen hat, ver-
ſpricht man ihm eine große Belohnung. Man führt es
in den Schulgarten, man wiederholt alles, was es bis
jetzt von der Natur weis, und ſagt ihm, daß es nun
Zeit ſey, den Urheber der Natur kennen zu lernen.
Acht Tage bringt man mit Vorbereitungen hin, des
Kindes Aufmerkſamkeit und Begierde zu ſpannen, und
ſeine Liebe und Ehrfurcht für das erhabene Weſen,
das es kennen lernen ſoll, in allen möglichen Berüh-
rungspunkten, von allen Seiten ſeines Verſtandes und
Herzens zu erwecken: Alsdann ſagt man ihm:
Dieſes Weſen nennen wir Gott! Wenn der Kinder
mehrere ſind, deſto beſſer.

Die Myſterien der Griechen gaben die erſte Be-
griffe von dieſem Weſen in den Dunkelheiten der Nacht
und in geheimnisvollen Hölen. Wir geben ſie am hellen
Tag, im Angeſicht der Sonne, die der Gottheit
Bild iſt, mitten in der Pracht der freyen, offenen
Natur!

Im Schulgarten sey eine eigene Stätte dieser feyerlichen Szene geweiht. Hier umfaße der Schul- meister alle Gegenstände, die im Gesichtskreis der Kinderseelen liegen, bringe sie unter einen einzigen Blick, und spreche das erstemal mit Andacht und Ehrfurcht den Namen Gottes in die Ohren der Kin- der! — Dieser Tag sey ihnen ehrenvoll, sey ihnen ein Fest! — Wenn die Empfindung der Kinder in der feyerlichsten Stimmung ist, dann sag' ihnen der Lehrer: Ihr habt bisher viel von einem Gott ge- hört: Ihr habt wohl auch schon zu ihm gebetet! — Aber erst heute habt ihr zum erstenmal ihn kennen gelernt!

In einem der nächsten Tage wiederhole der Lehrer diesen Auftritt, in einer sternhellen Nacht! — Gott hat den Tag gemacht, sprech' er, und die Nacht! — Dieser Funken am Himmel sind mehr, als ihr begrei- fen könnt! Zahllos, unendlich! — Und doch könnt ihr sie einst begreifen, zählen und messen lernen: Aber Gott nicht. Für diese Feyerlichkeit müssen besondere Vorschriften im Lehrbuch für Schulmeister seyn! — Im Lehrbuch für Kinder kömmt nun für diese Klasse der zweyte Abschnitt, und hier findet sich erster Unter- richt von Gott, dem Schöpfer und dem Erhalter!

Von nun an erhalten sie Unterricht in der Lehre von der Vorsehung, soviel möglich, im Schulgarten. Davon wird der Uebergang auf die Lehre vom

Gebet gemacht, seine Eigenschaften und seine Vorzüge entwickelt, und die Erhabenheit, die es uns
giebt!

Nach einiger Zeit erhalten die Kinder die Erlaubniß zum ersten Gebet; das erste Gebet geschieht
wieder im Garten, in einer, dazu bestimmten
Laube! — Den andern Tag bekommen sie zum
erstenmal die Erlaubniß, dem Gebet in der Schule
beyzuwohnen!

Es versteht sich also von selbst, daß diese Kinder
bis jetzt davon ausgeschlossen waren. In den Begriffen des Pöbels mag Aberglauben, Wahn und Unsinn
herrschen: Aber die öffentliche Einrichtung des Staats
darf sie nicht begünstigen und nicht gutheissen. —
Diese Schulgebete sind ganz der Fassungskraft der
Kinder, ganz ihren Bedürfnissen angemessen: —
Man wechselt: Man betet jetzt aus dem Buch:
Jetzt singt man: Jetzt spricht der Lehrer ein Gebet,
jetzt eins der Kinder! — Jetzt kurz, jetzt länger,
aber zu lang niemals. Unanständigkeiten beym Gebet
werden nicht mit Schelten, nicht mit Schlägen,
sondern mit dem Verbote bestraft, dem Gebet das
nächstemal beyzuwohnen, und mit der sichtbarsten Be-
trübniß eröfnet der Lehrer dem Kind diese Strafe. —
So herrscht bey diesem Gebet die höchste Andacht
und Stille: Die Ehrerbietung gegen das erhabene
Wesen, das jetzt ihnen gleichsam gegenwärtiger ist,

S 4

zeigt sich auf allen Gesichtern, und ist lesbar ̶̶̶̶̶̶
und Blick. — Länger als drey bis vier ̶̶̶̶̶̶
darf das eigentliche Gebet niemals dauren: ̶̶̶̶
der vorher oder nachher darüber eine kurze ̶̶̶̶̶
dung, eine Erzählung von seinem Nutzen, ein Beyspiel
von seiner Vortreflichkeit.

Bis zum neunten oder zehnten Jahre wissen die
Kinder rechtmäßiger Weise, d. h. durch den Schul
unterricht, nichts von Religion, als einige Begriffe
von Gott und seinen Eigenschaften, *) die Lehre von
seiner Vorsehung, und die Lehre vom Gebet.

---

*) Die ̶̶̶liche Religion lehrt uns Gott unter dem höchst
angen̶̶en, höchstedlen, und höchstliebenswürdigen ̶̶̶̶
eines Vaters kennen. Ihr Zweck ist, uns eben ̶̶̶̶
Liebe, Scheu und Vertrauen gegen Gott einzuflößen,
als gute Kinder gegen ihre Eltern haben. Aber wie ver
schieden werden sich hier dennoch in den Kinder = Seelen
die Begriffe bilden! Der Maaßstab ihres kleinen Urtheils
ist bey jedem Kinde natürlicherweise sein Vater. Ist die
ser gut und sanft, so wirds ihm Gott seyn, und es wird
ihn lieben: Ist er schwach, so wird das Kind auch für
Gott geringere Ehrfurcht haben: Ist er auffahrend, zor
nig, streng, so wird ihm auch Gott zum Despoten, den
es fürchtet. Man muß folglich der Fantasie der Kinder
zu Hülfe kommen. Er ist so gut, muß man sagen, so
wohlthätig, so weise, und noch vielmehr, als der beste,
weiseste und wohlthätigste Mensch, den ihr kennt: Und
wollte Gott, die Kinder antworteten alsdann: Er ist so
gut, so wohlthätig, so weis, wie unser Schulmeister!

Auch noch keine andere moralische Lehren werden
vorgetragen, als die unmittelbar aus jenen Wahrheiten herflieſſen. Liebe gegen Gott und Scheu vor ihm,
Vertrauen auf seine Vorsehung, Menschenliebe. Diese
werden an die Empfindungen des Kindes innig an-
gekettet! — Man muß daher, wie es Jesus beym
Vortrage seiner Lehren machte, diejenige Zeitpunkte
wählen, wo die Seele des Kindes für sie am empfäng-
lichſten iſt. — Haben sich z. B. einige Kinder mit
einander gezankt, so ergreift man diese Gelegenheit,
und spricht von der Menschenliebe und Vertragsam-
keit. *) Hat ein Kind Nachgiebigkeit gezeigt, so
spricht man von den schädlichen Folgen des Haſſes,
des Zorns, des Eigenſinnes. — Steht ein Gewitter
am Himmel, so unterhält man sich über die Vorzüge
des Vertrauens zu Gott: Hat die Erndte reichen
Ertrag gegeben, so empfihlt man seine Liebe. —
Wohlthätigkeit setzt man ja nicht in bloſſes, dummes All-
moseugeben, sondern in Willfährigkeit zu helfen, mit
Anstrengung seiner Kräfte, oder mit Aufopferung seiner
Vortheile und Vergnügungen. Laſt z. B. den Fall
seyn, daß ein armer Bauer, der viele Kinder hätte,
diese wegen seiner Geschäfte selten zur Schule schicken
könnte, und daß sie dadurch in Gefahr geriethen,

*) Aber ja nicht so, daß es zur öffentlichen, absichtlichen
Beschämung der Fehlenden gereichte. Sonst würde man
bey diesem mehr verliehren, als bey allen übrigen
gewinnen.

ihren Antheil am Ertrag des Schulgartens [...]
ren. Nun hätte man aber einen freyen ode[...]
zu einer Ergötzlichkeit bestimmten Nachmitta[...]
stellte den Kindern jene Umstände vor, man sag[...]
daß sie wohlthätig seyn könnten, wenn sie dem [...]
heute arbeiten hälfen. Einigen der besten gäb[...]
die Erlaubniß, oder man suchte solang auf [...]
zu wirken, bis sie um die Erlaubniß ansuchten, [...]
Nachmittag zur Unterstützung des Bauers in [...]
Geschäften anzuwenden. — Man gäb' ihren [...]
schlusse den verdienten, wiewohl eben keinen [...]
tönenden Beyfall. Die Ergötzlichkeit übrigens [...]
vor sich, und ihre gute Handlung schiene man [...]
vergessen zu haben. Aber nach einiger Zeit wäre [...]
Schulprüfung: Dieser That würde öffentlich E[...]
nung gethan, und man lohnte sie mit einer [...]
mie. — Man sieht, hoff' ich, welche fruchtbare
Ideen sich auch für die Zukunft aus einem solchen
Vorfall entwickeln ließen.

Unter allen Mißbräuchen sind wenige so auff[...]
und so dumm, als der, daß man oft zwey-dre[...]
rige Kinder in die Kirche schleppt, und daß man die
übrige mit Drohungen und mit Schlägen drein z[...]
In Betstunden, wo sie vor dem Gebet einen Ueber=
druß bekommen, in Predigten, wo leerer Schall i[n]
die Ohren tönt, und selbst im Winter, wo die stu[n]=
denlange Kälte schädlichen Einfluß auf ihre zarte Ner=
ven hat. Es vergeht an manchen Orten kein Gottes=
dienst, wo nicht die Fassung des Predigers, und die

Aufmerksamkeit der Zuhörer durch Kindergeschrey ge-
stört würde. Die Mutter oder die Wärterinn geräth
in wunderliche Verlegenheit, schmeichelt dem Kinde,
hält ihm den Mund zu, und wenn dies nichts hilft,
und sie gezwungen ist, es hinaus zu führen, so ergießt
sich ihre ganze Wuth in Scheltworte und Puffen über
das unschuldige Geschöpf! — Wer sieht nicht, von
wie vielerley Seiten und wie vielerley Personen ein
solcher einziger Auftritt unangenehm und schädlich sey!
Und doch duldete mans, und der Prediger würde vielleicht gar den Verdacht der Gottlosigkeit auf sich laden,
wenn ers abstellen wollte! — — Eine feyerliche
Verordnung müßt' es allen Eltern schlechterdings ver-
bieten, ihre Kinder in die Kirche zu bringen, ehe
sie vom Schulmeister dazu die Erlaubniß hätten.

Und diese Erlaubniß, das erstemal die Kirche zu
betretten, wäre wieder ein Tag der Ehre und der
Freude für die Kinder, ein Tag der Belohnung für
ihren Fleiß, ihre Aufmerksamkeit, und ihre gute
Sitten. — Mit Verfluß des zehenten Jahres erreich-
ten sie diese Periode. Aber nun wären sie noch lange
nicht so weit, alle Gottesdienste besuchen zu können:
Denn sie hätten ja nur erst einige der ersten Sätze
der Religion gefaßt. — Folglich müßten sie bloß zu
solchen Gottesdiensten noch zu gelassen werden, die für
sie durchaus verständlich wären. Dies müßten eigene
für diese Klasse bestimmte Kinderlehren, d. h. öffentliche Wiederholungen derjenigen Religions = Sätze seyn,
die sie bisher verstanden und gelernt hätten, welche

der Prediger mit ihnen anstellte. Dies ▉▉▉▉
vier Wochen Einmal statt der gewöhnlichen ▉▉
geschehen, so wie alle vier Wochen Einmal ▉
gewöhnlichen Betstunde, eine ganz kurze, ▉▉
für sie und ihre Fassungskraft eingerichtete Rede ▉▉

Vom 11ten Jahr, fieng der Unterricht in ▉▉
Stücken der Physiologie, und Diätetik ▉▉
Damit verbände man physikalische Begriffe, ▉▉
gienge zu den moralischen über, und stände ▉▉▉
der Gränze der grossen Lehre von der Unsterbli▉

Es ist ein stiller, düsterer Tag! An den ▉▉▉
hangen Nebel! Die Sonne neigt sich, und Däm▉
rung verschleiert die Gegenstände! — Die ▉▉
Natur vereinigt ihre Eindrücke, die Seele zur Weh▉
muth zu stimmen! Man trägt einen Todten auf den
Kirchhof, und die Kinder begleiten ihn, nicht wie
ihren gewöhnlichen, zwecklosen, störenden Ge▉▉▉,
das man singen heißt, sondern niedergeschlagen, lang▉
sam und still. Die Bahre sukt: Man hört in ▉▉
zelnen Tönen den Schmerz der Hinterlassenen, und der
dumpfe Ton der Erdscholle, die der Todtengräber auf
den Sarg wirft, ist mit ihm in traurigem Einklang!
Hier ist die Szene, wo man vom Tod reden muß! —

Indessen heitert sich der östliche Himmel langsam
und majestätisch und groß steigt der Mond, und be▉
schattet die dunkle Gefilde, und Wiederstrahl von den
Flimmern der Kreuze, und der weißen Todten▉

seiner auf den Grabhügeln! *) — Nun schreibt
man das erstemal die Wahrheit in ihr Herz: Unsere
Seele ist unsterblich und die Züge werden unverlösch-
lich seyn!

Vor diesem Alter vom Tode zu reden, hätte keinen Zweck. Denn die Fassungskraft fehlte noch. Und
wie sollt' Unsterblichkeit uns theuer werden, wenn uns
der Tod noch nicht fürchterlich ist? **)

Kinder, sagt der Lehrer, diese Todtenknochen
und diese Schädel sind ehemals Menschen gewesen,
und bald wird der Mensch, den ihr einsenken saht,
ein solcher Schädel und solche Knochen seyn! Alle
Leute, die ihr gekannt habt, füllen jetzt diese kleine
Stätte. — Ihr Fleisch, ihre Nerven, ihre Adern

---

*) Solche Besuche des Kirchhofs können auch ein kräftiges
Mittel werden, die Furcht vor Gespenstern, und endlich
den Glauben daran zu vertreiben.

**) Es versteht sich, daß ich hier immer von der meisten
Zahl, d. h. von der Regel und nicht von der Ausnahme
rede. Ohne Zweifel giebts Kinder, die solcher Begriffe
früher fähig sind, und ganz gewiß viele, die öfter früher
fähig scheinen. Aber ohne Zweifel auch manche, für die
dieser Unterricht jetzt noch zu frühe kömmt. Der Schulmeister soll ja Beurtheilungskraft haben: Was man
denn alles sagen, was sich von selbst versteht!

sind zerstört: Auch diese Ge██ ███ werden, und einst Erde seyn. — ██ trächtig? —

Sehet, wie jetzt alles um euch her sich in ████ ren hüllt, so einst in eurer Todesstunde. █████ Sterne werfen hier noch ein schwaches, ███ Licht. Auch diese werden alsdann für euch ████

Seht ihr den Nebel dort? — ████ ██ durch ihn hindurch blicken? — Reicht ███ ███ über jene Geburg-Kette? — Aber ████ ██ daß jenseits dieses Nebels, jenseits dieser ████ Felder, Gewächse, Dörfer, Städte, Länder ████ Möchtet ihr wissen, was jenseits ist? Ich ██████ sagen: Denn ich war schon dort. Wie wenn ██ dies gegenwärtige Leben mit den Gefilden ███████ die uns sichtbar sind, und wenn es ein ████████ gäbe, das eben so vom jetzigen durch den Tod ███████ wäre, wie jene fernere Gegenden durch diesen ████ und durch diese Berge; wie der Morgen vom ████ durch den Schlaf. — Wenn schon jemand dort ge= wesen, zu uns gekommen wäre, und uns davon erzählt hätte? — Würdet ihr einen solchen Mann nicht gerne hören? Und würdet ihr ihm nicht glau= ben? ꝛc. ꝛc. *) —

_____

*) Ich gebe dies nicht für ein Muster des Vortrags. Ich habe nur den Gang ungefähr gezeigt, den der Lehrer

Hier wär' es Zeit, von Jesu zu reden, und ihn als den Mann darzustellen, der uns von einer Unsterblichkeit, und von einer seligen Unsterblichkeit versichert hätte? —

Aus der Analogie des sinnlichen Begriffes, von welchem der Lehrer den Uebergang gemacht hätte, könnt' er dann leicht auch theils die Beweise der Glaubwürdigkeit dieser Lehren Jesu, theils andere wichtige Porismen den Kindern anschaulich machen, z. B. die Unrichtigkeit des Schlusses davon, daß wir etwas nicht sehen, darauf, daß es nicht sey, 2) die Nothwendigkeit, in solchen Fällen das Zeugniß anderer gelten zu lassen, 3) die enge Verbindung zwischen Gegenwart und Zukunft.

---

nehmen muß, um seine Kinder auf seinen Zweck zu leiten und die Materien der Unterweisung hab' ich zusammen gedrängt. Ich schreibe hier nicht das Lehrbuch, und keine ausgeführte Methodik. — Uebrigens wird die ganze Klugheit und Beredsamkeit des Lehrers erfodert, daß die Kinder mit ihren vorgefaßten dunkeln Begriffen von Tod und Auferstehung, Himmel und Hölle ihn nicht zuvoreilen, und ihm nicht das Spiel verderben. Und dies wird gewiß geschehen, wenn er sie nicht allmählig gewöhnt hat, in alle diese vorgefaßte Begriffe, die durch seinen Unterricht noch nicht gleichsam gestempelt worden sind, ein Mißtrauen zu setzen.

Nun wär' es auch Zeit, in der Schule [...] nunftbeweise, aus der Analogie der Natur [...] Eigenschaften Gottes, soweit sie den Kindern [...] sind, ihnen bekannt zu machen.

Und von jetzt begänne dann auch einiger Un[...] von der Seele. Man versinnlichte den Bew[...] sichtbaren Wirkungen auf eine unsichtbare U[...] durch das Beyspiel von der Existenz' eines [...] von der Luft, vom Magnet.

Also jetzt erst lernen die Kinder rechtmäßi[...] ihren Erlöser kennen, bey einer Gelegenheit, [...] die passendste war, um hohe Begriffe von der [...] tigkeit seines Unterrichts und der Größe seiner [...] thaten zu erregen, aus dem nemlichen Grunde, [...] wie bey den ersten Begriffen von Gott, sogleich [...] die erste Eindrücke dem zarten Herzen die gl[...] Stimmung für diesen großen Gegenstand seiner [...] rung und Liebe zu geben. —

Folglich bis jetzt gar nichts von Jesu? — [...]ein, wenigstens aus keinem andern Gesichtspunkt, a[...] von ihre Neugierde zu reizen, mehr von ihm zu e[...] und näher mit ihm bekannt zu werden. Ju[...] mag man daher unter den Beyspielen der Men[...] liebe, der Wohlthätigkeit, der Versöhnlichkeit [...] ihn vorzüglich anführen, einiges aus seiner Geschich[...] be kannt machen, aber durchaus nicht weiter, als mit

ihrem

ihren bis dahin gesammelten Begriffen zusammen
stimmt. Den eigentlichen Zweck seiner Sendung müf-
sen sie erst dann kennen lernen, wenn er ihnen wichtig ist. Daraus folgt, daß man auch vor dieser
Periode Kindern nicht gestatten müsse, zu Jesu zu
beten.

Man wird sich konsequenterweise nicht sehr gewun-
dert haben, daß ich bis jetzt die Bibel übergangen
habe. In meine Schule käme keine ganze Bibel,
weil die ganze Bibel, wenigstens gewiß nicht für
Kinder, und ich behaupte, für keinen einzigen Menschen, ausser den Gelehrten, brauchbar ist. Sie enthält nicht nur manches unzweckmässige und unverständliche für den gemeinen Christen, sondern man kann
auch nicht verhüten, daß sie nicht für ihn manches
unsittliche und schädliche enthalte. — Den Beweis
haben schon vor mir Männer geführt, die übrigens in
allem Rufe der Glaubensreinigkeit stehen: Also kann
ich seiner überhoben seyn.

Ueberhaupt aber wünscht' ich, eh' ich von der
Bibel in meiner Schule Gebrauch machen könnte, erst
eine Uebersetzung von ihr, wodurch es den Kindern
erspart würde, sich mit jüdischem Sprachgebrauch und
jüdischer Mythologie bekannt zu machen. Warum
sollen sie eine neue Sprache lernen, durch welche nur
ihre Begriffe untereinander in Kollision kommen. Oder

warum sollen sie das ungefähr haben, ...
richtig verstehen zu können, die man ihnen ......
verständlich machen könnte? — ....

Nach dieser Uebersetzung wünscht' ich dann ......
mit Ueberlegung, Behutsamkeit und Einsicht gemachten
Auszug der Bibel, welcher nur das würklich Brauchbare,
Zweckmäßige und Wichtige enthielte. — ...... alte
Testament würde der meinige kurz ausfallen. ......
neuen blieben ihre allgemein anwendbare Stellen, ...
genommen einige Briefe, und versteht sich ...... die
Apokalypse weg.

Dieses Buch nun legte der Schulmeister in ienen
Schrank, und suchte die Zeit, da sie fähig seyn ......
Erlaubniß bekommen würden, es zu gebrauchen, ...
eine neue ehrenvolle Periode ihnen darzustellen. Bey
Beyspielen, die er etwa aus der Geschichte Jesu
nimmt, bey einigen biblischen Stellen, die ......
selten und mit Auswahl, etwa aus Veranlassung dieser
oder jener Religionswahrheit anführt, kann er Gelegenheit nehmen, seine Kinder auf die Bibel aufmerksam zu machen, und sie als einen Beweis der Glaubwürdigkeit der Religionslehren, als eine Vorschrift
des richtigsten Verhaltens gegen Gott und Menschen,
und als eine Quelle des Trostes und der Beruhigung
ihnen anzupreisen, die wir unter die größte Wohlthaten
Gottes rechnen müssen.

Nun bekommen sie also die Erlaubniß, nach der Auswahl und Anleitung des Schulmeisters in diesem Buche zu lesen. Dies geschieht zu einer Zeit, wo die Kleinern bey der Arbeit sind, und jede Unehrerbiethigkeit dabey wird bestraft wie die Unehrerbiethigkeit beym Gebet.

Zu den Zeiten der Reformation, um von der Lage der damaligen Aufklärung und Begriffe nichts zu erwähnen, hätte man für die Gestattung und Anpreisung des Gebrauchs der ganzen Bibel besonders noch diesen Grund, um eifersüchtig auf die Gerechtsame der Christen zu halten, die Bibel lesen zu können, wann und wie sie wollten, welche man ihnen damals bekanntlich streitig machte. Dieser Grund fällt nun weg. Warum sollen wir von bessern Begriffen und veränderten Zeitumständen nicht Gebrauch machen.

Unterricht also von der Seele, von Tod, von Unsterblichkeit, und von Jesu, ihrem Gewährsmann, sowohl an sich selbst, als besonders, in sofern sie durch ihn für uns tröstlich und wünschenswürdig wird, Kenntniß seiner Lebensgeschichte und der Geschichte seiner Apostel, Anführung biblischer Stellen, die zum Beweis und zur Erläuterung der bisher gelernten und erkannten Religionswahrheiten dienen, gäben Stoff genug zum Religionsunterricht fürs eilfte Jahr bis zum dreyzehnten. — In dieser Zeit wäre noch nicht von den Besonderheiten der Person Jesu die Rede, als in fofern aus der ganzen Darstellung

erhelte, daß sie, so wie die Absichten

ihm, etwas ganz außerordentliches gewesen

dem Ausgang des zwölften Jahres würden

auch zu den übrigen Kinderlehren in der

lassen, welche den nemlichen Zweck hätten,

in der Schule gelernte öffentlich zu wiederholen. —

hier müßte der Prediger nicht weiter gehen, als

Gränzen der Kenntniße der Kinder —

Zeit könnte man für diesen Unterricht beyder

in der Kirche ein eigenes Lehrbuch heraus

aber, um ja allen Glauben an Unveränderlich

Unfehlbarkeit zu benehmen, von Zeit zu Zeit

und verbessert werden müßte.

Vom dreyzehenten Jahr an bekämen die

auch einige Kenntniß der jüdischen Geschichte, in

sie aufs Christenthum Beziehung hat, wozu die

im erwähnten Auszug der Bibel gemacht seyn

und zugleich einige Hauptmomente der Kirchen

auch einige Kenntniß von den Religions

in so weit ihre Unterscheidungs-Lehren aus den

herigen Begriffen der Kinder sich thuen deutlich

ließen. — Beym Katholizismus wäre dies

nur durch Darstellung gewisser seiner Sätze würde

Kinder von selbst den Schluß machen, wie sehr

Menschenverstand, Menschenrecht und Moral

Bey den Reformirten setzte man den Ursprung

Unterschieds in alte Zeiten, wo man den

Gottes, und den Zweck des Christenthums noch nicht
so deutlich verstanden hätte, wie jetzt. Und so hätte sich
eine gewisse politische Trennung erhalten, die in keiner
andern Rücksicht wesentlich wäre. — Uebrigens ver-
tröstete man sie wegen der nähern Notiz davon auf
den Konfirmations - Unterricht.

Dieser begänne mit dem vierzehenten Jahre, und
wäre das Geschäft des Predigers. — Sobald sie zu
diesem zugelassen würden, bekämen sie auch die Erlaubniß, alle Gottesdienste in der Kirche zu besuchen.
Denn nun hätte die Ausschliessung weiter keinen Zweck.
Auch diese Erlaubniß müßten sie als Wohlthat betrachten. Man hält bey uns jährlich eine Katechismus - und eine Schulpredigt. Diese zwey müßten
jährlich die einzige seyn, denen alle Kinder vom zehenten Jahr an beyzuwohnen die Erlaubniß hätten. —
Sie müßten auch ganz für die Fassungskraft aller eingerichtet, kurz, deutlich und noch nicht dogmatisch
seyn.

Um diesen Plan auszuführen, würde eine allge-
meine Verordnung, die die Prediger oder nicht im
Seminarium unterrichtete Schulmeister auch beträfe,
das undienlichste Mittel seyn. Dadurch würde nur
Verwirrung, und am Ende Schlendrian entstehen.
Sondern der erste Schritt, den man thäte, wäre der,
den Predigern Freyheit zu gestatten, ob sie der alten
Methode folgen, oder die neue, wenn sie sich dazu

fähig glaubten, wählen wollten.   Aber wo ein neuer Schulmeister angestellt würde, dahin müßt' auch ein neuer Prediger kommen, und umgekehrt, und diese müßten zur neuen Methode verpflichtet seyn.   Treue Erfüllung ihres Amts müßte ganz gewiß vorzügliche Belohnung nach sich ziehen, und eben dadurch müßte man auch ältere Prediger zu gewinnen suchen. Einförmigkeit ist ohnehin nicht unschädlich, sondern auch eine Schimäre: Warum wollten wir dieser Grille zu lieb die Verbesserung noch für ein Jahrhundert hinaus schieben.

Ich bin nun beym Konfirmations = Unterricht, d. h. ich stehe nun an der Gränze. — Denn hier nun würde die Landesreligion, nach der Vorschrift des Staats, vorgetragen.   Weiter was ich mich nicht!   Aber bitten, wünschen darf ich doch, als Mensch, als Bürger, als Christ, daß man doch den Zweck der Religion nicht aus den Augen setze, daß man das kostbarste, tröstlichste, heiligste, was die Gottheit den Menschen gegeben hat, nicht verunstalte, und das Ganze zu einem schön geordneten, proportionirten, durchaus brauchbarem Gebäude vollende! — Daß man doch nicht die Pflicht des Protestanten, selbst zu prüfen und selbst nachzudenken, und die Pflicht des Christen, alles zu seiner Besserung, d. h. zu seiner wahren Glückseligkeit, anzuwenden, unnöthig erschwere!

Guter Gott!, aller Menschen Vater! und du,
sein Gesandter, Jesu, was könnte diese christliche
Religion seyn, und was ist sie? — Gott kennt
mein Herz, und alle die Beobachtungen, Erfahrungen
und Schlüsse, die mich, auf diese Wünsche geleitet
haben! — Ohne Zweifel hab' ich in manchen Dingen geirrt, aber meine Absicht ist gut gewesen!

Die Feyerlichkeit der Konfirmation, und des ersten
Genusses des Abendmahls, wodurch wir frölich in die
Verbindung mit der christlichen Gesellschaft tretten,
und unsere Verbindlichkeiten, alle Pflichten des Christenthums zu erfüllen, anerkennen und gleichsam versiegeln,
wäre wieder, wie sichs versteht, einer der wichtigsten
seligsten und einflußvollesten Tage des ganzen Lebens.

In den Sonntags-Schulen würde mit den Erwachsenen unter gemeinschaftlicher Aufsicht des Predigers, und
Schulmeisters der Religions-Unterricht fortgesetzt,
die Materie der vorhergegangenen Predigt weiter ausgeführt, rührende Ermahnungen an das Herz geredet,
und besonders die künftige Verhältnisse der Gatten
und Eltern, so wie die große Pflicht der Keuschheit
aus diesem Gesichtspunkt eingeschärft. —

Nun wäre noch einiges insbesondere von der
Erziehung der Mädchen zu sagen. Diese ist mir
beynahe noch wichtiger, als die Erziehung der Knaben.
Denn in ihren Händen ist die erste Bildung der

T 4

Menschheit. Die ganze Richtung des Charakters und aller Seelenkräfte hängt von ihnen ab! — Und für sie hat man beynahe gar nichts gethan! — Aber diese Materie ist zu wichtig, zu schwer, und zu weitläufig, und sie nur als Anhang zu betrachten!

Und nun will ich von meinem Traum erwachen! — Der Traum war schön! Das Land, das ich ausführt, müßt' in einem Jahrhundert eine der Kenntnisse und der Sittlichkeit, wie des standes und der Kultur, für andere werden! — war nur ein Traum!

— †

Ich wollte diesem Aufsatz, vorzüglich in so weit er den praktischen Theil des Schulunterrichts betrift, einige Anmerkungen, Vorschläge ꝛc. anhängen, aber sie wuchsen mir unter der Hand so stark an, daß ich sie in einem der folgenden Stücke unter dem Titel wirtembergische Schulen im Jahr 2240 besonders werde abdrucken lassen.   D. A.

Sonderbarer Rechtsspruch

des Stadtgerichts zu Y... an der F. im
Wirtenbergischen.

Es giebt im Wirtenbergischen gewisse Güter, die
zwar unter mehrere Besitzer vertheilt sind, aber einen
gemeinschaftlichen Zins zusammen abtragen müßen.
Diese haben ohne Zweifel vor Zeiten nur ein Gut
unter einem Besitzer ausgemacht, und daher kommt es
daß, wenn etwa ein Besitzer seinen Antheil veräussern
wollte, die Besitzer der übrigen Theile das Recht der
Vorlosung (des Verkaufs) haben, und zwar derjenige
von ihnen, welcher den größten Theil des Guts bereits in Besitz hat. Besitzen mehrere das Gut zu
gleichen Theilen und bieten sie alle zur nemlichen
Zeit den Kaufschilling an, (denn wer da zuerst
kommt, mahlt zuerst) so wird durchs Loos ent-
schieden, wer von ihnen das Vorkaufsrecht haben soll.
Nun geschah es, daß drey Bürger in erwähntem Städtchen ein solches zusammen zinsendes Gut zu gleichen
Theilen besaßen. Einer von ihnen starb: der andere
kaufte des Verstorbenen Antheil und bekam solglich ⅔
in Besitz. Nun fällts dem dritten ein, durch den Gebrauch der Zinslosung jenes Drittel dem ersten
Käufer abzujagen. Der vorige Oberamtmann stellt
ihm die Richtigkeit seiner Forderung vor, gestattete ihm
aber auf wiederholtes Bitten dennoch die Sache vors
Stadtgericht zu bringen. Er selbst wohnte wegen
einer schnellen Unpäßlichkeit der Sitzung für diesmal
nicht bey: Folglich war nun der Aktuar Präses. Der

Beklagte stellte vor, er hätte schon, durch das Zuvor-
kommen im Ankauf sich ein unstreitiges Recht erworben: wenn aber dies auch nicht wäre, so hätt' er
doch wenigstens die Losungsgerechtigkeit mit dem Klä-
ger gemein, und man müßte durchs Loos entscheiden. — Nun ergieng folgender Spruch:

„Demnach in strittigen Losungssachen N. — an
„Einem N — am andern Theil zc. — Als erkennen
„wir hiemit, daß da dafür zu halten, daß Beklag-
„ter von selbst dadurch stillschweigenden Ver-
„zicht auf seine Losungsgerechtigkeit gethan, daß
„er das Gut kaufweise an sich zu bringen ge-
„sucht, und sich mithin alles weitern Gebrauchs
„der mit Klägern vorhin gemein gehabten Lo-
„sungsgerechtigkeit verlustig gemacht habe. Klä-
„ger hingegen nunmehr nothfolglich die einige Person
„sey, welche auf solchen gerechten Anspruch machen
„könne, besagtes Gut Klägern als rechtmäßigen Kä-
„fer gegen Erstattung des Kaufschillings und den Un-
„kosten von Beklagtem abgetreten werden soll und das
„von Rechtswegen!!!

Der Verurtheilte drohte zu appelliren: der Oberamtmann ward wieder gesund, und das Urtheil ward
durch einen gütlichen Vergleich glücklicherweise
aufgehoben.

Kabinetsordre

des regierenden

Fürstabbts von Kempten,

Ruperts

Freyherrn von Neuenstein

an

sämtliche geistliche und weltliche Beamten des Hochstifts.

Wir von Gottes Gnaden Rupert des Heil. Röm.
Reichs Fürst und Abt von Kempten, Ihro Majestät der
Röm. Kaiserin Erzmarschall :c, haben während der kurzen
Zeit unsers Regierungs=Antritts die schwere Pflicht
eines Regenten in reife Ueberlegung und Beherzigung
gezogen, und hiebey zu unserer gänzlichen Ueberzeugung
wahrgenommen, daß der Hauptendzweck all' unserer

Arbeiten und Verrichtungen pur allein d.... ....
haben, daß Wir das von der göttlichen ....
anvertraute fürstliche Hochstift, Lande und ...
thanen zum Gemeinsamen sowohl, als ein...
privat Wohlstand und Glückseligkeit, ...
gion nach Kräften schützen und beförde... ,
Stande ohne mindeste Rücksicht schleunige Gere....
ertheilen, alle Gebrechen, Unordnungen und Besch....
heben, diesen durch angemessene und billige ....
für die Zukunft vorbeugen, und überhaupt al...
anwenden sollen, wodurch dieser einzige Endzwe...
ständig erreicht werden kann.

Da dies Vorhaben, so sehr es Wir au.. ...
Herzen wünschen, sehr schwer, ja, wenn Wir...
von der ganzen Verfassung des zubesorgenhabend...
Staates ächte und umständliche Kenntniß erlangen,
und überdies noch von Unsern getreuen Räthen mit
guten Gesinnungen, Rechtschaffenheit, und Werkthä-
tigkeit bey allen Ereignissen unterstützet werden, ohn-
möglich zu Stande zu bringen ist; als setzen Wir zu
Unsern unterhabenden geist = und weltlichen Mini-
stern und sämmtlichen Räthen das gnädigste Zutrauen,
dieselben werden nach ihren aufhabenden Pflichten die
schwere Regierungs = Bürde Uns zu erleichtern sich
beeifern, bey allen Geschäften mit Rath und That
mitwirken, und das Wohl des Staates zu befördern
beflissen seyn.

In dieser unsrer Zuversicht, und auf daß Wir
Unsern einzigen Wunsch desto schleuniger vollziehen
können, wollen und befehlen Wir, daß jedes Mitglied
bey Unsrer nachgesetzten Regierung von seinem beklei-
denden Amte die Lage der dermaligen Verfassung um-
ständlich anzeigen, und getreulich vorlegen solle: wie
die Verwaltung der Justitz, die Besorgung der Wittwen, Waisen, Armen, Kirchenfabriken, und milden
Stiftungen zu verbessern, unsre fürstliche Regalien und
Gerechtsame zu handhaben, gegen Auswärtige zu schützen, die vorwaltende Irrungen mit Benachbarten
zu berichtigen, die selbst eigene und andere Beschwerden
mittelst Anführung derselben Abwendungsmittel zu
heben, und wie überhaupts das Wohl und die Glückseligkeit des fürstlichen Hochstifts, als die Sicherheit,
Gesundheit, Nahrungsstand und Gewerbe der Unterthanen durch Einführung guter Policey und Lands-
Oekonomie — Medicinal und Wundärzte Veran-
staltungen, Schuleinrichtungen ꝛc. ꝛc. auch gute Ver-
walt- und Benutzung der landschaftlichen Geldern
empor gebracht, und in dauerhaften Stand gesetzet
werden können.

Wir versehen Uns hiebey aber, daß alle Parthey-
lichkeit, Privat Neig- und Abneigung, übertriebenes
und ungleiches Wesen durchaus beseitiget, und nur
allein jenes in ihrem Gutachten zum Vorschein kommen werde, was wahrhaft nützlich, und den Wohlstand thätig zu befördern vermögend ist.

Diese Unsere gnädigste Gesinnung hat eine nach-
gesetzte Regierung fördersamst dem Policeydirectorium
dem Oberjägeramte, Hofmarschallamte, Heiligeramte
und allen Pflegämtern schriftlich zu eröffnen und aufzu-
tragen, daß sie nach Verhältniß ihres Amtes über alle
vorgemerkte und ihnen noch weiters zu beantworten
dienlich scheinende Punkte ihr getreues und standhaftes
Gutachten längstens in Zeit 6 Wochen zu Unserm
Handen selbst unterschriebener und verschlossener ein-
schicken und übergeben lassen sollen.

Wir werden bey diesem Vollzug sich äusserndes
Diensteifer, Fleiß und Treue nicht nur gnädigst an-
sehen, sondern auch seiner Zeit auf den Berichtgeben-
den selbst besondere Rücksicht zu nehmen nicht ermangeln.
Decretum in Unserm Kabinet Stift Kempten den 29sten
März 1786.

Rupert Fürstabbt.

„Es ist für den Menschenfreund ein herrlicher Anblick, einen guten Fürsten zu sehen, der sich bestrebt: Vater seines Volks zu seyn, und durch Beförderung der Aufklärung dasselbe zu beglücken. Der edle Fürst Rupert, auf dem der Geist seines würdigen Vorgängers, Honorius, zweyfach zu ruhen scheint, hat gleich nach seinem Regierungs-Antritt, die nächtliche Andachten, die nicht selten den Tempel der Religion zum Bordell herabwürdigten, abgeschaft. Nach Seinem Befehl bleiben Erstens die sogenannten heilige Gräber auf immer untersagt und wird anstatt derselben eine mit geziemender Beleuchtung begleitete Aussetzung des hochwürdigsten Gutes in einer Seitenkapelle der Hochstiftskirche anbefohlen, bey welcher des Tags hindurch wechselweise Betstunden, so wie sie an den gewöhnlichen Bettägen das Jahr hindurch üblich sind, gehalten werden. —

Zweytens sollen die öffentliche Betstunden nicht länger, als bis Abend nach gesungener Pompermetten andauren, nach deren Vollendung das Volk abgewiesen, und die Kirche gesperrt wird. —

Drittens wird die Kirche am Charsamstag erst mit Anbruch des Tags wiederum geöffnet, die Betstunden aber wie Tags vorher gehalten, und

Viertens Abend um halb 7 Uhr anstatt den mit-
ternächtlichen Auferstehungsceremonien mit dem
hochwürdigsten Gut der Seegen gegeben, und so
dieser charwöchlichen Andacht mit Absingung der
gewöhnlichen Ostermetten der Beschluß gemacht.

Eine herrliche Aussicht auf die Tage der Aufklärung
in diesem Hochstift öffnet sich vor uns. Es thut so wohl,
wenn man nach einer Gallerie von erlauchten, Hoch= und
wohlehrwürdigen Gottisen — auf ein solches Inter=
mezzo stößt.

D. H.

Etwas zur Ehre Schwabens.

Ein flüchtiges Bruchstück.

Jeder Tropfe von vaterländischem Blut hat sich in mir empört, als ich hörte, daß auf der letztern Ostermesse einige sächsischen Buchhändler den Gedanken äusserten, daß gegenwärtige Schrift, um bessern Abgang zu bekommen, nicht schwäbisches Museum heissen, sondern einen andern Titel haben müßte. Schande, ewige unauslöschliche Schande wär es für uns, wenn man sich zu dieser Aenderung verstehen könnte. Vielleicht sind wenige Schwaben so für Sachsen eingenommen, als gerade ich es bin, denn ich habe einige glückliche Jahre meiner Jugend darinn zugebracht, habe Freunde dort, die mir ewig theuer seyn werden; aber das stolze Vorurtheil, als ob nur aus diesem Land Gutes kommen könne, und als ob wir gar keine Köpfe auf den Rümpfen tragen, empört meine Seele. Freylich ist unser Nationalcharakter nicht so verfeinert und abgeschliffen, doch gewiß im Ganzen genommen redlicher, treuherziger, biedrer; freylich haben wir keine so blendende Aussenseite, aber vielleicht mehr innern soliden Werth; freylich können unsre Mädchen nicht so viel französisch plaudern, dafür sind sie bessere Wirtschafterinnen und Mütter; endlich haben wir freylich das teutsche Publikum nicht mit einer so ungeheueren Sündfluth von Journalen heimgesucht, worinn wir immer unsre neuesten Producte von der vortheilhaftesten Seite schilderten und im Posaunenton empfahlen; wir thaten, was wir gethan haben, mehr im Stillen; selbst unsre Verkennung und das vorurtheilvolle Hohngelächter der nördlichen Provinzen Teutschlands, haben wir mit einer Festigkeit ertragen, wie es sich für Nachkommen von Leuten schickt, bey deren Anblick — nach Shakespears Ausdruck — die Natur aufstehen und der ganzen Welt sagen darf; das waren Männer!

Es ist unnöthig, daß ich, um etwas zur Ehrenrettung Schwabens beyzutragen, in diejenige Zeiten zurückgehe, wo ganz Teutschland mit Vergnügen auf die süssen Lieder der Minnesänger horchte, daß schon vor Jahrhunderten schöne Künste — unter andern z. E. die Schauspielkunst — in den kleinsten schwäbischen Städchen gehegt und gepflegt worden sind; ich darf nur einige Männer nennen, die vor zwanzig und weniger Jahren gelebt haben und einige, die noch leben und wirken, um das Vorurtheil zu widerlegen, als ob Dunkel und Finsterniß den Theil Teutschlands bedecke, welchen wir bewohnen und als ob wir sogar vernagelte Köpfe wären. Mit aller Hochachtung und Ehrfurcht nennt noch, nicht nur Teutschland, sondern auch Rußland den Namen unsers großen Georg Bernhard Bilfinger, der sowohl als speculativer Philosoph, als auch besonders im Fach der reinen und an-

gewandten Matematik so vorzüglich sich ausgezeichnet
hat, und nicht weniger die Namen unsrer Geneline.
Die Erfindung des logischen Calculs von Plouquet,
ist selbst von Mendelssohn bewundert worden. Es
war eine Zeit, wo Abbt mit den Ton in der litte-
rarischen Welt angab und selbst zur Bildung manches
undankbaren Sachsen beytrug, der vergaß, daß der
Bestimmer und Messer des Verdiensts, der Prediger
der Liebe zum Vaterland, der Sohn eines Peruquiers
aus einer schwäbischen Reichsstadt gewesen sey. Wem
anders hat man es zu danken, wenn wir in der Geschichte der Philosophie einige beträchtliche Schritte vor-
wärts gethan haben, als dem Schwaben Brucker?
Hat er gleich nur Materialien zu dem Gebäude getragen, daß die Tiedemanne, Meiners, Formey
u. s. w. aufführten, so beliebe man zu bedenken, daß
man ohne sie gar nicht bauen kann, und erwäge,
wenn man es fähig ist, die Schwierigkeiten, die der
Mann auf dem zimlich ungebauten Wege vorfand. —
Ist nicht unser Doktor Miller in Göttingen der ersten
einer gewesen, der auf die Nothwendigkeit einer bessern
Erziehungsmethode aufmerksam gemacht und mit seinen
„historisch moralischen Schilderungen" die Köpfe
der Jugend aufzuhellen gesucht hat? — Einer der grö-
ßen Dichter Teutschlands ist ein Schwabe — Wieland,
der, — um nur von einem einzigen seiner Werke zu
reden — im Oberon alles geleistet hat, was ein Genie vom ersten Rang nur leisten kann. Selbst in den
trockensten Theilen der Litteratur, haben wir nicht einen Schelhorn, Pfaff, am Ende, Cramer u. s. w.
gehabt und haben noch jetzt? Wer hatte zuerst den
riesenmäßigen Gedanken, die ganze Weltgeschichte auf

einer Karte so darzustellen, als wie unser Fulda *)
und gehören nicht er und Nast zu den ersten und tief-
sinnigsten Forschern der Sprache? Darf ein Publicist
in Teutschland sich schämen, an des arbeitsamen Mo-
sers Seite zu stehen? Welch ein großes mechanisches
Genie wohnt in dem Wirtembergischen Pfarrer Zahn!
Wer hat die Geschichte des protestantischen Lehrbegrifs
mit der Geduld studirt und wer sie mit so philosophi-
schem Geist, mit so nervöser Sprache behandelt als
unser Plank? Ist nicht Spittlers Compendium der
Kirchengeschichte das einzige in seiner Art und was
hat der Mann nicht sonst geleistet? Es ist gar noch
nicht lange, daß die Berliner und Leipziger Damen
die schönen Sächelgen unsers Millers auswendig ge-
konnt haben, dafür aber ist sein Siegwart auch bey
Weygand in Leipzig erschienen. Sanders Name
schwebte vor kurzer Zeit auf allen Zungen und er verdiente es auch, so wenig ers übrigens verdient, jetzt
von manchem gelehrten Knaben so hämisch herunter-
gesetzt zu werden. Wagenseils Schriften hat man
in Sachsen mehr gekauft und gelesen, als in Schwaben, für das er doch, besonders in Rücksicht auf seine
Vaterstadt, nützlicher ward, als vielleicht mancher weit
und breit berühmte Sachse nicht geworden ist. Es ist
Unwissenheit, oder Undankbarkeit, die Namen unsrer
von Stetten, Seybold, Zuber, Hartmann, Mer-
tens, Werthes, Stäudlin u. s. w. zu verkennen;

---

*) Ich weiß gar wohl, daß es schon ähnliche Karten giebt,
aber nach dieser Idee und Ausführung giebt es keine.

ist Mangel an Gefühl für Mannheit, Kraft und die
Flamme Gottes „Genie" in unserm Schiller nicht
einen der größten Theaterdichter der teutschen Nation
zu sehen. — Selbst in den engen abgesonderten
Mauern einiger Klöster Schwabens leben die trefflich-
sten Köpfe, nur zu sehr gedrückt vom eisernen Arm des
mönchischen Despotismus, die es nicht wagen dürfen,
ihr Licht öffentlich leuchten zu lassen. — Welch ein
kühnes, hochstrebendes, durch sich selbst gebildetes Genie, ist unser Fabrikant von Schüle, der vom Na-
gelschmiedsjungen zum Millionär geworden ist! Hat
ein teutsches Weib so viel reinen philosophischen Sinn
in der edelsten Schreibart gezeigt, als unsre Sophie
von La Roche? Hat ein Komponist den edeln Graun
mehr erreicht, als unser Seifert, dessen Werken —
Schade nur, daß sie zu wenig bekannt sind — hun-
derte der neumodischen sächsischen Komponisten das
Wasser — besonders in Singsachen — nicht reichen.
Kenntniß der innersten Geheimnisse der Harmonie, dessen was wirkt, was Natur und Wahrheit ist, hat der
Biberachische Musikdirektor Knecht in seinem „Ton-
gemälde der Natur" in ganzer Fülle gezeigt. O daß ich euch
alle aufführen und nach Würde vollständig charakterisiren
könnte, edle Männer Schwabens, unter denen Leute
vom größten Genie gewesen sind und sich noch gegenwärtig befinden! Der Genius des Guten und Schönen
weh' über unser Vaterland mit seinem Flügel ewig,
und nehm uns nie die von den Vätern geerbte Tugend — Bescheidenheit. Auch bey Verkennung unsrer
vorurtheilvollen Nachbarn nicht zu ermüden, sondern
fortzufahren in der begonnenen Laufbahn, sey unser
Ziel und o möchte doch auch dies schwäbische

Muſeum dazu beytragen, den Leuten die Augen zu öffnen, und ihnen zu zeigen, daß auch Schwaben gründliches und ſchönes ſchreiben können, wenn ſie es etwa noch nicht wiſſen ſollten!

E.

Schwäbisches
Museum

Herausgegeben

von

Johann Michael Armbruster.

Zweyter Band.

Kempten,
Gedruckt und verlegt von der typographischen Gesellschaft.
1786.

Innhalt.